영계의 신비와 대 환난

영계의 신비와 대환난

박예영 지음

소망

영계의 신비와 대환난

저는 평범한 13세 소년입니다. 제가 다른 친구들과 다른 점이 있다면 주님의 은혜를 입고 수시로 영계를 체험한다는 것입니다. 엄마, 아빠가 일생을 주를 위해 살겠다고 서원하고 전도사 사역을 하던 중, 동역의 필요성을 깨닫고 30대 중반에 결혼하여 저를 낳았습니다. 제가 엄마 배속에 있었을 때 아빠가 하나님의 마음에 합한 자가 되라고 다윗이란 이름을 지어주셨답니다. 저는 엄마, 아빠의 끔찍한 사랑과 보호 속에서 하나님의 말씀으로 양육 받고 자랐습니다.

부모님 품안에서 아무것도 모르고 살다가 2008년 초등학교 2학년 2학기 때부터 영계를 체험하기 시작했습니다. 주님께서 먼저 엄마에게 큰 은혜를 주셨습니다. 엄마가 하나님의 감동을 받고 저에게 안수를 해 주셨을 때 쓰러지면서 그 상태에서 처음으로 예수님을 만났고, 천국과 지옥 그리고 심판대가 있는 연단 받는 장소를 구경하였습니다. 그 이후로 아기 때부터 시달렸던 모든 질병에서 해방되었습니다. 언제든지 제가 원하기만 하면 천국과 지옥을 방문할 수 있었고, 그곳에서 아는 사람들을 만나고 올 수 있었습니다.

또한 이 세상에서 활동하는 천사나 마귀들을 보려고만 하면 영안이 열려 있기 때문에 언제든지 볼 수가 있습니다. 그리고 성경에 나오는 사건들을 생생하게 환상으로 볼 수 있는 은혜도 받았습니다. 그리고 언제든지 예수님을 찾기만 하면 빛나고 하얀 세마포를 입고 부드럽고 온화한 표정으로 제 앞에 나타나십니다. 예수님은 말로 표현할 수 없이 순결하고 사랑이 많으십니다. 다만 제가 죄를 지어 책망하실 때는 좀 엄한 목소리로 말씀도 하십니다. 저는 주님 말씀 한마디면 그 사랑의 능력에 사로잡혀 아무 대꾸도 못하고 무조건 그때만큼은 "네." 하고 순종하게 됩니다.

이 책은 제가 주님의 은혜를 입고 천국에 가서 직접 보고 들은 사실을 엄마가 대필한 것입니다. 제가 아직 나이가 어려서 표현이나 어휘력이 부족하고 또한 불완전한 인간인지라 행여 잘못 전달하여 쓰여 질수도 있기에 그것을 아신 주님은 여러 차례 원고를 확인하여 주시고 친히 첨삭 지도까지 해 주셨습니다. 영적인 체험이 없는 분들은 이런 내용을 전혀 이해하지 못하고 거짓이라고 부정하실 수도 있습니다. 그러나 영계에서 일어나는 모든 일들은 틀림없는 사실이고, 주님은 이 모든 것을 하실 수 있는 전능하신 분이십니다.

서 문

할렐루야!

《영계의 신비와 대환난》을 다시 새롭게 보완해서 개정판으로 내게 해 주신 성삼위 하나님께 찬양과 영광을 올려드립니다. 3년 전에 이 책을 처음 선보였을 때, 읽으신 분들 중에는 다양한 반응을 보였습니다. 도저히 영계의 심판대가 있는 연단 받는 장소를 동의할 수 없다는 강한 거부반응을 보이는 사람들이 있는가 하면, 반대로 무척 은혜가 된다고 좋아하는 사람들도 있었습니다. 심판대를 긍정하는 분들은 거의가 죄를 멀리하고 회개생활에 힘쓰거나, 성령의 역사와 은사체험을 하신 분들이었습니다. 이렇듯 주님을 지식적으로 아는 것과 체험적으로 아는 것에는 많은 차이가 있었습니다.

예전에 나온 책 내용에서 크게 달라진 것은 없고, 매끄럽게 약간의 내용을 수정하였고 한 자매님과 두 아이들의 계시를 추가했습니다. 처음 책을 쓸 당시 아들 다윗의 나이가 13세였는데, 어느덧 자라서 16세의 의젓한 청소년이 되었습니다.

주님께서 아무것도 잘 모르는 다윗과 어린 아이들을 통해 영계의 비밀을 알려주시고 전파케 하시는 것은 그만큼 주님의 재림이 가깝기 때문입니다. 이런 사실을 모르는 대부분의 성도들이 생명을 얻는 좁은 길보다 정욕적인 삶에 빠져 넓은 길을 향해 걸어가고 있는 것을 볼 때 안타까운 마음이 듭니다. 주님의 재림을 깨어서 준비한다는 사람들조차도 서로가 자기들이 옳다고 주장하고 조금만 자신들이 전하는 것과 맞지 않는 것이 있으면 무조건 이단시하고 배척해 버리는 것들이 주님의 마음을 너무나 아프게 하고 있다는 것입니다.

초등 1학년 소망이가 천국을 방문했을 때 주님이 하신 말씀입니다. "내가 세운 자(종)들이 어떻게 내 말을 거역할 수 있느냐? 어떻게 저럴 수가 있으냐? 나를 제대로 믿는 사람들은 소수다. 아니 거의 없다. 나만 믿어라. 내가 지금부터 적은 시간 내에도 올 수 있다. 내가 안 믿는 성도 때문에 막고 있는 것이다. 제발 돌아오라. 한 명이라도 돌아오라. 이 세상 사람들은 왜 나를 의지하지 않고 다른 것을 의지하는지…. 왜? 내가 생명이다. 내가 길이다. 나를 떠난 것은 죽은 것이다. 앞으로 많은 일이 있을 것이니 예비하고 준비하라. 나만 의지하고 내 말에 순종하라. 마귀에게 속지 말고 대적하라." 예수님께서 절규하듯이 울면서 넓은 길로 가고 있는 성도들을 향해 "돌아오라"고 어린 아이를 통해 말씀하시는 그 음성을 듣는 순간 가슴이 메어 통곡이 나왔습니다. "주님! 죄송합니다. 용서해 주세요. 주님의 마음을 아프게 한 것을 용서해 주세요. 오직 주님만을 사랑하기 원합니다. 이 생명 다 바쳐서…."

지금 이 시대는 영적으로 너무나 어둡고 혼탁합니다. 영혼의 귀가 막혀 진리를 듣지 못하고, 영적인 불감증에 빠져 자신들이 점점 죽음을 향해 걸어가고 있다는 사실을 깨닫지 못하고 있습니다. 성령님께 붙잡혀 일하는 주의 종들은 이단시 당하고 있고, 양의 탈을 쓰고 불법을 행하는 거짓선지자는 참된 종으로 인정받고 있는 시대에 우리가 살고 있습니다. 예수님께서 직접 하신 말씀대로 많은 성도들이 주일날 교회 가서 예배드리고 주님을 믿는 다고 말하지만, 정작 예배를 받으시는 주님께서는 믿는 자가 극소수라고 말씀하시며 회개하고 돌아오라고 외치고 계십니다. 마지막 때는 알곡보다 쭉정이로 버림받을 영혼들이 더 많다는 것입니다. 지금부터라도 늦지 않았습니다. 지금 이 순간부터 정욕적인 삶을 십자가에 못 박고 주님 중심의 삶으로 우리의 삶의 패턴을 바꾸어야 합니다. 주님이 우리의 삶의 주인이 되고 목적이 되고 전부가 되어야 합니다.

주님은 마지막 때에 사람의 미혹을 받지 않도록 주의하라고 했습니다. 사람을 통해 역사하는 사단의 달콤한 소리에 속지 마십시오. 주님의 재림을 거론하지 못하게 하는 것은 사단의 계략입니다. 성령의 다양한 역사를 제한하는 것 역시 사단의 속임수입니다. 뜨거운 찬양과 부르짖는 기도가 있는 곳에는 반드시 성령의 다양한 은사와 치유가 일어나게 마련입니다. 문제는 마귀도 더 크고 강하게 역사하며 방해한다는 것이죠. 그래서 영분별이 꼭 필요합니다. 모방의 천재인 마귀에게 속지 않기 위해 선과 악, 빛과 어둠을 성령의 조명아래 말씀으로 분별해서 옳고 그름을 가려야 합니다.

성령의 역사로 귀신이 쫓겨나고 각종 질병이 치유를 받았다면, 그의 삶에는 아름다운 열매가 나타날 것입니다. 치유나 어떤 현상이나 은사 자체가 목적이 아니라 그것을 통해 영적인 성장을 이루고 주님을 온전히 닮아가는 것이 중요합니다. 주님의 열매는 우리를 십자가로 인도하고 주님 앞으로 더 가까이 나아가게 합니다. 반대로 마귀의 열매는 십자가를 거부하고 정욕적인 만족을 추구하는 삶으로 인도합니다. 그것이 성령과 마귀를 분별하는 열쇠라고 볼 수 있습니다.

우리에게 앞으로 남은 시간이 그리 많지 않습니다. 지금이 주님을 전심으로 찾고 만나야 할 때입니다. 주님을 깊이 만나고 주님의 음성에 순종할 때 우리의 삶은 변화될 것입니다. 우리가 말씀과 성령의 손에 붙잡혀 생활하지 못하면 앞으로 우리에게 닥칠 대 환난을 감당할 수 없습니다. 지금부터 성령의 임재가운데 회개와 절제생활로 무장하고, 대 환난을 잘 통과하기 위해 두렵고 떨림으로 구원을 이루어 나가야 합니다.

어떤 사람은 휴거를 굳게 믿고, 7년 대환 난은 자신과 무관하다고 생각합니다. 그러나 휴거는 자신이 생각하고 믿는 대로 이루어지는 것이 아닙니다. 만약 여러분이 지금 이 시간 아무 죄도 짓지 않고 산상수훈(마 5,6,7장)의 말씀을 다 지켜 행한다면 주님이 오실 때 분명히 휴거될 것입니다. 그러나 범죄 할 기회가 주어질 때마다 마음에서 혈기나 음란이나 여러 가지 죄들이 올라오고 정욕에 묶여 산다면 대 환난에 들어갈 준비를 하십시오. 마지막 때는 영분별을 잘 해서 사람의 미혹이나 세상 속에 둔 먹음직하고 보암직하고 탐스러운 선악과에 속지 말아야 합니다. 언제나 우리를 구원의 길로 인도할 십자가를 선택해야 합니다. 십자가만이 우리에게 영원한 생명을 안겨줄 것입니다(행4:12).

이 책은 영계체험을 하는 아들 다윗이 직접 보고 들은 것을 그대로 엄마인 제가 받아서 기록한 것입니다. 절대 꾸며서 만들어낸 이야기도 아니고, 영계에서 일어난 일들을 사실 그대로 기록한 것입니다. 그래서 다른 책들에서 만나는 수려한 문체나 학문적인 지식의 흔적이 없습니다. 그렇지만 순수한 믿음으로 받으신다면 영적인 큰 유익과 주님의 한량없는 은혜가 임할 줄 믿습니다.

책이 나오기까지 중보 기도로 도와주신 예사랑 교회 성도들과 주변에 계신 모든 분들께 감사를 드립니다. 그리고 핍박을 마다하지 않고 사명감을 가지고 책을 출판해 주신 도서출판 소망 방주석 사장님과 직원 모든 분들께 진심으로 감사드립니다. 주님께 영광!

박예영

차 례

제1장 천국에서 만난 바울과 열두 사도들과의 만남 · 15

성령의 열매를 가르쳐 준 바울 · 17

충성(믿음)지파 장 베드로 · 24

양선(선함)지파 장 안드레 · 27

사랑지파 장 요한 · 31

용기지파 장 도마 · 34

화평지파 장 야고보(요한 형제) · 37

절제지파 장 다대오 · 40

겸손지파 장 맛디아 · 44

희락지파 장 마태 · 47

인내지파 장 빌립 · 50

자비지파 장 바돌로매 · 54

온유지파 장 야고보(알패오의 아들) · 57

정직지파 장 시몬 · 61

종교개혁자 마틴 루터를 만나다 · 64

요한 웨슬리와의 만남 · 66

장로교 창시자 칼빈과의 만남 · 68

○○ 자매님이 본 천국이야기 · 72

초등 4학년 사랑이가 본 천국이야기 · 75

초등 1학년 소망이가 본 천국이야기 · 80

제 2장 구원받은 영혼들이 심판대를 통과하여 천국으로 가는 과정 · 83

다윗과 지인 성도와의 만남 · 86
죽은 유아가 천국으로 향하는 과정 · 101
교통사고로 죽은 전도사가 천국 가는 과정 · 105
부유한 집사가 병사로 천국 가는 과정 · 111
교통사고로 죽은 집사가 천국 가는 과정 · 117
함께 천국으로 향하는 두 성도 · 123
어느 권사가 심판받고 천국 가는 과정 · 132
예언 사역하던 두 친구들이 천국 가는 과정 · 135
초등 4학년 사랑이가 본 연단 받는 장소 · 145
초등 1학년 소망이가 본 연단 받는 장소 · 148

제 3장 심판대로 보내지기 전 가족들의 임시거주지 · 153

천국과 지옥의 갈림길 · 155
지진으로 죽은 자들이 영계에서 분리 · 162

제 4장 불신자와 타락한 영혼의 지옥행 · 165

질병으로 죽은 아이의 지옥행 · 169
중독 질병으로 지옥 가는 한 중학생 · 175

지옥 가는 방탕한 20대 여자 · 181

지옥 가는 실족한 신자 · 187

지옥 가는 40대 불신자 · 193

지옥 가는 타락한 영혼 · 198

지옥 가는 이단 교주 · 201

○○ 자매님이 본 지옥이야기 · 207

초등 4학년 사랑이가 본 지옥이야기 · 210

초등 1학년 소망이가 본 지옥이야기 · 211

제 5장 다가올 7년 대 환난의 모습 · 213

초등 4학년 사랑이가 본 대 환난 · 217

초등 1학년 소망이가 본 대 환난 · 223

○○ 자매님이 본 대 환난 · 229

마귀들을 몰아낸 미가엘 천사장과 공중 강림하시는 예수님 · 231

휴거로 당황한 성도들 · 236

자연재해와 굶주림으로 고통당하는 사람들 · 238

지옥에서 온 마귀들에게 다섯 달 동안 공격을 받는 사람들 · 240

러시아와 아랍연합에게 침공당하는 이스라엘 · 243

적그리스도가 출현하여 온 세상 사람들을 미혹 · 244

두 뿔 짐승(큰 음녀)과 666명의 하수인에게 순교당하는 성도들 · 248

적그리스도와 그의 무리들에게 심판하시는 예수님 · 255

최후의 전쟁 아마겟돈과 예수님의 지상 재림 · 259

제 1 장

천국에서 만난 바울과
열두 사도들과의 만남

하나님의 나라는 먹는 것과 마시는 것이 아니요
오직 성령 안에 있는 의와 평강과 희락이라
롬 14:17

천국에서 만난 바울과 열두 사도들과의 만남
SECRETS OF THE SPIRIT

　주님께서 말씀해 주셨습니다. "천국은 삼층 천으로 이루어져 있단다(고후12:1~2). 천국이 열두지파로 구분된 것은 세상에서 행한 대로 상급을 받기 때문이다. 천국 12지파 중, 각 지파의 장은 나의 제자들이다(마19:28). 예를 들면 세상에서 나를 위해 충성을 많이 했던 영혼들은 충성지파로 들어가고, 거짓되지 않고 정직하게 산 영혼들은 정직지파로 들어간다. 세상에서 나를 위해 성령의 열매를 많이 맺은 분량에 따라 천국에서 그 열매에 해당하는 지파에 소속되어 살게 된다."

　저는 여러 달 동안 수시로 천국에 올라가 12사도들을 만나 성령의 열매에 대한 공부를 했습니다. 제가 어린 탓에 기술력이 부족하여 그때마다 조금씩 배워 기록한 내용을 정리해 놓은 것입니다. 책을 보시는 모든 분들이 이 사실을 순전히 믿고 받아들여 영혼의 양식과 축복의 통로가 되시기를 진심으로 바랍니다.

성령의 열매를 가르쳐 준 바울

저는 그동안 여러 차례 만났던 바울에게 성경공부를 배우기 위해 찾아갔습니다. 바울은 정원에 있는 멋진 그네에 앉아 책을 읽고 있었습니다. 저는 살며시 다가가서 "바울님!" 하고 불렀습니다. 바울은 다정한 목소리로 저를 바로 알아보시고는 "다윗이 왔구나. 무슨 일로 왔니?" 하고 반겨주셨습니다. "네, 성경공부를 배우러 왔어요." 바울은 과일을 주시면서 따뜻하고 자상한 목소리로 제 수준에 맞게 알아들을 수 있도록 말씀해 주셨습니다.

"다윗아, 나는 세상에 있는 모든 영혼들을 대상으로 말해주고 싶구나. 너희에게 무엇보다 가장 중요한 것은 예수님을 믿는 믿음이다. 천국은 예수님을 믿고 죄 사함을 받은 영혼들만 들어와서 사는 곳이다. 예수님을 믿지 않은 영혼들은 어느 누구도 들어올 수 없는 곳이지. 너희는 믿음을 제일 우선으로 여기고 그 믿음을 바탕으로 해서 모든 일을 해야 한다. 믿음이 없이는 하나님을 기쁘게 할 수 없고, 또 그 어떤 것도 기대할 수 없단다. 너희가 무엇을 하든지 믿음을 따라 하지 않는 것은 다 죄가 된다는 것을 알아야 한다(롬14:23). 또한 예수님을 믿으면 반드시 그 분이 말씀하신 계명을 지켜야 한다. 주님을 믿는다고 입술로만 고백하고 순종하지 않는다면 그것은 온전한 믿음이 아니다(약2:22). 예수님은 항상 믿음을 통해서 일하시고, 너희의 믿음을 보고 도와주고 있다는 것을 잊지 마라.

너희는 오직 주님만을 믿고 신뢰해야 한다. 너희의 모든 문제를 주님께 맡기고 그분만을 의지하고 바라보아라. 너희가 어떤 문제를 끌어

안고 맡기지 못하고 염려하고 있다면, 그 문제에 대한 기도응답은 받기 어렵다. 왜냐하면 그것은 믿음이 없는 행위이기 때문이다. 주님은 너희의 모든 문제를 십자가 앞에 내려놓고 온전히 맡기기를 원하신다. 믿음으로 맡기고 그 문제를 향한 주님의 메시지에 순종하며 때를 기다리면 주님이 너희 일을 맡아 선하게 해결해 주실 것이다(빌4:6~7).

너희가 예수님 안에서 믿고 바라는 것은 그대로 되는 줄 믿어라(막11:23~24/히11:1). 그러나 너희가 바라는 그대로 이루어지는 것은 아니다. 그 이유는 주님이 너희들의 영혼에 해가 되는 것은 응답하지 않기 때문이다(약4:2~3). 만약 어느 성도가 정욕으로 쓰려고 구하는 기도마다 시원한 응답을 받는다면, 그것은 거의 마귀가 주는 복이다. 너희 영혼의 유익을 위해서는 하나님의 뜻에 합당한 것을 구하는 것이 좋다. 믿음 안에는 행함도 포함되어 있다는 것을 잊지 마라. 너희는 항상 예수님의 뜻에 합당한 생각을 하고 밝고 긍정적인 믿음의 말을 하여라. 너희가 믿음으로 선포한 말은 그대로 이루어질 것이다. 안 좋은 말은 입 밖에도 꺼내지 말고, 항상 좋은 말만 하는 습관을 들여라.

다윗아, 너에게 용기에 대해서도 가르쳐 주고 싶구나. 나는 전도여행을 할 때 사실은 무서웠단다. 어느 때는 '돌에 맞아서 죽으면 어쩌지.' 하는 두려운 마음이 들기도 했다. 그때마다 예수님께 용기를 달라고 기도하였다. 그 순간마다 주님은 두려운 마음을 제거해 주시고 큰 위로와 평안을 주셨다. 그 이후 주님의 은혜로 용기가 생겨 담대히 예수님을 전할 수 있었단다(행23:11). 예수님을 전할 때도 악을 끊을 때도 많은 용기가 필요하기 때문에, 주님께 용기를 달라고 구하여라.

용기는 너희가 죄를 짓지 않도록 언제나 도와주는 역할을 한다. 죄 지은 것을 용기 있게 고백하지 못한다면, 회개하기도 힘들어진다. 예를 들어 어느 아이가 공을 차다 실수로 옆집 창문을 깨뜨리고는 깜짝 놀라 무서워서 도망을 갔다. 나중에 옆집 아주머니가 '네가 창문을 깨뜨렸니?' 라고 물었다. 그때 아이는 혼날까봐 용기 있게 자기가 했다고 말하지 않고 거짓말을 하였다. 다윗아, 이때 혼나더라도 아이가 용기 있게 '제가 했어요.'라고 말한다면 나중에는 용서를 받고 거짓 죄를 안 지을 수도 있는데, 참으로 어리석지 않니? 너는 언제나 용기 있는 삶을 살기 바란다. 용기를 얻기 위해서는 담대하게 오직 예수님만 의지해야 한다. 특히 죄성 중에서 거짓을 조심하고 정직하기를 바란다. 정직이 너를 용기 있게 만들어 줄 것이다. 용기가 없으면 선을 행하기도 어려우므로 용기는 모든 영혼들에게 꼭 필요한 것이다"(행20:23~24,21:13).

바울은 정직에 대해서도 말씀해 주셨습니다. "거짓은 무서운 죄니 범하지 않도록 노력해라. 아나니아와 삽비라처럼 되면 안 되겠지(행5:1~11). 거짓은 다른 죄까지 짓게 할 때가 있단다.", "바울님, 어떻게 해야 거짓을 하지 않을 수 있을까요?", "거짓을 할 수 있는 상황을 만들지 말거라. 상황이 주어지면 더 속을 수 있기 때문이다. 주님께 정직한 마음을 구하고, 만약 거짓을 할 수 있는 상황이 되면 예수님의 이름으로 마귀를 대적하여라. 그리고 힘차게 찬양하고 기도하면 거짓을 할 수 없을 것이다. 또한 정직한 삶을 살려면 사소한 거짓말과 거짓된 행동을 하지 않도록 하고, 영적인 생활을 통해 성령으로 충만해지면 거짓말은 자동적으로 사라지게 되고 정직해 질 수 있을 것이다."

"바울님, 겸손에 대해서 알고 싶어요!", "겸손은 낮아지는 거란다. 교만의 반대는 겸손이지. 너는 친구들과 몇 번 말다툼 한 적이 있었지? 그럴 때는 먼저 낮아지거라. 무조건 낮아지면 교만할 틈이 없고 싸우지도 않을 것이다. 교만하면 마귀가 역사하여 죄를 짓게 된다. 항상 몸과 마음을 낮추어야 주님의 은혜를 받을 수 있단다.

나는 전도하면서 병을 고치고 귀신을 좇아주자 사람들이 신처럼 여기고 높여주어서 하마터면 마귀에게 속아 넘어질 뻔 했다. 마귀의 역사로 순간 마음이 높아지다가도 나의 눈을 뜨게 해주신 예수님만을 높이고 나를 낮추기 위해 몸부림을 쳤지. 예수님처럼 낮아지려고 노력하자 겸손해질 수 있는 주님의 은혜가 임하였다. 주님의 도우심이 아니면 남들이 신처럼 받들고 칭찬해주는 것을 이겨낼 수 없었을 것이다. 늘 깨어 기도하고 내 안에 주님의 영으로 가득 채우며 언제나 겸손해지기 위해 나를 죽이는 훈련을 했단다. 누구든지 날마다 십자가에 자신을 죽이지 않으면 온전한 겸손이 어렵단다."

저는 바울님의 말씀을 듣고 나서 "바울님, 이제 가봐야겠어요."라고 말씀드렸습니다. 그러자 바울은 "벌써 가니? 잠시 기다려라." 하시고는 다이아몬드처럼 생긴 과일 다섯 개를 주시며 "이것을 먹으며 가라."라고 하셨습니다. 저는 인사하고 맛있게 먹으며 돌아왔습니다. 저는 며칠 후에 바울 선생님을 또 찾아뵈었습니다. 선생님은 찬양을 하시며 음식을 드시고 계셨습니다. 저를 보시고 반갑게 맞이해 주시면서 "다윗이 왔니? 여기 앉아라." 하시고는 드시고 계신 빵을 주셨습니다. 그리고 말씀하셨습니다.

"다윗아, 언제나 어려운 사람들에게는 필요한 것을 나눠주며 복음을 전해야 할 의무가 있단다. 불쌍한 사람들을 도와주지 않고 자기를 위해서만 물질을 사용하고 있다면 자비를 베풀 수 없지. 너도 자비를 베푸는 삶을 살면 좋겠구나. 많은 사람들을 사랑으로 도와주고 치유해서 그들을 주님 앞으로 인도하여라. 그것이 네 사명이고 할 일이다. 나는 언제나 내가 가진 물질로 불쌍한 사람들에게 자비를 베풀며 전도하였다. 자비를 베풀면 마음이 기쁘고 받은 사람의 마음도 기쁘단다"(행20:35).

선생님은 절제에 대해서도 말씀해 주셨습니다. "절제는 사람들이 많이 알고 있지만, 잘 실천하지 못하고 있는 것 같구나. 예를 들어 음식을 충분히 양껏 먹었는데도 절제를 못하고 과식을 하니 배가 아프고 고통을 당하는 것이다. 식욕은 아집에 속하지. 보아하니 다윗이 저녁식사 때 식욕에 지배받은 것 같구나. 식욕에 지배받지 않으려면 적당량을 먹어야 한단다. 그 이상을 먹으면 식욕에 걸리지. 천국 백성들이 식욕에 안 빠지는 이유는 일정량을 먹기 때문이다. 식욕뿐만 아니라 운동이나 놀 때도 절제를 해야지 마음까지 푹 빠져 놀면 안 된다. 네가 사는 세상에는 절제해야 될 것들이 아주 많단다. 정욕과 탐심을 십자가에 못 박아라(갈5:24/벧전5:11). 늘 꾸준히 절제생활을 하지 않으면 올라오는 죄 성이나 정욕과 탐심을 이길 수가 없단다(고전9:25~7).

많은 성도들이 물욕에 잡혀 있고 죄를 아무렇지 않은 듯이 짓고 산다. 거의 한 가지 이상은 중독에 빠져 주님을 온전히 섬기지 못하고 있다(마6:24). 그런 영혼들은 회개하기 전에는 마귀의 손아귀에서 벗어나기가 어렵다. 너희가 살 길은 날마다 정욕과 탐심을 십자가에 못 박는 것임을 잊지 말아라. 네가 살고 있는 시대는 절제가 꼭 필요하다. 자아를 십자가에 못 박지 못함으로 인해 육성은 더 발달하여 죄를 짓게 만드는 원인이 되는 것이다.

자아를 십자가에 못 박아 육성이 죽어져 없어질수록 주님께 더 가까이 나아가게 되고 성령의 열매가 맺혀진다. 너희가 자아중심적인 삶을 살게 되면 죄의 세력으로 인해 예수님과 멀어질 수밖에 없다(마16:24). 자아를 십자가에 못 박을수록 너희 안에 계신 성령님이 더 많이 도와주신다는 것을 잊지 마라. 다른 사람과 싸우거나 화가 나는 것도 자아를 온전히 십자가에 못 박지 못했기 때문이다. 날마다 죄가 올라올 때마다 회개하고 자아를 십자가에 못 박으면 화내거나 싸울 일이 없이 사이좋게 지낼 수 있단다.

다윗아, 너희 세대는 특히 음란한 사람들이 많을 것이다. 너는 순결해야 한다. 마귀는 음란한 것으로 어린이부터 노인에 이르기까지 많은 영혼들을 타락시키고 있다. 성도들에게 이 말을 전하고 싶구나. 너희가 음란한 생각만 해도 죄를 짓는다는 것을 잊지 마라(마5:28). 절대 생각으로도 음란죄를 짓지 말고, 만약 지었다면 즉시 회개하여라. 예수님은 언제나 너희의 모든 생각과 행동을 지켜보고 계신다. 너희가 회개하지 않으면 지은 죄에 대해서 엄한 벌이 주어질 것이다. 눈의 순결과 마음의 순결 그리고 육체의 순결을 지켜라. 하나님과 원수인 세상을 사랑하지 않는 것도 순결을 지키는 것이다(약4:4/요일2:15).

너희는 순결을 지켜 나가길 바란다. 너희 세대는 음란으로 가득 차 있어서 빠지기가 쉬우니 조심하고, 마음으로도 음란한 생각을 품지 말고 그런 생각이 나면 밖으로 나가 운동을 하거나 음란의 영을 대적하거나 결박기도를 하여라. 그리고 평소에 성령으로 충만하게 채우고 음란한 것들은 보거나 듣거나 생각도 하지 말아야 한다. 음란한 것들을 보고 듣고 할 경우는 마귀가 음란에 사로잡게 만든다. 음란한 것들을 보지도 말고 생각조차 하지 않으면서 주님을 바라보고 의지하여야 순결을 지킬 수 있을 것이다.

많은 성도들이 하나님을 사랑하지 않고 썩어 없어질 돈을 사랑하고 탐욕에 잡혀 재앙을 불러들이고 있다. 너희가 돈을 사랑하면 예수님을 사랑할 수 없고, 영적인 순결을 지킬 수 없다는 것을 깨달아라(딤전 6:9~10/히13:5). 너희가 정욕과 탐심을 십자가에 못 박을 때 비로소 죄를 이기고 예수님을 온전히 사랑할 수 있다. 예수님은 청빈의 삶을 사시며 제자들에게 본을 보이셨다(마8:20). 너희가 정욕의 노예가 되지 않기 위해서는 사치와 다툼, 허영을 버리고 청빈의 삶을 살아야 한다. 너희는 세상에서 부자가 되려고 애쓰지 말고 적당히 가진 것을 족하게 여기고 주님의 나라와 의를 구하여라(딤전6:8/마6:33). 세상을 사랑하고 돈을 사랑하는 것은 다 헛된 것이고, 재앙만 불러들일 것이다."

초등 1학년인 소망이가 천국을 방문하여 이 세상을 바라보는데, 전부 분뇨(똥)로 보이고, 전부 쓸데없는 것밖에 없다는 이야기를 해주었습니다. 그래서 사도바울이 예수님 외에 모든 것을 배설물로 여겼다는 것입니다. 바울은 예수님을 만나고 난 후에는 세상 것들을 쓸데없는 똥 같아서 배설물로 여기고 오직 예수님만이 유일한 기쁨이었다고 알려주셨습니다.

저는 바울과 함께 하나님의 보좌가 있는 곳으로 걸어갔습니다. 생명강이 흐르고 강 좌우에 생명나무가 있습니다. 생명수는 하나님의 보좌로부터 흘러 내려 천국 전체로 공급되었습니다. 바울과 함께 하나님의 보좌가 있는 곳에 가까이 왔을 때였습니다. 중앙에 하나님의 보좌는 강한 빛덩어리 자체이고, 좌측 바로 곁에 계신 성령님은 불의 형체로 되어 있고 우측 바로 곁에는 예수님이 계셨습니다. 하나님의 빛으로 예수님과 성령님을 감싸고 계신데, 그것을 말로 자세히 표현하기는 어렵습니다.

　바울은 하나님의 보좌에 계신 분들을 보시며 말씀해 주셨습니다. 주님의 보좌 뒤 좌우로 24장로가 둘러서 있고, 그 뒤로 많은 천사들이 둘러 서 있습니다. 주님의 보좌 바로 앞에는 좌우로 네 생물이 있고 그 앞에 좌우로 가브리엘, 미가엘 등 7명의 천사장(일곱 영)이 서 있습니다. 24장로 중에는 제가 만난 아브라함이나 다윗 같은 분들도 포함되어 있습니다. 그분들은 예수님이 부활하실 때 함께 부활체의 몸을 입었다고 합니다(마27:52~53).

　"바울님은 왜 저 자리에 계시지 않나요?", "나는 24장로가 아니란다.", "저기는 24장로만 계신 거군요. 그런데 24장로는 어떤 분들이세요?", "구약에 나오는 인물들 중에 이긴 자들이란다.", "이긴 자가 무슨 뜻인가요?", "이긴 자들은 세상을 사랑하지 않고 정금 같은 믿음으로 하나님의 말씀을 온전히 지켜서 승리한 영혼들을 말한다." 저는 바울님과 하나님의 보좌를 구경하고 다시 제 영혼이 세상으로 돌아왔습니다.

충성(믿음)지파 장 베드로

　저는 베드로를 찾아뵈었습니다. 베드로는 책을 읽으며 과자와 과일을 드시다가 저를 반겨주셨습니다. 그분은 저에게 의자에 앉도록 배려한 후 과자를 주셨습니다. "베드로님, 이 과자를 직접 만드셨나요?", "님이라고 안 해도 된다. 그냥 베드로라고 불러라.", "예, 베드로.", "다윗아, 너는 어느 지파에 속하니?", "주님께서 사랑지파라고 말씀해 주셨어요.", "그럼 요한에게 가서 물어보았겠구나?", "네." 저는 베드로 앞에 다정하게 앉아서 베드로의 지난 이야기를 들었습니다. "예수님을 알기 전부터 나와 안드레는 어부였단다. 매일 고기를 잡으러 나가야 했고, 여러 가지 해야 할 일도 많았지. 어느 날 아침 여느 때와 같이 고기를 잡으러 나가야 하는데, 너무 몸이 피곤해서 일어나지를 못했다. 안드레가 빨리 가자고 재촉하였지만, 생각처럼 몸을 움직일 수가 없었다.

한참 누워서 끙끙거리다가 안드레의 도움을 받아 간신히 일어 나가긴 했지만, 일을 하는 중에도 계속 몸 상태가 좋지 않아서 적당히 일을 끝내고 집으로 돌아왔단다. 이런 날과 같은 증상을 자주 경험하다가 예수님을 만나고 나서 거짓말처럼 해결 받았단다. 잠자리에서 일어나려고 하면 눌리고 힘든 것이 마귀의 공격이었다는 것을 알게 되었지. 예수님께서 육체를 괴롭히는 마귀를 쫓아주고 치유해 주었단다. 나는 예수님의 제자가 되기 전에는 성실하지 못했다. 성실하지 못한 것 때문에 주변에 있는 사람들이 날 믿지 않았지. 안드레를 통해 예수님을 알게 되었고, 주님이 따라오라고 할 때는 너무나 기뻤단다.

그 이후로 나는 모든 것을 버리고 예수님을 따라다녔단다. 예수님을 만난 후부터 부지런해지고 맡은 일도 충실하게 했다. 언제나 남이 보지 않아도 예수님이 하라는 것은 충성을 다하였고, 사람들이 시키는 일도 성실히 했단다(고전4:2). 예수님은 그런 나를 칭찬해 주셨다. 어느 날 예수님이 나에게 물위를 걸어오라고 했을 때, 용기백배한 믿음으로 주님께로 걸어가다가 순간 넘실대는 파도를 보고 엄습하는 두려움에 용기를 잃어버렸다. 나는 순식간에 바다에 빠져 살려달라고 허우적거릴 때, 예수님은 즉시 나에게 손을 내밀어 구해주셨단다. 그때 나는 예수님께 변치 않는 충성을 다할 것을 마음먹었다. 예전에도 충성하기로 마음먹었지만, 그때는 완전히 결단하게 되었단다(마14:22~33). 주님이 승천하고 난 후에도 열심히 충성을 다해 교회를 세우고 사람들에게 예수님을 전하고 믿게 했다.

다윗아, 주님을 위해 충성하면 영혼이 기쁘단다. 너도 많은 충성의 본이 되어야 할 거야. 사람들에게 잘 보이려는 마음으로 잘난 체하며 충성하면 상급을 쌓지 못한다. 남이 보든 안 보든지 주님이 맡겨준 일을 성실하게 하고 자신을 드러내어 자랑하면 안 된다. 충성을 하는데도 각자의 분량이 있다. 자신이 해야 할 분량 이상으로 하지 않아도 괜찮다. 너희가 할 수 있는 분량까지만 충성을 다해라. 충성을 넘치게 하지 못한다고 해서 스스로 게으르다고 생각하지 마라. 사람마다 각자 할 수 있는 만큼 최선을 다하는 것이 충성이란다. 다윗은 친구들 앞에서 조금 잘난 체를 하는 것 같구나.", "헉! 어떻게 아셨어요?", "네 속까지 다 안단다. 다윗아, 잘난 체 하지 말고 겸손하게 모든 이들을 섬기고 사랑하여라. 너는 사랑이 많아서 사람들이 좋아하지? 언제나 예수님을 따르고 예수님을 배신하지 말거라. 나도 너를 위해 기도해 주겠다.", "감사합니다."

베드로는 제 어깨를 감싸 안듯 손을 얹고 호수로 가서 배를 탔습니다. 노를 저어보려고 찾고 있을 때, 베드로가 제 생각을 아시고, "다윗아, 여기서는 직접 노를 젓지 않고도 생각만 하면 그대로 된단다."라고 하셨습니다. 정말 신기하게 배는 베드로가 생각하는 대로 잔잔하게 움직였습니다. 베드로는 이어서 말씀하셨습니다. "나는 다른 제자들보다 더 열심히 예수님이 시키시는 일이라면 궂은일도 마다하지 않고 끝마무리까지 충실히 했단다. 다른 사람들에게 드러내지 않고 은밀하게 예수님이 말씀하신 일은 무조건 충성했지. 주님은 다른 제자들보다 나에게 힘든 일들을 명하셨고, 나는 있는 힘을 다해 예수님의 명을 이루었단다."

"베드로님은 예수님의 수제자라고 들었는데요?", "다윗아, 수제자는 중요하지 않다. 네가 예수님을 잘 믿고 연단 잘 받고 천국에 오면 된다. 천국은 네가 사는 세상보다 비교할 수 없을 만큼 행복하고 아름다운 곳이란다. 네 엄마에게도 충성을 다해서 글을 쓰라고 전해라. 얼마 전 《영의 비밀》을 예수님으로부터 들어서 읽고 있단다. 네가 살고 있는 세상에 있는 책들을 많이 보았지. 마귀에게 속아 거짓으로 꾸며 쓰는 사람들이 많은데, 너희는 그래도 잘 썼구나. 사실 그대로 정직하게 글을 쓸 때 주님의 은혜가 부어진다.", "베드로님, 세상에서 쓰여진 영적인 책들이 천국 도서관에도 있나요?", "영적인 책들 중에서 주님이 선정한 책들만 있고, 거짓이나 잘못 쓰여진 책들은 천국에는 없단다.

다윗아, 충성은 남에게 보이려고 하는 것이 아니라 은밀하게 하는 것이다. 주님의 명령은 무조건 순종해야 한다. 내가 충성지파장이 될 수 있었던 이유는 주님의 말씀에 온전히 순종하고 따랐기 때문이다. 주님의 말씀에 순종하지 않으면 충성도 할 수 없다. 너희는 주님께 순종하고 주님만을 온전히 사랑하기 바란다(삼상15:22). 예수님은 아주 작은 일에 충성하는 사람에게 큰일을 맡긴다. 작은 일에 성실하지 못하면 크게 쓰임 받기도 어렵지. 언제나 꾸준히 열심을 품고 주님을 섬겨라"(마25:21).

양서지파 장 안드레

안드레를 만나기 위해 먼저 베드로를 찾아갔습니다. 베드로는 정원에 있는 풀밭에 앉아 책을 읽다가 저를 반겨주었습니다. "베드로, 저를 안드레에게 데려다 주실 수 있으세요?", "그래, 가보자." 저는 베드로와 다정하게 대화를 나누며 금 길을 걸어서 안드레의 집으로 갔습니다. 안드레 집 지붕과 외벽은 금 바탕에 아름답게 박힌 보석이 반짝거렸습니다. 외벽 가장자리는 사각으로 된 빨간색 보석으로 박혀있고, 출입문과 그 테두리도 각양각색의 온갖 화려한 보석으로 멋지게 조화를 이루고 있었습니다.

안드레는 정원에서 성경책을 읽고 있다가 베드로를 보자 "어서 와!" 하고 반갑게 맞아주었습니다. 안드레는 저를 보고 베드로에게 "누구야?" 하고 물었습니다. "다윗인데, 너에게 양선을 배우고 싶다고 해서 데리고 왔어." 안드레는 환한 미소를 지으며 저를 바라보셨습니다. 저는 안드레에게 다가가서 "혹시 양선에 대해서 가르쳐 주실 수 있나요?"라고 물었습니다. "양선? 양선에 대해서 알고 싶은 거로구나. 우선 여기 앉아라.", "다윗아, 먹을 것을 줄까?", "주시면 감사하죠.", "잠시 기다려라." 저는 안드레가 돌아올 때까지 베드로와 이야기를 하였습니다. 조금 후에 안드레는 물고기와 과일을 가져왔습니다. 저는 그것을 먹으며 "안드레님, 아주 맛있어요. 베드로님도 드세요!"라고 하였습니다. 베드로는 온화한 표정으로 "난 괜찮다."라고 하시며 먼저 일어나 돌아가셨습니다.

안드레는 양선에 대해서 말씀해 주셨습니다. "양선은 예수님의 이름으로 다른 사람들을 도와주는 거란다. 양선에 대해 배운 적이 있니?", "없어요.", "그럼 양선에 대해서 잘 모르겠구나?", "네, 잘 몰라요." 안드레는 제가 알아듣기 쉬운 말로 자신의 이야기를 들려주셨습니다. "나는 예수님을 믿기 전에는 성품이 밝지 못하고 남에게 베푸는 것도 인색하였다. 나는 원래 세례요한의 제자였단다. 세례요한의 말씀을 듣고 사람들을 도와주다가 예수님의 제자가 되고나서야 어떤 방법으로 도와줘야 하는지를 구체적으로 알게 되었단다. 나에게 조금 있는 물질로 굶주리고 불쌍한 사람들에게 돈과 먹을 것을 주며 복음을 전하였다. 때로는 옷이 없어 떨고 있는 사람에게 입은 옷을 벗어주기도 했지. 그렇게 사랑을 실천하며 전도를 하는 나를 예수님은 칭찬해 주셨단다(행20:35).

형제 베드로도 나에게 많은 도움을 주었다. 나는 어려운 사람들에게 인색한 마음으로 대하지 않고, 돕고 싶은 간절한 마음으로 기쁘게 도와주었다. 한번은 예수님이 승천하시고 나서 어딘가를 가고 있는 중에 굶주리고 헐벗은 거지를 만났다. 그를 보자 너무나도 측은해 보여서 도와주고 싶은 긍휼한 마음에 밥과 옷을 살 수 있는 약간의 돈을 주었다. 순간 때를 놓치지 않고 예수님을 전해주었지. 그는 기쁘게 받으면서 나에게 복 받을 거라고 했다. 이처럼 보잘 것 없고 불쌍한 사람들에게 예수님의 사랑을 전하고 도와줘야 한단다"(마25:40,45).

"안드레님, 저희 교회에 가끔 이상한 사람들이 찾아와서 거짓으로 차비가 없다고 꾸며대며 몇 만원씩의 적지 않은 돈을 달라고 끈질기게 매달리는 일들이 있어요. 엄마는 속는 줄 알면서도 그때마다 주님의 이름으로 도와줬어요. 그런 경우에는 달라고 요구하는 대로 다 주는 것이 옳은 건가요?", "거짓으로 속이는 사람이 많다고? 하긴 너희 세대에서 그런 것을 분별하기는 어렵겠지. 너희가 살고 있는 시대는 악한 사람들이 많다. 악한 의도로 습관적인 거짓말을 하는 그런 사람들은 사악한 사람들이다.

예수님은 언제나 불쌍한 사람들을 돕고 베풀어 주려고 하지만, 사람을 망치면서까지 사랑을 베풀지는 않는다. 그들이 속여서 받은 돈으로 술 마시고 방탕하며 악하게 사는 것을 뻔히 알면서 도와주는 것은 옳지 않다. 너희는 적은 물질이라도 영혼에 유익한 곳에 바로 사용하고 베풀 만한 자에게 선을 베풀어라. 마귀에게 사로잡혀 악한 의도로 도움을 청하는 자에게는 너희 형편에 맞게 정한 금액만 주어라. 그들이 원하는 금액을 못주었다고 해서 조금도 자책할 것은 없다. 아무에게나 무조건 달라는 대로 다 주는 것이 예수님의 사랑은 아니란다. 간혹 도움이 필요해서 진심으로 말하는 사람들도 있다. 그러나 대부분이 예수님을 악용해서 교회만 찾아다니며 도움을 청하는 사람들의 말은 거짓이니 거기에 속지 말거라.

　그 외에 주님의 도움을 필요로 하는 자에게는 기쁜 마음으로 도와주면 좋겠다. 나는 예수님의 제자가 되기 전에는 남을 도와주거나 베푸는 것이 천국에 상급으로 쌓인다는 것을 알지 못했단다. 세례요한과 예수님을 만나고 나서 남을 도와주거나 선을 행하면 상을 받는다는 것을 알게 되었지. 주님의 말씀을 듣고 깊이 깨닫고 나서 더 많은 사람들을 도와주어야겠다고 생각했단다. 지금 네가 살고 있는 세상에는 많은 사람들이 예수님의 것을 자기 것으로 알고 마음대로 낭비하며 사용하고 있다. 너희가 가지고 있는 모든 소유는 생명까지도 주님의 것이라는 것을 잊지 말아야 한다. 맡겨주신 것을 오직 주님 뜻에 합당하게 사용해야만 상급을 받을 수 있단다.

　남에게 잘 보이기 위해서 불순한 동기로 자선을 베푸는 것은 천국에서 상을 받을 수 없다. 다만 예수님의 사랑으로 은밀하게 선을 행하고 남을 도와주어야만 천국에 상급으로 쌓인다"(마6:2~4). 저는 물이 먹고 싶어

안드레에게 부탁드리자 생명수를 떠다 주셨습니다. 그리고 이어서 말씀하셨습니다. "내가 사람들에게 여러 가지로 도움을 주자 도움을 받은 사람들은 나를 칭찬했지. 그럴 때마다 나를 겸손히 낮추고 그 칭찬을 예수님께 돌리라고 조언하며 복음을 전했단다.

다윗아, 언제나 착하게 살아라. 나도 예수님의 제자가 되고부터 착하게 살면서 나쁜 짓은 절대 안했다. 내가 가지고 있는 모든 것을 고통받는 어려운 이웃에게 나누어 주며 복음을 전했단다. 주님의 사랑으로 남을 도와주면 마음이 기쁘고 즐겁단다. 너희가 주님의 이름으로 행한 선은 사라져 없어지는 것이 아니다. 하나님께서 반드시 상급으로 갚아 주신다는 것을 믿고 선한 일에 힘써라. 어려운 이웃을 도와주는 것은 물론이고 영이 어린 사람이나 마귀에게 고통당하는 사람들을 도와주어라. 알겠니?", "네, 언제나 기억하고 있을게요. 감사합니다."

사랑지파 장 요한

요한은 정원에 있는 아름다운 소파 같은 의자에 앉아 성경책을 보고 있었습니다. "안녕하세요?", "다윗! 반갑구나.", "사랑에 대해서 좀 가르쳐 주시겠어요? 어떻게 해야 친구들에게 사랑을 베풀 수 있나요?", "예수님께 기도하고 너를 낮추어라. 그리고 어려워도 사랑하려고 노력하여라"(막10:42~45). "사랑은 무엇인가요?", "사랑은 온유하고, 오래참고 자랑하지 않는 것이다. 교만하지 않고, 무례히 행치 않는 것이 사랑이란다. 그리고 믿음, 소망, 사랑 이 세 가지 중에서 제일은?", "사랑이에요", "잘

했다"(고전13:4~7,13). "다윗아, 나도 예수님의 제자가 되기 전에는 성격이 급하여 잘 참지 못하고 친구들에게 쉽게 화를 냈단다. 형제인 야고보에게조차 양보하지 못하고 뭐든지 내가 먼저 하려고 했지.

하지만 예수님을 만난 후로는 모든 사람이 어떻게 대하든 무조건 참았단다. 언제나 겸손하고 온유하게 사람들을 전심으로 사랑하려고 노력했지(벧전4:8/요일3:18). 다윗아, 과일 먹으러 갈까?", "네, 가요." 저는 요한과 함께 정원으로 가서 과일을 직접 따서 먹었습니다. 그리고 요한은 말씀을 이어나갔습니다. "나는 예수님을 만나기 전에 세례요한의 제자였단다. 세례요한은 예수님에 대해서 잘 모르는 나에게 위대한 메시아가 온다는 이야기를 해주었다. 당시는 그 뜻을 이해하지 못했지만, 언젠가 세례요한의 말을 깨닫게 되었다. 예수님이 세례요한에게 세례를 받으러 왔을 때, 나는 그분의 얼굴에서 겸손하고 순결하고 인자하신 모습을 보고 깊은 감동을 받았다.

그리고 세례요한에게 그분에 대해서 물어보았단다. "저 사람은 누구신가요?", "나는 그의 신발 끈을 풀기도 감당하지 못한다.", "그분이 그렇게 위대한 분이신가요?", "너도 저분의 제자가 되어라." 나는 세례요한의 말을 듣고 야고보와 함께 주님의 제자가 되었단다. 예수님은 인자하고 사랑이 많으신 분이시다. 지옥 갈 우리를 위해 십자가에 달려 죽으신 그분의 사랑을 너희는 잘 모를 것이다. 죄를 회개하기만 하면 다 용서해 주시는 자비한 분이시지(요일1:9). 또한 천국에서 상급과 영원한 행복을 주기 위해 연단도 허락하신다. 심판대에서 고통을 덜 받게 하시려고 세상에서 연단을 받게 하시는 주님의 사랑이 얼마나 큰지…. 너희는 그 사랑을 느끼고 깨달아야 한다(롬5:3~5).

나는 그분을 본받고 싶어 사랑에 대해서 가르쳐 달라고 했지. 예수님으로부터 여러 가지 사랑하는 방법에 대해서 배우고 실천하였단다. 나는 예수님을 많이 사랑했다. 사랑하는 주님을 따라다니면서 가까이서 예수님을 보고 배우고 실천하다보니 이웃을 사랑할 수 있게 되었단다. 나는 언제나 예수님과 떨어지지 않고 그림자처럼 함께 다녔다. 예수님이 십자가에 달려 돌아가실 때 나에게 주님의 어머니를 돌보라는 말씀에 즉각 순종하고 그분의 어머니를 나의 어머니처럼 모시고 사랑했단다. 그리고 예수님이 부활하고 승천하는 것을 보았기에 죽을 각오로 전도해야겠다고 생각했지. 오순절에 방언의 은사와 성령세례를 받고 나서 여러 곳을 돌아다니며 전도하고 사랑을 실천하였단다.

전도하면서도 언제나 교만하지 않으려고 내 자신을 철저히 점검하였다. 누군가 잘못을 하면 일곱 번을 일흔 번까지라도 용서해 주라고 하신 주님의 말씀대로 실천하였다(마18:21~22). 너는 좋은 일을 할 때 드러내지 말고 은밀하게 행하고 오직 예수님께 영광을 돌려라. 원수까지도 예수님의 사랑으로 품어주고 사랑해 주어야 한다. 다윗도 사랑의 뜻을 깨닫고 실천하면 좋겠구나(마5:44). 예수님께 어렵고 힘든 영혼들을 불쌍히 여기고 사랑할 수 있는 마음을 달라고 구하여라. 사랑을 실천하기 위해서는 많은 연단이 필요하단다. 언제나 기도로 주님의 도우심을 구하고, 믿음 갖고 다른 영혼들을 불쌍히 여기고 사랑하며 주님께로 인도하여라."

"요한님, 용기에 대해서도 알고 싶어요!", "용기는 도마란다. 나와 같이 도마에게 가볼까?", "예수님의 못자국난 손과 창에 찔린 옆구리에 손을 넣어보지 않고는 예수님의 부활을 믿지 않겠다고 말한 도마요?", "그래, 도마가 용기에 대해서 가르쳐 줄 것이다." 저는 사도요한과 함께 도마를 만나러 갔습니다. 도마의 집은 아주 크고 아름다웠습니다. 순금에 다이아몬드, 루비 등 다양한 보석이 찬란하게 빛나며 아름답고 멋진 조화를 이루고 있었습니다. 도마는 정원에 있는 그네에 앉아 계셨습니다. "도마!", "오, 요한! 반갑네. 얘는 누구지?", "계시사역자야. 용기에 대해서 알고 싶다고 해서 데리고 왔어.", "우선 안으로 들어가자."

용기지파 장 도마

도마는 과일을 가지고 나왔습니다. 저희는 의자에 앉아 과일을 먹으며 즐겁게 대화를 나누었습니다. "이름이 뭐지?", "다윗이에요!", "오, 다윗! 좋은 이름이군.", "감사합니다.", "제가 질문 좀 해도 될까요? 도마님께서 예수님이 나사로가 죽었다고 유대로 가자고 했을 때, 우리도 주와 함께 죽으러 가자고 했나요?", "그렇단다." 과일을 먹고 있던 요한이 말을 이었습니다. "이 친구 용기가 대단했지. 도마가 제자 중에서 용기가 제일 좋았어.", "그래서 용기지파 장이 되셨군요." 우리는 " 하하하!…." 하고 유쾌하게 웃었습니다. 대화 중에 요한은 먼저 일어나 집으로 돌아가고 도마와 둘이 앉아 이야기를 나누었습니다.

"다윗아, 모든 일에는 용기가 필요하단다. 용기는 주님을 위해 쓰는 것은 알고 있지?", "예, 도마님, 제가 만약 순교를 당할 때 너무 무서워서 견뎌내지 못하면 어떻게 하죠?", "용기도 필요하지만, 우선은 주님께 도움을 청해야 한단다. 주님이 도와주어야 용기를 낼 수 있지, 네 힘으로는 거의 불가능하다.", "도마님, 순교할 때 어떻게 용기를 가질 수 있을까요?", "오직 한 가지 방법 밖에 없다. 예수님을 의지하는 것이지. 예수님을 의지하고 믿음을 가진 다면 용기를 가질 수 있단다. 순교할 때도 예수님이 도와주신다는 믿음을 가지면 주님이 꼭 도와주실 것이다(막9:23/빌4:13). 먹을 것 좀 줄까?", "네." 저는 도마를 따라 주방으로 갔습니다. 도마는 생명수와 오렌지 그리고 젤리 비슷한 것을 주어서 함께 먹으며 대화를 나누었습니다.

"나는 예수님을 믿기 전에는 아주 가난했단다. 빚을 많이 진 상태에서 또 빚을 지러 가야할 일이 있었다. 전에 돈을 빌리러 갔던 곳에서 쫓겨나고 비웃음을 받은 적이 있는데, 또 그런 일을 당할까봐 두려웠다. 그 때 사람들에게 예수님이 우리가 사는 동네로 오셨다가 다른 곳으로 가실 거라는 이야기를 들었다. 그 이야기를 듣고 나도 예수님을 만나러 갔지. 예수님께 '제가 돈을 빌리러가야 하는데 어떻게 해야 하나요?'라고 물었단다. 예수님은 나에게 용기를 가지라고 말씀하셨다. 나는 예수님의 말씀대로 용기를 내서 돈을 빌리러 갔단다. 그런데 그분이 의외로 기분 좋게 돈을 빌려주고, 먼저 빌려준 돈은 갚지 않아도 된다는 거야. 너무 놀랍고 신기했지. 그때 예수님을 더 신뢰하게 되었고, 용기를 가질 수 있었단다."

도마는 저에게 잠깐 정원으로 나가자고 했습니다. 저는 도마와 정원으로 나와 거닐며 이름 모르는 나무와 꽃들의 이름을 물어보았습니다. 그때마다 친절하게 알려주었습니다. 저는 도마와 정원에 있는 의자에 앉았습니다. 도마는 계속해서 과거의 일을 말씀해 주셨습니다. " '때론 예수님을 전하다가 사람들이 욕하고 괴롭히면 어떡하지?'라는 두려운 생각도 했단다. 그러나 예수님을 신뢰했기 때문에 계속 용기를 가지고 주님을 전하였지. 어느 날 예수님이 내가 주님을 전하고 있는 마을에 오셨단다. 주님은 나에게 '도마야, 내 제자가 되지 않겠니?'라고 물으셨다. 나는 갑작스런 주님의 말씀에 당황하였지만, 곧 마음을 가다듬고 '주님의 제자가 되겠습니다.'라고 대답했단다. '주님은 나를 따라 오너라.'라고 말씀하셨지.

그때부터 모든 것을 버리고 주님의 제자가 되어 따라다녔단다. 나는 용기 있게 복음을 전하고 예수님이 기뻐하지 않는 것들은 끊어내고 잔인한 순교도 담대하게 감당할 수 있었지. 다윗아, 언제나 용기 있는 삶을 살기 원한다. 지금은 어느 시대보다 죄를 끊어내고 선을 행하는 용기가 필요하다(히12:4). 마귀가 돈을 사랑하게 하고 음란과 오락에 빠지게 하여 많은 영혼들을 지옥으로 끌고 가고 있다. 중독에 빠진 영혼이 마음 중심으로 간절히 끊기를 원하고 주님의 도우심을 구하고 노력한다면 치유를 받을 수 있단다. 악을 멀리하고 선을 행할 때 용기가 많이 필요하지. 용기를 자기 힘으로 내는 사람들도 있고, 하나님의 도우심을 받아 용기를 내는 사람들도 있단다. 용기를 낼 때 자아를 십자가에 못 박지 못하고 자기를 자랑하고자 나타내는 용기는 진정한 용기가 아니다.

주님의 도우심을 받아 날마다 주님이 싫어하는 죄와 자아를 십자가에 못 박으며 용기를 낼 때 악을 멀리하고 선을 행할 수 있다. 더 나아가 주님의 도우심으로 연단을 받아 차츰 악을 멀리하고 선을 행할 때 더 큰 용기를 낼 수가 있단다. 날마다 성령 충만한 삶을 사는 사람이 진정한 용기를 낼 수가 있지. 주님께 죄를 멀리하고 선을 행할 수 있는 용기를 달라고 간구하여라. 그리고 말씀읽기와 기도와 찬양에 힘써라. 주님의 영으로 많이 채우면 채울수록 용기 있는 삶을 살 수 있을 것이다."

화평지파 장 야고보(요한 형제)

야고보의 집은 터 우측에 위치하고 있어 집 앞으로 큰 호수와 작은 호수가 연결되어 있고, 큰 호수의 물이 작은 호수 쪽으로 흐르고 있었습니다. 옆으로 정원이 있고, 호수 앞쪽으로 농사짓는 땅이 있습니다. 집에서 농사짓는 땅으로 건너가는 다리가 있고, 그 아래 호수로 연결된 물이 흐르고 있습니다. 야고보는 소파에 앉아 책을 보고 있었습니다. 저는 "야고보님, 안녕하세요? 화평 좀 가르쳐 주시겠어요? 요한이 여기 계시면 좋을 텐데요."라고 하자 요한이 갑자기 스크린에 화면이 켜지듯 앞에 나타났습니다. "오, 요한! 어서 오게. 여기 앉게." 요한은 "다윗, 안녕!", "안녕하세요?" 야고보가 요한과 저를 번갈아보며 요한에게 "이 아이를 아는가?"라고 물었습니다. "나한테 사랑을 배웠지. 하하하!"

우리는 빙 둘러 앉아 즐겁게 대화를 나누었습니다. 야고보는 화평에 대해서 이야기해 주었습니다. "너는 천국까지 오는 것을 보니 영의 세계가 열린 것 같구나. 다윗아, 화평에 대해서 잘 모르니?", "네.", "예를 들어 네 친구 둘이 다투었을 때 네가 그들에게 가서 화해할 수 있도록 도와주는 것이 화평이란다(약3:18). 사람관계는 물론이고 하나님과의 관계에서도 화평해야 되지. 죄를 지으면 진심으로 회개해야만 화평할 수 있단다. 다윗아, 너는 무슨 지파니?" 곁에 있던 요한이 "다윗은 사랑 지파야.", "사랑 지파? 다윗아, 사랑지파니?", "네.", "너는 네 친구가 싸웠을 때 화평하게 만들어 주고, 주변에 있는 모든 사람들을 화평하게 만들어 주면 좋겠구나.", "제가 어떻게 해야 친구들과 화평할 수 있을까요?", "무엇보다 먼저 네 영 관리를 잘해야 한단다. 성경 읽기와 회개기도, 그리고 찬양을 열심히 부르고 죄를 지었을 때는 즉시 예수님께 고백하고 늘 깨어 있는 삶을 살아야 한다.

네가 그렇게 해야 다른 친구들과 화평하게 되고 또 친구들 사이에 화평하도록 도움을 줄 수 있단다….", "야고보님, 오늘 말씀 감사합니다. 나중에 또 말씀해 주세요.", "알겠다." 저는 작별인사를 하고 돌아왔습니다. 며칠 지난 후에 화평에 대한 공부를 하기 위해 다시 야고보님 댁을 방문하였습니다. 집안으로 들어가니 야고보님이 나오셨습니다. "안녕하세요?", "오! 다윗이구나. 들어오렴." 야고보의 집안에는 원숭이와 다양한 모양을 갖춘 새들이 있었습니다. 원숭이가 저에게 다가와서 쓰다듬어 주었습니다. "야고보님, 원숭이가 너무 귀여워요. 집에서 키우시는 거예요?", "그렇단다.", "지난번에는 왜 집 안에 없었죠?", "아, 지난번에는 밖에서 놀다가 들어왔단다." 새들도 제 어깨에 앉아 예수님을 찬양하였습니다. "야고보님, 새들도 너무 예뻐요!", "다 주님이 만드신 거란다."

저는 야고보가 앉은 의자 바로 앞에 앉았습니다. "예수님 때문에 기쁘게 웃는 것이 화평이라는 것은 알고 있지? 다윗은 죄에서 구원해 주신 예수님으로 인해 언제나 기뻐해야 한다. 너는 항상 밝고 명랑한 것 같구나.", "네.", "예수님은 나와 너희 죄를 대속하기 위해 십자가의 형벌을 당하셨다. 예수님의 크신 사랑을 생각하면 모든 것을 기뻐하지 않을 수 없다. 나는 죄에서 구원해 주신 예수님을 생각하면 너무 기쁘단다(롬5:8). 예수님의 제자가 되기 전만해도 많이 기뻐하거나 웃지 않고 표정이 굳어 있었다. 요한과 같이 예수님의 제자가 된 후로는 모든 것이 예수님으로 인해 기뻤지. 내가 항상 기쁘고 밝은 모습으로 모든 사람들과 화평하게 지내자 주변 사람들도 나를 좋아했단다. 다윗아, 너도 언제나 모든 사람들과 화평한 관계로 지내거라"(롬12:14~21).

"야고보님, 순교할 때 무섭지 않으셨어요?", "순교? 예수님이 십자가에 달리신 것과 부활하신 것을 목격하고 나서 기쁨으로 순교를 할 수 있는 믿음이 생겼단다. 전도를 많이 하고 열심히 기쁜 마음으로 예수님을 전하자 내가 제자 중에서 제일 먼저 순교를 당하였다. 전도를 하다가도 헤롯의 부하들에게 잡혀가서 '헤롯에게 잔인하게 죽임 당하지는 않을까?'라는 두려운 생각이 들었다. 그때마다 예수님이 헤롯을 사랑할 수 있는 마음과 용기를 주셔서 두려움을 극복할 수 있었다. 주님이 죽는 순간에도 기쁨으로 죽을 수 있도록 고통을 없애 주셨다. 내가 주님에 대한 믿음과 소망이 없었다면 두려워서 순교하지 못하고 가룟 유다처럼 예수님을 배반할 수도 있었겠지. 하지만 언제나 예수님이 하나님이신 것을 진심으로 믿었기에 내 온 몸을 바쳐 순교를 할 수 있었단다.

"순교를 잘하려면 어떻게 해야 하나요?", "순교하기 전에 먼저 삶을 돌이키고 잘못한 것을 회개하여라. 그리고 예수님만 믿고 의지하여라. 순교를 할 때는 주님이 도우시므로 네가 지은 죄만큼만 고통을 받고 그다음부터는 고통을 느끼지 못할 것이다. 처음에는 조금 고통스럽다가 나중에 주님의 강한 임재로 고통을 느끼지 못하고 평안히 순교할 수 있으니 걱정하지 말고 지은 죄를 다 회개하여라. 네 가족도 순교할 때 주님을 생각하고 기쁨으로 감당하면 주님이 그 고통을 없애 줄 것이다.", "네, 알겠습니다.", "나는 죽을 때도 기쁘게 죽었다고 했지?", "네.", "죽음이 무서웠지만 주님의 은혜로 이겨낼 수 있었다.", "야고보님, 과일이 먹고 싶은데 주실 수 있으세요?", "그럼 줄 수 있지."

저는 야고보가 따 준 과일을 먹으며 계속 이야기를 들었습니다. "나는 사람들에게 예수님을 전할 때 오직 믿음을 갖고 천국을 소망하며 기쁜 마음으로 전했다. 다른 어떤 나쁜 생각도 하지 않고 언제나 충실하게 사랑과 기쁨으로 전도하자 많은 사람들이 예수님을 믿고 따랐지. 다윗아, 화평하려면 믿음의 형제와 기쁨과 슬픔을 함께 나누어야 한다(롬 12:15). 그들이 잘되는 것을 기뻐하고 복을 빌어주는 것이 너희에게도 복이다. 많은 사람들이 남이 잘되는 것을 시기하여 죄를 짓고 재앙을 불러들여 고통을 당하고 있다. 너희가 하나님의 복을 받고 사람들과 화평하려면 올바른 생각과 행동을 하여라. 다윗아, 오늘은 많은 말을 했구나. 혹시 내가 너무 많은 말을 해서 불편한 점은 없었니?", "아니에요. 감사합니다.", "다윗아, 이제 가야겠지?", "네, 가야해요", "다음에 또 찾아 오거라. 다음에 오면 맛있는 거 만들어 주마.", "네, 감사합니다. 안녕히 계세요."

절제지파 장 다대오

다대오를 만나러 가는 길에 도마를 만났습니다. "오! 다윗이구나.", "네.", "어디 가세요?", "어디로 가지?" 둘이 똑같이 묻다가 서로 " 하하하…." 하고 웃었습니다. "다대오님에게 절제를 배우러 가요. 도마님은 어디가세요?", "응, 베드로 집에 갔다 오는 길이다." 저는 도마와 잠시 대화하고 헤어진 후 곧바로 금 길을 걸어서 다대오 집으로 갔습니다. 다대오가 사는 집에 도착하여 정원을 둘러보고 나서 집 안으로 들어갔습니다. 집안에는 진주와 다른 갖가지 보석들이 벽 곳곳에 박혀있었습니다. 보석들로 인해 눈부시도록 화려하고 아름다운 집안 분위기에 입이 딱 벌어졌습니다.

그때 옆에서 책을 보고 있던 다대오가 "너는 누구냐?" 하고 물었습니다. 저는 정중히 인사부터 드렸습니다. "다대오님, 절제에 대해서 가르쳐 주시겠어요?", "도마에게 네 이야기를 들었다. 절제에 대해서 배워보겠니?", "네." 다대오는 부드럽고 친절하게 절제에 대한 이야기를 해주었습니다. "주님은 나에게 절제를 잘한다고 칭찬해 주었다. 나 자신은 없는 것처럼…. 마지막까지 검소하게 절제를 하면서 살았단다. 주님을 위해 주위에 있는 나쁜 친구들도 끊어버렸다. 나를 위해서는 절제하고, 그 돈으로 불쌍한 이웃을 돕고 전도하는데 사용하니 기분이 좋았단다(고전 9:24~27).

다윗아, 너도 절제를 잘하면 좋겠구나. 지금껏 절제를 잘 못하고 있지?", "네.", "절제는 꼭 해야 한다. 내가 굳이 설명하지 않아도 알고 있겠지?", "지난번에 바울 선생님께 물어보아서 조금은 알 것 같아요.", "너도 절제를 잘하도록 노력하고 주변의 나쁜 친구들과도 멀리하고 주님의 말씀을 따라 살아야 한다.", "예, 그럼 가 볼게요.", "다윗아, 잠깐! 쿨라 먹어볼래?" 쿨라는 보랏빛 정사각형 모양으로 생긴 주먹만 한 크기의 과일이었습니다. 달콤한 맛의 쿨라를 받아먹고 다대오에게 인사하고 돌아왔습니다.

저는 며칠 후에 다대오를 찾아뵈었습니다. 다대오는 큰 두 그루 나무 사이에 연결해 놓은 금판에 누워계셨습니다. "다대오님! 저 왔어요.", "오! 다윗이구나. 어서 와라. 어디서 대화할까?" 저는 생각을 하다가 "그냥 여기 앉아서 이야기해요", "알았다. 여기로 올라오렴." 다대오는 두 팔로 저를 번쩍 들어 금판으로 올려주셨습니다. 금은 매끈하고 반짝반짝 빛이 났습니다. 다대오는 사과와 포도를 따서 저에게 먹으라고 주시며 절제에 대해서 말씀해 주셨습니다. "나는 예수님의 제자가 되기 전에 아주 가난했단다. 어머니의 신발을 사드리기 위해서 돈을 벌고 있을 때 예수님을 알게 되었지. 일을 끝내고 예수님의 말씀을 들으러 가는데, 물건 파는 곳에 내가 좋아하는 과일들이 있었단다.

어머니 신발을 사드리려고 가지고 있던 돈으로 과일을 사먹고 싶어 무척 망설였다. 너무 먹고 싶었지만 꾹 참고 과일은 나중에 사먹기로 하고 일단 그 돈으로 어머니 신발부터 사드렸지. 그리고 나중에 그 과일을 사먹을 수 있었단다. 다윗아, 너는 무언가를 할 때 그 생각에 잡혀 즉시 행동하지 말고, 그것이 올바른지를 충분히 생각해 보고 행동하여라. 너무 급하게 행동하지 않으면 좋겠구나. 나는 나쁜 생각도 조금씩 했었다. 내안에 죄가 있고 마귀가 유혹했기 때문이지. 예수님께 부름을 받아 주님의 제자가 되었을 때는 너무 기뻤단다. 주님의 제자가 되고부터는 나쁜 생각은 하지 않고 먹고 입는 모든 것을 절제하며 주님을 전하였다.

너에게는 절제할 것들이 많이 있을 것이다. 모든 것에는 절제가 필요하단다. 다윗은 절제 잘하고 있지?", "네, 요즘은 노력하고 있어요.", "돈을 사용할 때나 먹는 것이나 생각하는 모든 것들을 절제해야 한다. 그래야 주님한테 크게 쓰임 받을 수 있지. 절제를 열심히 하거라" (롬13:12~14). 이후 어느 날 또다시 다대오님을 찾아뵈었습니다. 다대오는 호수에서 물고기들을 바라보며 대화하고 있습니다. "다대오님, 안녕하세요?", "다윗이, 왔구나. 절제에 대해서 마저 배우러 왔니?", "어떻게 아셨어요?", " 하하하!", "다대오님, 절제에 대한 예를 들어주세요.", "알았다. 내가 예수님의 제자가 되기 전에 가난했다는 것은 알고 있지?", "네.", "나는 화가 날 때는 마음을 다스리며 꾹 참았단다. 예수님은 그런 나에게 '마음을 잘 다스리고 있구나.'라고 말씀하셔서 기분이 좋았지. 하지만 다른 부분에서 여전히 절제를 잘하지 못하고 욕심도 부리는 등 많이 부족했단다. 예수님을 만나고 나서 안 좋은 습관이나 행동들이 좋게 바뀌었지. 다윗아, 어떤 상황에서도 마음을 잘 다스려야 죄를 안 지을 수 있단다(잠4:23). 다윗은 잘할 것이라 믿는다."

다대오가 호수에서 물고기 두 마리를 잡아주셔서 맛있게 먹었습니다. "나는 지혜롭게 생각하는 것은 잘 못하는 편이었지만 노력하며 주님께 도움을 청했단다. 어느 날 친구가 찾아와서 어디를 함께 가자고 부탁했지. 예수님의 말씀을 들으러 가야 하는데, 친구의 말도 거절할 수가 없어 참으로 난처한 상황이었다. 그때 지혜가 떠올라서 친구에게 부드럽게 말을 했단다. '지금 예수님 말씀을 들으러 가야하는데 나중에 가면 안될까?' 화를 낼 줄 알았던 친구는 의외로 알았다고 하고 그냥 돌아갔지. 나는 주님을 만나고 나서부터 지혜롭게 말하고 행동할 수 있었단다(마 10:16). 다윗아, 절제를 하려면 마음도 잘 다스려야 하고, 욕심도 십자가에 못 박아야 한다. 하지 말아야 할 것들이 아주 많지. 지혜롭게 생각하며 행동을 해야 남에게 피해를 주지 않고 절제를 잘 할 수 있단다.

만약 네가 믿음의 분량대로 지혜롭게 행동하지 못하면 다른 사람들이 상처받을 수 있고, 여러 가지 피해를 입을 수도 있단다. 맡은 일을 분량 이상으로 넘치게 하다 보면 감당을 못해서 문제가 생기기도 하지. 무슨 뜻인지 알겠지?", "네.", "나는 예수님을 믿기 전에는 어렸을 때나 청년이 되어서도 친구들과 많이 어울려 놀았단다. 저녁때가 되면 집에 돌아가야 하는데 더 놀고 싶은 마음에 갈등하기도 했지. 예수님을 믿기 전에는 약간의 절제를 했지만, 예수님의 제자가 되어서는 더 많은 절제를 하며 복음을 전했단다. 너는 나쁜 것들을 보거나 듣고 생각하지도 말아야 한다. 그런 것을 조심하지 않으면 절제하기가 어렵다. 예수님이 기뻐하시는 것들만 보고 듣고 실천하여라. 주님이 기뻐하지 않는 나쁜 것들은 다 멀리하며 끊어야 한다. 다윗아, 지혜롭게 행동을 해야 네가 힘들지 않다. 변치 않는 믿음을 가져라. 너에게 하나님의 축복이 있을 것이다."

겸손지파 장 맛디아

저는 맛디아를 만나러 갔습니다. 맛디아는 나무에 기대어 쉬고 계셨습니다. "안녕하세요? 예수님의 제자 맛디아님이 맞나요?", "어잉~! 넌 누구냐? 내가 맛디아란다.", "잘 찾아왔군요. 전 다윗이라고 해요." 맛디아는 저에게 집안으로 들어가자고 했습니다. 그분의 집 지붕은 금으로 번쩍번쩍 빛나고, 벽은 보석으로 빼곡히 박혀있었습니다. 출입문도 아름다운 그림 모양을 따라 보석이 박혀있었고, 실내 벽은 금 바탕에 보석으로 장식되어 있었으며, 여러 개의 방과 주방, 거실이 아름답게 조화를 이루고 있었습니다. 제가 한쪽 의자에 걸터앉자 맛디아가 편하게 바로 앉으라고 했습니다.

맛디아는 겸손에 대한 말씀을 해주었습니다. "나는 언제나 낮은 마음으로 주님의 일을 했단다. 다른 사람들이 내가 예수님의 제자인 줄 모르고 비웃을 때가 종종 있었지. 그때마다 납작 엎드려 겸손하게 낮아졌단다. 다윗아, 무조건 낮아지거라. 교만을 부추기는 죄가 슬금슬금 올라올 때마다 십자가에 단단히 못 박아야 겸손할 수 있단다. 다른 사람이 겸손해 지기를 기대하지 말고 네가 먼저 겸손의 본을 보여라. 다윗아, 겸손할 수 있겠니?", "저에게도 교만이 있지만 겸손하려고 노력중이에요.", "겸손해야 너에게 복이 들어온단다. 네가 낮아질 때 주님은 너를 높여주실 것이다(마23:12).

나는 예수님의 제자가 되기 전만해도 교만하여 다른 사람들에게 화도 잘 내고 깨끗한 삶을 살지 못했다. 예수님을 만나기 전에는 좋은 직업으로 인해 교만을 드러내고 여러 가지의 죄를 많이 지었단다. 예수님의 제자가 되기 전부터 예수님을 따라다니며 말씀을 들었다. 그분의 말씀이 마음 깊숙이 와 닿았고 깨달음이 많았지. 그때부터 교만이 죄라는 것을 알고 날마다 낮아지려고 노력을 했단다. 예수님을 만나고 난 이후부터 착한 일을 할 때 나를 나타내지 않고 예수님만 높여드렸다. 항상 높아지지 않으려고 스스로를 다짐하고, 다른 사람보다 낮아졌단다. 내 스스로의 마음과 태도에서 상대를 높이고 나를 낮추었다(약4:10).

어느 상황에서도 화를 내지 않고 겸손하게 나를 낮추고 남을 깍듯이 섬기며 예수님을 전했단다. 그렇게 순교할 때까지 변함없이 겸손한 마음으로 살았지. 나는 예수님이 십자가에 매달리는 것을 지켜보았단다. 참혹하게 십자가에서 고통당하며 죽어가는 그분의 모습에서 아무 죄가 없다는 확신을 가졌지. 인자한 그분의 모습을 통해 내 자신을 돌아보니 부끄러워 매사에 더 낮추며 살았단다." 맛디아는 포도를 따서 주스를 만들어 주었습니다. "다윗아, 먹어보렴. 포도 주스란다.", "포도주스요? 제가 좋아하는 거예요. 감사합니다."

"다윗아, 아무리 네가 잘났어도 너를 드러내거나 자랑하면 안 된다. 다른 사람들을 높이고 존중히 여기며 네가 먼저 겸손의 본을 보여라. 겸손만이 살길이라는 것을 명심하고 예수님의 마음을 구해라. 예수님의 제자가 되어 많은 사람들의 병을 고치고 복음을 전하자 사람들은 나를 칭찬하고 높여주었단다. 나는 그 모든 칭찬과 높임을 예수님께만 돌리라고 했지. 칭찬하는 사람들은 예수님께도 해야 되지만, 나에게도 돌려야 한다고 말했단다. 그때마다 나를 향한 칭찬과 높임은 마땅히 주님께 돌려야 한다고 간곡히 부탁을 하자 그제서 이해했지. 다윗아, 여러 사람들이 너를 칭찬하고 높여줄 때 그 영광을 주님께만 올려드려라. 그래야 주님이 너를 통해 영광 받으시고 축복해 주실 것이다"(고전15:10).

"맛디아님, 사람들이 높여주고 칭찬할 때 그것을 온전히 주님께만 영광 돌리는 것이 생각보다 어려울 것 같아요.", "으음, 그것은 당연히 네 힘으로는 안 되지. 그렇게 높여주고 칭찬받을 때마다 너를 십자가에 못 박고, 예수님의 도우심을 받으면 실천할 수 있단다. 그러니 네 힘으로 하지 말고 예수님께 도움을 청하여라. 다윗아, 예수님 외에 그 어떤 사람이라도 자랑하고 높이면 안 된다. 오직 예수님만을 자랑하고 그분만을 찬양해야 한다. 어느 사람도 예수님을 대신해서 영광을 받을 수는 없다. 오직 예수님께만 영광을 돌려라(고전10:31). 다윗아, 다른 사람을 시기하고 질투하는 것도 교만에 속한다. 이웃이 잘되는 것을 함께 기뻐하고 좋아하는 것이 겸손이지.

내가 예수님의 제자가 되어 복음을 전할 때 곁에서 방해하는 사람이 있었단다. 그 사람을 미워하지는 않았지만 그의 행동이 별로 맘에 들지 않았다. 어느 날 그 사람이 하는 일이 아주 잘되었다는 소리를 듣게 되었다. 그는 내가 복음을 전하고 있는 장소로 찾아와서 우쭐거리며 '나에게 좋은 일이 생긴 것을 알고 있느냐?'고 자랑을 늘어놓았단다. 나는 그에게 잘 되었다고 진심으로 축하해 주며 함께 기뻐해 주었지. 그는 양심의 가책을 받았는지 그냥 조용히 돌아갔단다. 그리고 나중에 다시 와서 자신의 잘못을 용서해 달라고 하며 주님의 일에 사용하라고 돈을 주고 갔다(롬12:17). 그 돈으로 어려운 사람들을 도와주고 또 나누면서 복음을 전하였지. 그 이후로 그 사람도 예수님을 믿게 되었단다. 다윗아, 언제나 겸손한 삶을 살며 복음을 전해야 좋은 열매를 거두게 될 것이다."

저는 예수님께 가룟 유다 대신 맛디아가 12제자로 뽑힌 것을 물어 보았습니다. "가룟 유다는 야망과 욕심이 많고 교만한 생활을 많이 했다. 그와 반대로 맛디아는 욕심이 없고 교만하지 않고 겸손하였다. 맛디아는 나의 제자로서 충성된 종이 될 것을 알고 뽑은 것이다"(골3:5/약1:13~14).

희락지파 장 마태

저는 마태를 만나러 갔습니다. 마태는 호숫가에 앉아 물고기와 대화를 하고 있었습니다. 저는 다가가서 "안녕하세요? 예수님의 제자 마태가 맞나요?" 하고 인사를 했습니다. 마태는 활짝 웃으시며 "내가 마태란다. 너는 누구냐?" 하며 반겨주셨습니다. "저는 다윗입니다. 희락에 대해서 공부하려고 왔어요. 가르쳐 주시겠어요?", "희락? 알겠다. 집으로 들어가자." 저는 마태를 따라 집 안으로 들어갔습니다. "여기 앉아라.", "네." 저는 금으로 된 푹신한 소파에 앉았습니다. 마태가 주방으로 가서 포도, 사과, 빵 등을 가지고 나왔습니다. 저는 주신 음식을 맛있게 먹으며 마태의 이야기를 들었습니다.

"희락에 대해서 배워볼까? 희락은 예수님으로 인해 기뻐하고 즐거워하는 것이다. 희락은 세상 것을 기뻐하고 즐거워하는 것이 아니라 예수님을 위해 기뻐하고 즐거워하는 거란다"(느8:10/시37:4/합3:18). "예수님을 위해서요?", "주님을 위해 기뻐하는 것에 대해서 알겠니?", "조금은 이해가 돼요.", "무슨 일을 하든지 주안에서 기뻐하고 즐거워해야 한다. 예수님도 우리가 그분을 위해서 열심히 일하는 것을 보면 항상 기뻐하시지. 다른 사람을 위해 웃어주는 것도 주님을 기쁘시게 해드리는 거란다. 나는 예수님과 제자들이 함께 있을 때 항상 얼굴과 몸짓으로 기쁨을 표현했다. 다른 사람을 기쁘게 하면 나도 기분이 좋아진단다. 다윗아, 아무리 힘들어도 웃음을 잃지 말고, 그 웃음을 주님께 드려라"(살전5:16).

며칠 후에 또 다시 마태를 찾아뵈었습니다. 마태는 정원 의자에 앉아 책을 보고 계셨습니다. 저를 보고 환히 웃으며 다가오셨습니다. "안녕하세요?", "안녕!" 마태는 제 어깨에 손을 얹고 안으로 들어가자고 했습니다. "혹시 베드로 본적이 있니?", "네, 다른 사도들도 만났어요.", "그랬구나." 마태는 황금 의자에 앉고, 저는 잘 꾸며진 멋진 의자에 앉았습니다. 의자 발판은 금 바탕에 테두리는 보석이었습니다. 좌석에 황금 십자가가 그려져 있고, 등받이는 은금 줄무늬에 테두리는 꽃모양의 보석이 박혀있었습니다.

"우선 내 이야기부터 해야겠구나. 나는 예수님의 제자가 되기 전에 세리였다. 그때 사람들은 나를 싫어하고 만나기만 해도 뒤에서 욕을 했단다. 그래서 나는 마음을 터놓고 이야기할 사람이 없어 늘 외로웠단다. 그러다가 예수님을 만나게 되었지. 주님이 나에게 따라오라고 할 때부터 모든 것을 버리고 제자가 되어 따라다녔단다. 예수님의 제자가 된 나를 보고 사람들이 비웃었지만, 그 모멸도 꾹 참고 예수님의 말씀을 실천하였다. 예수님으로부터 육적인 기쁨은 잠깐이지만, 영적인 기쁨은 영원하다는 말씀을 많이 들었다. 나는 주님의 말씀을 듣는 즉시 순종했단다. 사람들이 나에게 잘못을 해도 그들에게 대항하지 않고 오히려 칭찬해 주고 도와주었단다(롬12:15).

주님의 말씀을 지켜 행할수록 마음의 큰 기쁨이 솟아나고 삶의 변화가 찾아왔지. 희락은 마음에 계신 성령의 은혜에서 나오는 즐거움이고, 그것이 곧 참 기쁨이다. 예수님을 만나고 나서부터 가슴 깊은 곳에서 기쁨이 흘러 나왔단다. 영혼 깊은 곳에서 기쁨이 흘러나와 즐겁고 행복했지. 늘 주님을 찬양하고 다른 사람을 사랑하니 더없이 기쁘고 행복했단다(빌4:4~7). 다른 사도들이 말할 때도 기쁘게 잘 들어주고 함께 즐거워했지. 사람들은 못살게 굴었던 내가 변화된 것을 궁금해 하며 물어보았단다. 나는 그들에게 예수님을 만나고 변한 과정을 설명해 주었지. 때로는 이야기를 들은 사람들도 설레는 마음으로 예수님을 만나고 싶다고 하여 그들을 예수님께로 인도했단다.

다윗아, 하나님이 주시는 기쁨으로 계시사역을 하면 즐겁지만, 네 힘으로 하면 힘들 것이다. 그러니 언제나 주님께 도움을 청하여라. 화내지 말고 항상 즐거워하고 기뻐해야 돼. 그것이 희락이란다(살전5:16). 마음이 기쁘고 즐거워야 온전한 사랑도 실천할 수 있게 된단다. 너는 예수님을 위해서 기뻐하며 살 수 있겠니?", "네, 그렇게 살 수 있을 것 같아요. 그리고 예수님을 위해서 기뻐할 거예요.", "너는 주님을 즐겁고 기쁘게 해드려야 한다.", "네.", "믿음을 가져라. 나도 기도해 주겠다. 네가 재물이 있다면 예수님이 그것을 전부 달라고 할 때 줄 수 있겠니?", "네.", "기쁜 마음으로 줄 수 있니?", "아니요. 아직 자신이 없어요… 그렇지만 노력할게요.", "다윗아, 언제나 변화된 삶을 살 거라. 육적인 일보다 영적인 일들을 기뻐하여라. 주님의 일을 하고 말씀을 실천할 때 큰 기쁨을 느끼게 되고, 주님이 더 많은 희락을 부어주실 것이다."

인내지파 장 빌립

인내를 배우기 위해 빌립을 찾아갔습니다. 빌립은 정원 분수대 옆에 앉아서 물고기와 대화를 하고 있었습니다. "안녕하세요? 빌립이세요?", "내가 빌립인데, 너는 누구니?", "저는 다윗인데, 인내에 대해서 배우러 왔어요.", "인내? 그럼 가르쳐 줄 수 있지. 여기서 얘기할까?", "네, 그렇게 해요.", "인내는 모든 것을 오래 참는 것이다. 다른 사람이 화를 내고 짜증을 부려도 주님을 위해서 참는 것이지. 다윗이라고 했지? 너도 예수님을 위해 참을 수 있겠니?", "참을 수 있어요.", "오! 그래, 믿음이 좋구나. 다윗아, 인내는 모든 생활에 적용이 된단다. 세상의 많은 성도들이 질병가운데서 인내를 못하고 주어진 시험에 실패하고 있다. 너희는 어떤 질병이나 문제가 있을 때는 하나님께 기도하며 인내로 기다려라.

인간의 방법을 쓰기에 앞서 우선 자신이 지은 죄부터 회개하여라. 질병을 통해 말씀하시는 주님의 메시지를 듣고 거기에 순종하면 질병도 고침 받고 새롭게 될 것이다. 질병으로 염려하지 말고 주님이 치유해 주실 것을 믿고, 기다리면 주님이 정한 때에 해결해 주실 것이다. 어느 날 예수님을 거부하는 사람이 찾아왔단다. 그 사람은 아무 잘못도 없는 나에게 와서 따지고 화를 냈지. 꾹 참고 대항도 안하고 온유하게 인내하자 더 이상 시비하지 못하고 돌아갔단다(약1:2~4/계3:10). 다윗아, 인내는 말처럼 쉬운 게 아니란다…. 인내를 온전히 이루려면 많은 노력이 필요하다. 나도 다른 사람이 화를 내고 따지면 똑같이 화를 낼 때가 있었단다. 그런데 예수님이 승천하신 후부터 누가 화를 내고 따져도 꾹 참고 견디며 인내하게 되었다. 다윗아, 이제 갈 시간이 되었지?", "네, 다음에 또 뵐게요. 안녕히 계세요."

며칠 후에 인내에 대해서 공부하기 위해 다시 빌립을 찾아뵈었습니다. 빌립은 집 바로 앞에 있는 소파에 앉아 성경책을 읽고 계셨습니다. "안녕하세요?", "다윗이구나.", "기억하시네요.", "그렇단다.", "인내의 예를 들어주세요.", "알겠다. 따라오너라." 저는 빌립을 따라 큰 나무에 기대고 앉았습니다. "다윗아, 나는 예수님의 제자가 되기 전에는 성질이 급하고 까다로웠다. 누구에게 무엇을 시킨 후 빨리 하지 않으면 참고 기다리지 못하고 화를 냈지. 어느 날 우리 마을에 예수님이 오셨단다. 주님이 나를 따라 오라고 말씀 하실 때 무언가에 끌렸다. 그래서 착한 친구 바돌로매에게 갔지, '바돌로매야, 주님을 봤어!', '뭐! 주님?' 그는 나와 진실한 친구였단다. 나와 바돌로매는 이유 없는 강한 감동과 끌림에 대해서 마음을 나누고 함께 예수님의 제자가 되었단다.

예수님의 제자가 되고 먼저 불같은 성질을 없애려고 열심히 노력했다. 처음에는 힘들었지만, 나중에는 마음이 평안해지며 잘 참을 수 있게 되었단다. 그때는 참을 수 있는 것이 놀라웠지. 다윗아, 너는 어떤 상황에서도 인내하고 죄를 짓지 말거라. 다윗은 인내를 잘하니?", "저는 친구들이 시간을 안 지킬 때 화가 날 때도 있어요. 그때마다 인내하려고 노력하고 있어요.", 며칠 지난 후 또 다시 빌립을 찾아뵈었습니다. 빌립은 정원 의자에 앉아 과일을 먹고 계셨습니다. "안녕하세요?", "다윗이구나.", "인내에 대해서 더 가르쳐 주실 수 있나요?", "당연히 가르쳐 줄 수 있지. 우선 가르쳐 주기 전에 먹을 것을 줄까?", "네, 주세요."

빌립은 호수에 있는 물고기 다섯 마리와 정원에 있는 과일을 땄습니다. 주방에서 농사지은 곡식으로 음식을 만들어서 정원에 식탁을 차려놓고 함께 먹으며 대화를 나누었습니다. "빌립님, 제가 사는 곳에서 먹는 온갖 생선 요리보다 천국에서 먹는 생선이 훨씬 맛있는데 그 이유가 뭐죠?", "다윗아, 네가 사는 세상과 천국은 비교할 수 없단다. 네가 사는 세상과 천국은 아주 큰 차이가 있지. 세상에서 맛있는 음식을 아무리 잘 만들어도 천국음식과는 비교할 수 없단다.", "네, 정말 그래요! 너무 맛있어요!", "잘 먹었니?", "네.", "그럼 인내에 대해 공부할까? 나는 예수님을 만나기 전에는 너무 많은 고통을 당했고 그것을 이겨내지 못했단다. 험한 고통을 당할 때 너무 힘들어서 죽고 싶을 때도 있었지. 그런 내가 예수님을 만나고 나서 고통을 기쁨으로 이겨낼 수 있었던 것은 오직 주님의 은혜란다.

주님은 내가 고통을 인내하며 기쁨으로 이겨내는 것을 보시고 칭찬을 해주셨다. 주님의 도우심으로 나의 고통이 점점 사라지고 대신 그 자리가 기쁨으로 채워졌단다. 나는 급한 성질을 죽이고 사람들이 약속시간을 안 지켜도 참고 기다렸지. 힘들고 고통스러울 때는 찬양하며 기쁨으로 이겨냈단다. 그래서 주님께 칭찬을 많이 들었단다(벧전4:12~13). 물론 다른 사도들도 칭찬을 들었지만…. 어느 날은 화를 잘 내고 성질이 몹시 급한 영혼들에게 복음을 전한 적이 있었단다. 그들은 '그딴 예수를 왜 믿어야 하느냐?'고 따지고 들었다. 나는 '그딴 예수!'라는 소리를 듣고 예수님을 모독하는 것을 참지 못했지.

그때 주님의 말씀을 기억하며 인내로 마음을 다스리고 다시 예수님에 대해서 잘 설명하려고 애쓰는데도 그들은 받아들이지 않고 오히려 버럭 화를 내고 비난하기까지 했단다. 더 이상 그들에게 인내하며 복음을 전하지 못할 것 같아 포기하고 다른 사람들에게 복음을 전하려고 돌아서서 가려고 했단다. 그때 마음속에서 '저 사람들에게 나를 믿게 하여라.'는 주님의 음성이 들려왔단다. 그 음성에 순종하여 돌아서려던 발길을 돌려 다시 참고 인내하며 그들에게 예수님에 대해서 차분히 설명하자 그때는 화내지 않고 잘 받아들였단다. 이후 그들도 예수님을 신실하게 믿어 열심히 예수님을 전하는 영혼들이 되었지.

다윗아, 네 힘으로 복음을 전하면 듣지 못하도록 가로막고 있는 사단을 무너뜨릴 수가 없단다. 성령님의 능력을 힘입어야 가능하지. 상대가 화를 내어도 꾹 참고 인내하며 예수님의 도우심을 받아 사랑으로 복음을 전할 때 그들의 굳은 마음이 녹아져 내린단다. 인내를 잘하려면 늘 영이 깨어있어야 한다. 인내의 훈련도 필요하지만 주님의 도움을 받아야 인내할 수 있단다. 다윗아, 인내는 네 힘으로는 잘되지 않을 것이다. 늘 기도로 예수님의 도우심을 구해라. 많은 사람들이 자기 힘으로 인내하려고 하기 때문에 힘들고 열매를 맺지 못하는 것이다. 나는 언제나 주님의 도우심을 받아 인내를 했단다. 내 힘으로 하는 것은 아무것도 없었다. 늘 임재가운데 주님의 도움을 구했기에 다른 사람들을 기쁨으로 도와주고 참고 견딜 수 있었단다. 다윗도 잘 참고 인내를 온전히 이루었으면 좋겠구나. 오직 주를 위한 기쁨으로 가득 찬 삶을 살기 바란다."

자비지파 장 바돌로매

저는 바돌로매를 만나기 위해 먼저 베드로를 찾아갔습니다. 베드로는 정원에서 동물들과 대화를 하며 과일을 따먹고 있었습니다. "베드로님, 바돌로매를 만나고 싶어요.", "알았다. 여기서 기다리고 있어라. 내가 데리고 올게." 베드로가 바돌로매를 모시러 간 사이에 저는 포도를 먹으며 기다리고 있었습니다. 조금 후에 베드로가 바돌로매를 모시고 왔습니다. 그분은 저를 보고 "네가 만남을 청한 거냐?", "예, 자비에 대해서 가르쳐 주시겠어요?", "알았다."

옆에 있던 베드로가 "바돌로매는 다른 사람들을 많이 도와주고 잘못을 용서해 주었지." 하자 바돌로매가 "뭘, 그러나 자네도 마찬가지야."라고 했습니다. 두 분들은 서로 간에 사랑이 넘치고 만남이 즐겁고 행복해 보였습니다. 바돌로매가 말씀하셨습니다. "자비는 양선과 다르면서도 비슷하지. 양선이 물질을 도와주는 것이라면, 자비는 긍휼과 사랑을 베풀어주는 쪽이지. 너는 남을 많이 용서해 주었니?", "친구들과 축구하다 말다툼을 조금하였을 때, 화해하고 용서해 주었어요.", " 용서를 할 때는 기쁜 마음으로 해라. 마음으로는 미워하고 겉으로만 용서해주는 것은 진정한 용서가 아니란다"(마6:14~15).

"용서가 안 될 때 예수님께 용서를 구하면 용서가 되나요?", "주님께 진정으로 용서를 구하면 용서할 수 있는 마음을 주신단다. 나도 주님말씀처럼 일곱 번을 일흔 번까지라도 용서해 주려고 했었다. 베드로가 옆에서 "자네, 자비는 따라올 수 없다니까!", "베드로, 네 충성도 내가 따라잡을 수 없지!" 하고 다같이 " 하하하!" 하고 유쾌히 웃었습니다. 바돌로매는 조금만 기다리라고 하더니, 여러 가지 먹을 것을 가져왔습니다. 우리는 가져온 음식을 먹으며 즐겁게 대화를 나누었습니다. 바돌로매는 이어서 지난 이야기를 해주었습니다. "나는 예수님을 만나기 전만 해도 어려움을 겪고 있는 몇몇 사람들을 구박하며 고통을 주기도 했단다. 하지만 예수님을 만나고 나서부터 문둥병에 걸린 사람들이나 불쌍한 자에게 돈과 먹을 것을 주며 복음을 전했다.

영적으로 절망에 빠진 사람들을 도와주고 그들에게 친절하게 사랑으로 섬겨주자 나에게 감사하다는 말을 했단다. 사람들이 나를 칭찬하고 높일수록 예수님을 높이고 낮아졌지. 그리고 자비를 베풀 사람들을 찾아다니며 도움을 주고 복음을 전했단다(호6:6/마12:7). 한번은 이런 적도 있었다. 숲속을 걸어가고 있는데, 강도가 나타나 돈을 달라고 위협해서 솔직하게 돈이 없다는 말을 했단다. 그는 '네가 왜 돈이 없냐? 네가 다른 사람들에게 돈을 나누어 주는 것을 다 보았다. 거짓말 하지 마.' 하고 험악하게 윽박질렀다. 나는 그에게 '오늘도 다른 사람들에게 돈을 남김없이 나누어 주어서 없다.'고 하자 그는 궁금해 하며 왜 남을 도와주는 것인지 물어보았다. 그래서 예수님 때문에 이 일을 한다고 사실대로 말

제 1 장 천국에서 만난 바울과 열두 사도들과의 만남 55

을 해주었다. '혹시 그 죽은 자도 살리고 기적을 일으킨다는 예수?', '응, 나는 예수님의 제자 바돌로매야.', '예수님의 제자? 그래서 네가 다른 사람에게 돈을 주었군.' 하며 그 자리에서 회개하고 지은 죄를 다 고백하고 용서를 청했단다. 나는 그를 용서해 주고 예수님을 힘껏 전했지. 그리고 더 이상 나쁜 짓을 하지 않도록 물질도 주고 열심히 예수님을 믿고 살도록 도와주었다.

다윗아, 자비를 베푸는 것은 영육으로 불쌍한 사람들을 도와주는 것이란다. 나는 마귀에게 묶여 고통당하는 불쌍한 사람들을 도와주고 그들에게 전도를 했단다. 한번은 돈을 받고 몸을 파는 어느 한 여자를 만났다. 그녀는 돈을 받고 몸을 팔면서 점점 영혼이 나빠졌지. 그녀가 불쌍해서 그녀의 몸을 팔게 하는 주인에게 찾아가 그가 원하는 돈을 주고 그녀를 구해 주었단다. 그녀에게 약간의 돈을 주면서 다시는 몸을 팔거나 나쁜 짓을 하지 말고 돈이 필요할 때는 언제든지 찾아오라고 했지. 그리고 예수님을 전하자 진지하게 경청한 후 자기도 예수님을 믿겠다고 했단다. 그 후로 그녀는 예수님을 믿고 새 삶을 살게 되었지.

나는 그렇게 많은 사람들을 도와주고 자비를 베풀며 복음을 전했단다. 다윗아, 언제나 남을 불쌍하게 여기는 자비로운 마음을 가져야 한다. 사람들을 긍휼히 여기고 그들을 주님 앞으로 인도하여라. 교만한 마음으로 자랑하며 도와주면 안 된단다(마5:7). 주님을 믿는 많은 영혼들이 마귀에게 고통당하고 있다. 그들을 불쌍히 여기고 도와줘야 한다. 자비를 베푸는 것은 물질의 도움을 주는 것만이 아니다. 실제 더 중요한 것은 아프고 힘든 영혼들을 살려주고, 자살하고 싶은 사람들과 소외당하는 영혼들을 도와서 주님 앞으로 이끌어 주는 것이다. 다윗은 언제나 다른 영혼들에게 자비를 베풀어라. 많은 영혼들이 주님의 마음으로 자비를 베풀지 않고, 사람들에게 잘 보이기 위해 교만한 마음으로 도와주고 있다. 그것은 결코 축복을 받을 수가 없단다. 너는 주님을 사랑하는 마음으로 자비를 베풀고, 그 영혼들이 살아나서 주님 뜻대로 살 수 있도록 도와주거라."

온유지파 장 야고보(알패오의 아들)

알패오의 아들 야고보의 집은 가지각색의 금은보석으로 아름답게 지어져 있었습니다. 그분의 집이 넓어서 한 바퀴 도는데도 한참 걸린 느낌이었습니다. 저는 집 안으로 들어가서 "야고보님! 계세요?" 하고 불렀습니다. 아무 대답이 없어 살짝 안으로 들어가 보았습니다. 그때 2층 문이 열리더니 "누구니?" 하고 야고보가 물었습니다. "야고보님! 안녕하세요? 저는 다윗입니다. 혹시 온유에 대해서 가르쳐 주실 수 있으세요? 야고보님 지파가 온유라고 들었거든요.", "이리 오너라. 맛있는 것을 가지고 올 테니, 여기 잠깐 있어라." 저는 푹신한 의자에 앉아 주위를 구경하며 나오실 때까지 기다렸습니다. 야고보는 먹을 것을 가지고 나오셨습니다. 제 앞에 놓인 음식을 보고 깜짝 놀랐습니다. 그것은 먹는 음식이 아닌 보석들이었습니다.

"이것을 저에게 주시는 거예요?", "아니 먹는 건데…", "이것은 보석 아닌가요?", "한번 먹어 보렴." 보석처럼 보이는 과일을 먹으니 엄청 시원하고 달콤했습니다. "이것은 보석과일인데 맛있단다. 이것을 어디서 가져왔는지 알려줄까?" 저는 보석과일을 먹은 후 야고보와 정원으로 나왔습니다. 정원에는 여러 종류의 나무들이 아주 많았습니다. 그 중에 보석열매가 달려 반짝거리는 나무를 보았습니다. 야고보는 그 나무를 손으로 가리키며 보석나무라고 알려주었습니다. 그 나무에는 먹는 보석들이 아주 많이 달려있었습니다. "이것을 어떻게 따신 거예요?", "기둥을 살짝 흔들어서 떨어지면 주워서 먹는 것이다."

저는 과일나무를 흔들어 보았습니다. 바닥에 보석들이 많이 떨어져서 그것을 주워 먹었습니다. 천국의 음식들은 맛없는 것이 하나도 없었습니다. 저는 야고보와 보석나무 옆에 앉았습니다. "그럼 온유에 대해서 이야기 해 줄까?", "예.", "온유는 부드러운 마음이지. 나는 예수님을 믿기 전에는 조금 거칠고 포학했단다. 그래서인지 사람들이 나를 조금씩 멀리해서 외로웠단다. 나는 치유를 받을 수 없는 불치병에 걸렸을 때 예수님을 만났다. 사람들에게 소문으로만 듣고 달려가서 예수님께 병을 고쳐달라고 애원했지. 그때 예수님이 "믿음을 가져라. 거친 마음을 없애고 낮아져라. 네 병이 나았다."는 말씀을 하셨고, 그때 나의 병이 깨끗이 나았단다.

집에 돌아와서 예수님께서 하신 '거칠지 않고 낮은 마음을 가지라'는 말씀을 깊이 생각해 보았다. 그리고 모든 사람들에게 부드럽고 사랑하는 마음으로 친절하게 대하려고 노력했지. 그러자 거친 마음이 점점 없어지고 행복한 마음이 들더구나. 얼마 뒤에 예수님의 부름을 받아 제자가 되어 너무 기뻤단다(시37:11/마5:5). 나는 언제나 온유하기 위해 노력했다. 다윗도 부드러운 마음으로 사랑을 해야 한다. 온유는 겸손은 아니지만 온유해지려면 낮아져야 한단다. 낮아져야 온유할 수 있지. 겸손하려면 온유해야 하고 온유하려면 겸손해야 한단다(마11:29). 온유는 네 친구가 너에게 짜증을 부려도 참고 부드럽게 대해야 한다. 네 힘으로 온유하려고 애쓰지 말고 예수님한테 도움을 청하여라.

　온유하려면 제일 중요한 것은 낮아지는 것이다. 온유는 쉬운 것이 아니란다. 성격이 급하고 짜증내면 온유하기가 어렵지. 다윗아, 네 친구들이 잘못해도 너는 그들을 용서하고 부드럽게 품어주어야 한다. 그들이 너에게 뭐라고 해도 예수님의 온유를 본받아 그들에게 친절하게 대하여야 한다. 네가 화가 나고 짜증날 때마다 회개하고 자아를 십자가에 못 박는 것을 잊지 마라. 항상 예수님 때문에 손해보고 희생하고 양보해라. 온유하면 크게 쓰임 받을 수 있을 것이다.", "야고보님, 제일 중요한 지파가 뭔가요?", "모든 지파들이 다 좋고 중요하기에 어느 한 가지만 좋다고 할 수는 없지. 네 친구들이 너를 사랑해 주지?", "네.", "온유도 잘할 수 있겠구나. 다른 친구들을 사랑으로 품어주고 부드럽게 이해시켜 주면 온유할 수 있단다."

　야고보는 저를 데리고 과일나무 옆에 있는 작은 호수로 갔습니다. 호수에서 물고기를 잡아 주어 맛있게 먹었습니다. 과일나무에서 과일을 따서 금은 줄무늬로 된 바구니에 담아 집안으로 들어갔습니다. 저는 야고보와 정원에서 따온 과일을 먹으며 말씀을 들었습니다. "나는 예수님 믿기 전에는 상대방을 잘 이해하지 못했단다. 내가 하고 싶은 대로 했지. 다른 친구들과 의논하지 않고 내 마음대로 혼자 다 해버렸어. 그래서 친구들이 나를 싫어했단다. 당시 친구들이 싫어하는 것을 전혀 이해하지 못했다. 주님을 만나 말씀을 듣고 나서부터 남을 이해하려고 노력했지. 내 자신을 돌아보고 너무 잘못한 것이 많았다는 것을 깨달았다.

그 이후로 친구들과 함께 있을 때 내 마음대로 하지 않고, 친구들의 의견을 존중해 주었단다.

친구들은 남의 마음을 헤아리지 못하던 애가 어떻게 저렇게 변했느냐고 의아하게 생각했지. 나는 더욱 더 온유하게 상대방을 이해하려고 노력했다. 그러자 나를 멀리하던 친구들이 가까이 다가왔단다. 기분이 너무 좋아서 모든 사람들을 더 많이 이해하려고 했지(롬12:17/약1:20). 전도할 때도 상대방 마음을 이해하지 못하면 하기가 어렵단다. 예수님께 상처를 받고 있는 사람에게 무조건 믿으라고 강요하면 안 된다. 일단 다른 사람의 형편과 사정 이야기를 들어보고 그들을 이해해 주며 지혜롭게 전도해야 좋은 열매를 맺을 수 있다. 나는 예수님을 믿기 전에는 사람들을 대부분 용서하지 못했다. 나에게 잘못한 것이 있을 때 상대를 용서하지 못하고 화내고 싸운 적이 많았지. 예수님이 그러면 안 된다고 타일러 주셨단다.

예수님의 말씀을 지키기 위해 부드럽고 낮은 마음을 가지려고 열심히 노력했지. 사람들이 거칠게 대해도 참고 화내지 않고 용서해 주었다.", "와! 대단하시네요.", "아니다. 대단한 것도 아니야. 우리 모두 예수님을 본받아야 돼(고전11:1). 다윗아, 온유를 잘 실천하려면 용서도 잘해주어야 한다. 용서를 못하면 온유해지기가 어렵다. 언제나 상대를 이해하고 용서를 잘 해주도록 해라 그것이 예수님의 마음이다. 알겠니?", "용서를 잘하도록 노력할게요.", "사랑하려면 용서도 잘하고 언제나 따뜻한 마음을 가지고 남을 이해해 주어야 된다.", "사랑을 하려면 온유해야 하는 것이군요.", "그렇단다. 물고기를 먹으러 갈까?", "네.", "이리 오거라." 저는 야고보를 따라서 호수로 갔습니다. 야고보는 금 나무 막대기로 물고기를 찍자 물고기가 구워져 나왔습니다. 그것을 맛있게 먹고 인사하고 돌아왔습니다.

정직지파 장 시몬

정직에 대해서 공부하기 위해 시몬을 만나러 갔습니다. 시몬은 큰 호수에서 배를 타고 다니며 물고기를 바라보고 대화하고 있었습니다. 저는 "시몬!" 하고 불렀습니다. 시몬은 배를 타고 제 쪽으로 오면서 "너는 누구니?" 하고 물었습니다. "저는 다윗인데, 정직에 대해서 공부하러 왔어요.", "그럼 여기서 배워볼까! 다윗이라고 했지? 너도 이리 올라오렴." 저는 시몬의 배에 올라앉았습니다. "정직은 거짓말을 하지 않는 것이지. 다윗은 거짓말을 하지 않고 정직했니?", "놀고 싶어서 엄마를 몇 번 속이고 거짓말을 했어요.", "엄마를 속이고 거짓말을 하면 안 되지… 언제나 정직하게 생각하고 말하고 행동해야 한다(갈6:6/계22:15).

네가 죽을지라도 정직하고 거짓된 말이나 행동을 하면 안 된다. 거짓말을 할 수밖에 없는 상황이면 지혜롭게 말할 수 있도록 주님의 도움을 구하여라(약1:5). 주님이 항상 너를 지켜보고 있다는 것을 잊지 말아라. 친구들과 놀 때도 거짓말을 하면 안 된다. 너는 많이 안하지?", "친구들에게는 거짓말을 한 적이 없어요.", "나는 어렸을 때부터 거짓말을 조금씩 하다가 청년이 되어서는 더 많은 거짓말을 했단다. 어른이 되어서는 거짓말을 하기 싫었지만, 이미 습관이 되어서 잘 고쳐지지 않았다.

예수님의 제자가 되기 전에 나에게 좋지 않은 친구가 한명 있었다.

그 친구는 돈이 없고 가난했지. 어느 날 친구는 나에게 찾아 와서 어느 집에 가서 돈을 훔치겠다는 말을 하였다. 나에게 망을 봐주면 훔친 돈에서 반을 주겠다고 제안을 해서 안 된다고 단번에 거절을 했다. 그럼에도 불구하고 그 친구는 막무가내로 계속 끈질기게 나에게 매달렸다. 할 수 없이 그의 부탁을 들어주기로 약속하고 나서 곧바로 잘못한 것을 깨달았다. 하지만 이미 약속을 하여서 어쩔 수가 없었단다. 드디어 친구가 돈을 훔치기로 계획한 날이 되었지. 나는 그 집 앞으로 가서 망을 봐주고 있었다. 얼마 후 친구는 돈을 훔쳐 나왔는데, 곧바로 돈을 잃은 집 주인이 뒤쫓아 나왔다. 그 사람은 나를 보자 뒤에 서있는 친구를 가리키며 자기 돈을 훔쳐간 사람이 맞느냐고 물었단다.

나는 솔직하게 말을 할 수도 없었고 또 어떻게 해야 할지 당황스러웠단다. 그때 한 가지 방법이 떠올랐지. 마침 그 시간에 집에 손님이 오기로 했었거든. 순간 그 핑계를 대면서 빨리 집에 가야한다는 말을 하며 돈도 포기하고 집을 향해 뛰어 위기를 모면했단다. 나는 예수님의 제자가 되면서 그분의 삶을 통해서 정직을 배웠고, 그 말씀을 실천하기 위해 노력했단다. 주님의 제자가 되고부터는 거짓말을 한 적이 없는 것 같구나. 말이나 행동으로 아무리 작은 것을 속일지라도 거짓에 속하므로 회개하지 않으면 심판을 받게 된다는 것을 기억해라. 다윗도 지은 죄를 회개하고 다음부터는 사소한 거짓말이나 농담도 하지 말거라"(엡4:29/약3:1~12).

시몬은 물고기를 찍어서 저에게 먹으라고 주었습니다. 구워진 물고기를 먹는데, 너무 맛있어서 제가 한 개를 더 찍어서 먹었습니다. 시몬이 보라색깔의 크로버 모양에 꼭지가 달린 과일을 따서 주었습니다. 저는 꼭지를 떼어 먹으며 "이것이 뭐예요?" 하고 물었습니다. "그것은 맛있는 과일이야.", "이름이 뭐예요?", "맛있는 과일! 이것이 힌트다.", "맛있는 과일? 혹시 만나인가요?", "아니, 맛나란다.", "만나하고 비슷한 이름이네요. 시몬님은 어떻게 주님의 제자가 되었어요?", "나는 예수님이 설교하시는 곳을 우연히 가게 되었단다. 그곳에서 예수님을 만났지. 예수님은 거짓말을 많이 하는 나를 안수해 주시고, 따라오라고 말씀하셨다.

거짓말을 많이 한 죄인이 주님의 제자로 부름 받은 것이 고민이 되었단다. 하지만 예수님이 위대하신 분이라는 것을 알았기에 그 예수님이 좋아 모든 것을 버리고 따라다니게 되었지. 예수님의 제자가 되고부터 좋은 말씀을 배우고 실천하다보니 거짓말하는 습관이 끊어지더구나. 그것이 주님이 치유해 주신 것이라고 생각한다. 예수님을 만나고 나서 처음에만 거짓말을 조금씩 하다가 절대로 하지 않겠다고 다짐하고부터 거짓말을 안 하게 됐단다. 거짓말을 안 하고 정직하게 되자 너무 신기하고 기뻤지. 다윗아, 거짓말을 하면 처음에는 마음이 아프고 양심의 가책이 느껴진단다. 다윗도 거짓말을 몇 번했지? 처음에 거짓말을 할 때는 양심의 가책이 들지만 자주하다보면 나중에는 습관이 되어 양심이 마비가 된단다. 정직하려면 절대 거짓말을 하면 안 된다.

다윗은 기억해 두어라. 이 책을 읽는 사람들도 기억해라. 거짓말을 하면 할수록 예수님과 더 멀어지고 어둠의 영을 끌어들인다. 거짓말을 하면 더 많은 심판이 기다리고 있으니 너희는 더 이상 거짓말을 하지 않으면 좋겠구나. 주의 종들부터 거짓말 한 것을 회개하고 언제나 깨어있어라. 예수님이 언제 너희에게 재림하실지 모른다. 마지막 때를 사는 너희들은 거짓말을 하지 말고 정직해야 한다. 많은 사람들이 거짓말을 하는 이단 교주나 미혹하는 사람들에게 속아서 악한 길로 가고 있다. 다윗아, 이단교주는 성경을 바르게 해석하지 않고 거짓된 교리를 만들어 사람들을 미혹한다. 그 교리에 많은 사람들이 빠졌을 것이다. 그렇지?", "네.", "너희는 성경을 바르게 해석하여야 한다. 악한 길로 가는 영혼들을 구하는 것이 너희의 사명일 것이다. 성령의 기름부음은 정직한 영혼들에게 풍성하게 임할 것이다. 언제나 너희에게 축복이 있기를 원한다."

종교개혁자 마틴 루터를 만나다

루터의 집은 3층 천국 맨 위에 있었습니다. 집 위치는 전체 땅 중에서 좌측 한 옆으로 되어 있고, 옆쪽으로 농사짓는 땅이 있습니다. 집과 농사짓는 곳으로 향하는 금길 가로 꽃들이 활짝 피어 웃고 있는 광경이 너무나 아름답습니다. 집 앞쪽으로 호수와 호수를 연결하는 아름다운 다리가 있고, 그 아래로 물이 흐르고 있습니다. 호수 안에는 물고기와 조개들이 있고, 한 옆으로는 금으로 만든 두 개의 배가 있습니다. 호수 한 쪽 편으로 정자 같은 것이 있고, 주위에는 나무 몇 그루와 금잔디가 깔려 있습니다. 호수와 호수를 연결해 놓은 다리를 건너가면 큰 정원이 있습니다. 그곳에는 많은 동물들과 곤충이 살고 있고, 다양한 종류의 과일나무와 가지각색의 나무들이 아름답게 조화를 이루고 있었습니다.

저는 예수님과 함께 마틴 루터의 집안으로 들어갔습니다. 제가 먼저 들어가자 루터가 보던 책을 내려놓고 "너는 누구냐?" 하고 물었습니다. 예수님이 뒤따라 들어오시며 저를 소개해 주시고 돌아가셨습니다. 저는 마틴 루터와 의자에 마주 앉아 대화를 나누었습니다. "무엇을 물어보고 싶으냐?", "마틴 루터님, 가톨릭에서 왜 개혁을 했나요?", "그 당시에 가톨릭이 너무 타락했단다. 나는 그것을 보고만 있을 수가 없어 개혁을 했단다.", "궁금한 것이 있어요. 가톨릭에서는 연옥이 있다고 들었는데, 왜 루터님은 연옥이 없는 것처럼 하셨나요?", "으음, 나는 연옥이 있다는 것은 알고 있었지만, 그때 가톨릭은 연옥에 대해서 거짓으로 가르쳐 주었단다. 나는 연옥이 있다는 것은 부인하지 않았지만, 나중에 개신교 안에서 연옥이 없는 것처럼 가려진 것 같구나."

"그러면 마틴 루터님은 연옥(심판대)이 있다고 믿으셨네요?", "그렇단다.", "개신교인들이 심판대를 무시하고 방종하게 살면서도 예수님만 믿으면 곧장 천국으로 간다고 생각하는 분들이 많아요. 어떻게 생각하세요?", "으음~ 개신교인들이 그렇게들 알고 있다니 안타깝구나…! 어느 누구도 죄를 가지고는 천국에 들어올 수 없단다(마5:8,20/히12:14/계22:15). 세상에 살면서 예수님의 보혈로 죄를 깨끗이 씻어 정화되지 않으면 곧장 천국으로 올 수 없고, 반드시 연단을 통해 그 죄 문제를 해결 받아야 한다. 심판대가 실제로 존재하고 있다는 것을 개신교인들이 받아들이고 회개하면 좋겠구나"(고전3:12~15/고후5:10/히9:27).

"루터님, 왜 신약성경에 나오는 야고보서를 지푸라기 서신이라고 하셨나요?", "나는 종교개혁 당시에 야고보서를 많이 무시했지. 가톨릭이 믿음보다 행위만을 강조하는 것이 못마땅하다보니 행함을 강조하는 야고보서까지 안 좋게 생각했단다. 천국에 와서야 잘못한 것을 깨달았지. 야고보서는 귀한 말씀이란다.", "네, 그렇군요. 루터님, 천국생활이 얼마나 기쁘고 행복하세요?", "많은 사람들이 천국은 모든 것이 아름답고 다

갖추어져 있어 별로 할 일도 없고, 부부나 가족이 함께 생활하지 않고 혼자 사니 재미없을 것이라고 생각하지만 전혀 그렇지 않단다. 천국은 모두 한집에서 생활하지 않아도 그 기쁨이 말로 표현할 수 없이 크고 행복한 곳이다. 오히려 혼자 사는 것이 더 편하고 마음의 기쁨도 크단다.

천국은 네가 살고 있는 세상과는 다르고 모든 일들이 너무 즐겁고 행복하단다. 너희는 정욕에 잡혀 생활을 하면서 기쁨을 느끼지만, 여기는 정욕이 있으면 기쁨을 느끼지 못한다. 천국에는 정욕이 없기 때문에 기쁘고 행복하단다(롬14:17). 천국은 할 일도 아주 많단다. 그림도 그리고, 조각도 하고, 농사도 짓는 등 할 일이 아주 다양하고 많단다. 먹을 것도 풍성하고 모든 것이 평안하고 즐겁고 행복한 곳이 천국이란다. 그 무엇보다 제일 기쁘고 즐거운 것은 예수님을 찬양하는 것이다. 나는 지금 살고 있는 천국이 가장 행복하고 좋단다. 낮은 천국은 기쁨이 있긴 하지만, 높은 천국보다는 훨씬 적다. 낮은 천국보다 높은 곳으로 올라갈수록 마음이 더 기쁘고 모든 것이 좋단다. 그러나 모든 천국백성들은 자기가 살고 있는 위치에서 만족하고, 기쁨과 행복을 누리며 산단다"(롬14:17).

요한 웨슬리와의 만남

웨슬리는 집안에서 함께 사는 동물들과 이야기를 하며 밥을 먹고 있었습니다. 저는 인사를 드리고 집을 구경하고 싶다고 말씀드리고 허락을 받았습니다. 그분의 집은 넓은 터 정 중앙에 위치하고 있었습니다. 정문 옆으로 작은 호수가 있고 그 옆으로 큰 정자가 있습니다. 정문 우측으로 농사짓는 땅이 있고, 집 뒤 편에는 정원이 있습니다. 정원 가운데 위치한 큰 호수 안에는 아름다운 작은 배 네 척이 연결되어 있습니다. 그곳에서 독서도 하고 누워 쉬기도 하고 다용도로 사용하는 아름다운 배가 있습니다. 집 안에는 우측에 주방과 왼쪽으로 침대가 놓여 있는 큰 방이 있고, 그 옆으로 많은 책이 진열된 서재가 있습니다. 오른쪽 주방 옆에는 여러 가지 필요한 용품들이 놓여있습니다. 그 앞에는 큰 거실에 소파와 테이블과 의자가 놓여있고, 주변으로 피어있는 아름다운 꽃들과 작은 동물들 그리고 예쁜 새들이 날아다니고 있습니다. 저는 웨슬리와 소파에 앉아 대화를 하는 중에 궁금한 것을 질문하였습니다. "완전성화가 뭐예요?",

"예수님을 믿고 거듭난 체험을 한 후에 많은 연단을 받고 죄에서 완전히 해방되어 성령의 열매를 맺는 삶을 사는 것이다(롬8:1~2/갈5:22~23/요일3:8~9). 그렇게 하려면 깨끗한 생활을 하는 가운데 많은 연단을 받아야 한다(슥13:8~9/롬5:3~5/벧전1:7/계3:18). 나는 성령으로 거듭나고 죄에서 해방을 경험하고 나서 그리스도인들이 완전한 경지에 도달할 수 있다는 것을 깨달았다(눅1:75/엡4:13/딛2:14). 주님을 믿고 많은 연단을 받으며 성장하다 보면 죄에서 해방되는 높은 경지가 있는 것이다(롬8:29/엡4:13/벧후1:4).", "웨슬리님은 세상에서 심판대를 믿으셨나요?",

"확신하지 못했지만 믿었다. 완전성화가 되지 않는 한 심판을 받는다고 믿었단다.", "웨슬리님, 아내가 많이 힘들게 했나요?", "아내는 나를 연단시키는 도구였지. 아내한테 연단을 받으며 고통 받는 것이 제일 힘들었단다. 아내는 나의 머리를 잡고 때리면서 고통을 주었지. 아내가 머리채를 잡아당길 때도 묵묵히 기도하며 화를 내지 않고 견뎌냈단다(마

10:34~37).", "왜, 아내가 그렇게 심하게 대하셨어요?", "내가 성화의 삶을 살다보니 아내가 많이 힘들어 했단다. 특히 외부에서 돈이 많이 들어와도 가족을 위해서는 정한 액수만 쓰고 전부 복음사업에 사용하다보니 아내가 더 힘들어 하며 나를 괴롭혔던 것 같구나"(마5:10~12/행14:22/딤후3:12/벧전2:20~21).

장로교 창시자 칼빈과의 만남

칼빈의 집은 3층 천국 높은 곳에 있었습니다. 집은 굉장히 크고 다양한 보석들이 지붕과 외벽에 빼곡히 박혀 반짝이는 것이 황홀하고 아름다웠습니다. 검소한 분들은 의외로 보석으로만 지은 화려한 집이 뭐가 좋으냐고 하지만, 실제 천국을 보시면 그런 말이 쏙 들어갈 것입니다. 주님이 만들어 놓으신 아름다운 천국의 환경은 어느 누구에게나 백퍼센트 만족과 행복을 준다고 합니다. 집 주위에 있는 넓은 땅 곳곳에 꽃들이 활짝 피어 방긋방긋 웃고 있습니다. 큰 정원 안에는 각종 과일나무와 많은 동물들이 있고, 호수에는 여러 종류의 물고기들이 있습니다.

한 옆으로 곡식창고가 있고, 큰 마당 한쪽으로 금과 보석으로 아름답게 만들어진 의자 모양의 그네가 있었습니다. 그네 주위에는 금 가지에 보석 잎사귀로 된 다섯 그루의 나무가 있습니다. 집 주변을 다니는 길은 반짝반짝 빛나는 금 길로 되어있습니다. 정원 옆에 있는 호수에는 양 옆으로 분수대가 있고 그곳에는 혼자 탈 수 있는 크기의 금으로 만들어진 배 두 척이 놓여있습니다. 배 양옆으로 날개처럼 달린 네모난 널판지

한 가운데에는 가지각색의 열매가 달려있는 금 나무가 있습니다. 이 세상에서 볼 수도 없는 아름다운 배였습니다.

배를 구경하고 집안으로 들어가려고 할 때 출입문 쪽에서 칼빈이 나왔습니다. 저는 칼빈에게 다가가서 "안녕하세요? 저하고 악수 좀 해주세요." 하고 인사를 했습니다. 칼빈은 "어!" 하며 제 손을 잡아주었습니다. 예수님은 칼빈에게 "저 아이가 묻는 것을 가르쳐 주거라."라고 말씀하시고 돌아가셨습니다. 저는 칼빈에게 궁금한 것을 물어보았습니다. "어느 분이 삼층 지옥에서 칼빈을 보았다고 하는 간증 동영상을 보았어요. 혹시 알고 계세요?", "주님께 들었단다.", "그때 그분이 밉지 않으셨어요?", "아니, 안 미웠단다. 마귀에게 속아서 그렇게 한 것을 어쩌겠니."

"칼빈님은 종교 개혁을 할 때 왜 사람들을 죽였어요? 이해가 안돼요.", "으~음, 그때는 내가 종교 개혁을 성공적으로 실행하려면 그렇게 죽이기도 해야 했단다. 너는 아직 어리니 이해가 안 될 수도 있을 것이다. 하지만 그 상황을 이해하는 사람들도 많이 있단다. 내가 지옥에 있다는 말을 한 사람은 나에 대해서 잘 모르는 것 같구나. 그때 많은 사람을 죽이기는 했지. 그것이 살인죄가 맞기는 하지만 주님이 허락하신 것이었다(출32:25~29/사55:8~9).", "네, 그렇군요. 칼빈님은 심판대를 믿으셨나요?", "그 당시에 심판대를 믿긴 믿었지. 그런데 좀 혼란스런 점도 많았다. 온전히 정결하지 않는 영혼들이 죽은 후에 심판대를 통과한다는 것을 천국에 와서 자세히 알게 되었다."

저는 칼빈과 대화를 마치고 나서 예수님께 궁금한 것을 물어보았습니다. "주님, 세상 사람들은 영의 세계를 잘 이해하지 못해요. 저도 계시를 받다가 순식간에 마귀에게 속을 때가 있어요. 그런데 지옥을 보고 있는 상황에서도 마귀가 속일 수 있나요?", "속을 수 있단다. 예를 들어 네가 지옥을 보고 있다고 가정할 때, 네가 다른 종교인이나 미워하는 사람들에 대해서 부정적인 생각을 가지고 볼 때는 그 틈으로 마귀가 들어와 속일 수도 있단다. 지옥을 보거나 계시를 받는 사람들이 잘못된 생각이나 사상에 사로잡혀 있으면 내가 큰 도움을 줄 수가 없다. 나는 사람들의 자유의지를 존중하기 때문에 그런 사람들의 생각을 내 맘대로 바꾸고 간섭하지 않는다. 그들이 스스로 잘못을 깨닫고 나에게 도움을 청할 때까지 기다린단다."

"예수님, 외국사람이 천국지옥을 간증한 내용 중에서 주님께서 '연옥은 없다.'라고 하는 말을 들었어요. 주님이 진짜 그런 말씀을 하셨나요?", "내가 그런 말을 하지 않았다. 그가 '연옥은 없다.'라는 고정된 생각을 갖고 있다 보니 그렇게 말을 한 것이다.", "입신을 하여 영이 영계로 가서 직접 경험을 하는데도 온전하게 보고 전하지를 못하나요?", "아직 죄가 해결되지 않고 완전히 정결케 되지 않은 상태에서는 그의 잘못된 생각이 그런 실수를 할 수 있다."

"예수님, 천국에서도 자신의 생각이 들어가서 잘못 보고 들을 수 있다는 것이 이해가 잘 안돼요?", "천국과 지옥은 똑같은 영의 세계란다. 천국도 잘못된 자기 생각에 깊이 고정되어 있으면 쉽게 속을 수 있단다. 그러니 계시 사역을 하거나 천국, 지옥을 보는 영혼들은 고정된 생각을 버리고 오직 내가 보여주는 것만 본 그대로 전해야 한다.", "예수님, 천국에는 마귀가 없는데 어떻게 속을 수 있나요?", "마귀 문제가 아니다. 물론 지옥에서는 마귀들이 잘못된 생각을 통해 속일 수도 있다. 그러나 천국은 마귀가 속일 수는 없다. 그들이 잘못 본 것은 그 영혼이 품고 있는 생각이 합당하지 않기 때문에 내 허락 하에 천사들이 보여주는 것이다. 천국은 생각하는 대로 움직여지는 곳이다. 천국백성들은 죄를 완전히 해결 받고 들어왔기에 온전히 내 마음에 합당하게 생각하며 살아간다.

그러나 세상에 있는 영혼들은 잘못된 생각과 죄 문제가 아직 완전히 해결 받지 못한 상태에서 영계를 체험하기 때문에, 그들에게 천국을 보여주어도 온전하게 보고 이해하고 전하지 못하는 것이다. 천국에서는 세상에서 보는 텔레비전이나 스포츠, 맨션 같은 것은 존재하지 않는다. 그런데 천국을 세상과 비슷하다는 생각을 가지고 보기 때문에 천사가 순간 그렇게 보여주기도 한다는 것이다. 그래서 천국에 걸어 다니는 뱀이 있다는 말도 하고, 또 개털 모자를 쓰고 다니는 영혼들도 있다는 말을 하는 것이다. 어떤 영혼이 천국에 대한 선입관을 가지고 바라보게 되면, 천사가 그 영이 생각하는 것을 실제처럼 보여주기도 한다는 것을 이해해야 한다.

지옥에서도 내 허락 하에 마귀가 속이는 것이고, 천국에서도 내 허락 하에 보여주는 것이다. 그 이유는 너희가 충분히 이해할 수 없으니 이 정도만 알고 있어라. 천국을 본 영혼들이 천국에 대해서 본 것과 자신이 생각했던 것과 맞지 않아 거짓말을 하는 사람들도 있다. 또한 천국을 경험하고 나서 조금 시간이 지난 후에 경험한 내용들을 전할 때 잘못 전달하거나 받아들이는 과정에서 오해가 생기기도 한단다. 천국은 크고 방대하고 너희가 알 수 없는 것들이 너무나 많다. 내가 허락한 범위 안에서 지극히 일부분을 보고 전하는 것인데 그것으로 천국을 전체로 여기고 이해할 수는 없다. 다윗아, 내가 천국을 보여줄 때 너의 경험과 상상을 버리고 오직 바른 생각을 가지고 보여주는 그대로만 보고 계시사역을 감당해야 한다."

○ ○ 자매님이 본 천국이야기

목사님께 기도를 받고 있을 때였습니다. 어지럽고 눈앞에 주님의 빛이 내려왔습니다. 그 순간 저는 우주를 지나고 낙원을 지나 구름이 많이 보이는 곳으로 올라갔습니다. 환하고 흰 빛이 보이는 천국이 보였습니다. 예수님께서는 제게 "너는 아직 정죄함을 받지 않은 상태로 천국에 온 것이고, 너의 원죄를 지금 사할 수는 없지만, 계속 죄 있는 눈과 마음을 회개해라."라고 말씀하셨습니다.

회개를 하고 천국 문 앞에 이르렀을 때, 그 앞으로 큰 강이 흐르고 있었습니다. 저는 "주님, 배도 없고 길도 없어서 들어갈 수가 없습니다."라고 말씀드렸습니다. 주님께서 "기도하라."라고 하셨습니다. 저는 "주님 들어가게 해주세요."라고 기도했습니다. 그 순간 성문이 열리며 제 앞으로 혼자 걸어갈 수 있을 만한 빛나는 흰 길이 생겼습니다. 그 길을 걸어서 성문 안으로 들어갔더니, 천국 사람들이 보이는데, 완전한 형상으로는 안보였습니다. 형태가 뚜렷이 보이지는 않고 그냥 흰옷을 입은 사람의 형상 정도로만 보였습니다.

제가 온다는 소리에 구경을 하러 온 건지, 원래 그곳에 있었던 것인지는 모르지만, 그 사람들은 저를 바라보고 있었습니다. 그리고 순간 저는 예수님과 어느 길을 걷고 있었습니다. 예수님의 뒷모습이 보였습니다. 흰옷 입으신 모습이었는데, 주께서 "너의 생각을 내려놓고 회개하여

라. 그래야 온전히 천국을 볼 수 있다."라고 말씀하셨습니다. 저는 또 열심히 회개하였습니다.

그리고 천천히 주변을 보기 시작했습니다. 제가 서있는 길 양쪽으로는 아주 싱싱한 농작물 밭이었고, 가슴 위정도 크기의 옥수수나무처럼 큰 나무들이 빼곡히 있었습니다. 예수님과 조금 걸어가는데, 그 나무들 사이로 호랑이 같은 동물이 나타났습니다. 저는 순간 당황하였습니다. 세상에 있는 동물과는 다른 것이지만, 생각보다 컸기에 더 놀랐습니다. 주님께서 "놀라지 말라."라고 하셨고, 예수님이 오시는 소리에 주님을 마중 나온 것이라고 하였습니다. 주님께서 호랑이의 머리를 쓰다듬으시며 그 동물과 대화를 하셨습니다.

예수님의 옷은 아주 희고 반짝이며, 푸른 것 같으면서도 노란반짝이가 있는 것 같기도 하고, 온 몸에선 강한 빛이 났습니다. 뒷모습만으로도 영광과 감사와 찬양이 절로 났습니다. 너무 영광스럽고 감사한 나머지 눈물이 났습니다. 그 사이에 호랑이는 어디론가 가버렸고, 그곳을 지나 양쪽으로 서있는 나무 길이 보이기 시작했습니다. 그곳은 이루 말할 수 없는 광경이었습니다. 나무들은 보석이 달려있는 모습이었습니다. 핑크도 아니고 보라도 아니고 노란빛도 아닌 형용할 수 없는 그런 빛깔인데, 빛이 나오고 있었습니다. 그 나무를 보는 것 또한 너무 기쁘고 행복한 나머지 또 눈물이 나왔습니다.

주님께서 '생명나무'라고 하시며, 저는 아직 그 나무의 열매를 먹을 수 없다고 하셨습니다. "아직 죄가 많다. 더 회개해야 한다."라고 말씀하셨습니다. 조금 후 들판이 보이기 시작했습니다. 들판에 핀 꽃들은 빛나는 보석같이 반짝반짝 빛이 나고 크고 예뻤습니다. 그리고 주님과 저는 그곳을 지나 분수대 앞으로 갔습니다. 분수대 위에서부터 아래로 꽃 넝쿨들이 처져있는 것이 너무나 아름다웠습니다. 그 앞으로 예수님이 서 계셨는데, 옷은 더 희고 빛이 났으며, 주님의 얼굴에서도 빛이 났습니다. 형용하기 힘든 빛이었습니다.

주님을 보기에는 제 눈이 부시여 눈뜨기도 힘들고 영광스러워 눈물이 또 났습니다. 주님께 "영광이고 눈이 부십니다."라고 말씀 드렸더니, "영생을 얻어 그런 거다."라고 하셨습니다. 저는 주님께 평소에 보지 못했던 천사를 보여 달라고 청하였습니다. 순식간에 주님 옆으로 크고 아름다운 수호천사가 나타났는데, 그 모습은 희면서 금빛이 잔잔히 나는 것 같기도 하고… 한쪽 무릎을 꿇고 있었습니다. 주님께서는 "오늘은 그만 되었다."라고 말씀하셨습니다. 저는 하나만 더 보여 달라고 부탁드렸습니다.

주님은 냇가를 보여주셨습니다. 냇가에서 자라는 풀들 사이로 빛이 보였습니다. 자세히 보니 냇물이었고, 그 속에는 황금빛이 나는 물고기들이 주님이 오신 것을 보고 자기들끼리 모여 찬송을 불렀습니다. 참 신기하고 놀라웠습니다. 이제 가야 할 것을 알고 저는 이대로 가기가 아쉬워 "사랑의 주님! 딱 한번만 더 천국의 예배하는 모습을 보고 싶어요."라고 간청을 드렸습니다.

거기는 교회당은 아니었지만, 경기장 같은 곳 같기도 하고, 뚜렷하게 잘 보이지는 않았습니다. 흰옷 입은 많은 무리들이 동그랗게 반원으로 층층이 있었습니다. 주님은 또 저에게 "회개하라."라고 말씀하셨습니다. 저는 또 열심히 회개하고 눈을 떠보았습니다. 하늘 위 중앙에 큰 빛이 크게 나 있었고, 사람들 사이 위로 천사들이 곳곳에 서 있는 것 같기도 하고, 붕 떠 있는 것 같기도 한 모습으로 예배를 드리고 있었습니다.

주님은 "이제 더 있을 수 없다."라고 하셨습니다. 그 말씀과 동시에 저는 하얀 빛에 싸여 천국에서 떨어지고 있었습니다. 천사가 저를 안고 천국에서 나오고 있었습니다. 순식간에 제 몸이 보이고 천사가 제 몸 위에 저를 내려놓았습니다. 그 천사는 제가 강대상 앞에서 누워있는 왼쪽으로 무릎을 꿇고 앉아 저의 몸을 확인하는 듯 위아래로 훑어보고는 순식간에 사라지셨습니다. 주님께 영광 돌립니다!

초등 4학년 사랑이가 본 천국이야기

주님의 모습은 머리가 길고 하얀 옷을 입고 계셨어요. 1층 천국에는 나무들도 많고, 황금이랑 사파이어, 루비 같은 보석들로 인해 아름다웠어요. 그런 아름다운 것들도 차이가 있었어요. 그것은 상급에 따라서 지어진 것이라고 하셨어요. 집짓는 재료들도 금이나 보석이었고, 완성되어 가는 집들도 있었어요. 저는 완성이 된 큰 집에 들어가 보았어요. 1층천에서 제일 큰 집이었어요. 정원 같은 곳도 예쁜 꽃과 나무들이 자라고 있었고, 선한 동물들도 있었어요. 집안에는 큰 의자가 있고, 책상 같은 것도 있었어요. 그 집은 3층으로 된 아름다운 집이었어요. 집안에서 바깥 천국을 구경할 수 있는 화단이 2층에 있었어요.

1층천에는 많은 열매들이 있었어요. 나무에 달린 열매를 먹어보니 너무 맛있고 달콤했어요. 그곳에는 황금이나 보석으로 지어진 아름다운 궁전도 있었어요. 어떤 사람에게 "천국은 어떠세요?"라고 물어보았어요.

그분께서는 "천국은 너무 아름답고 좋다."라고 말씀해 주셨어요. 이 세상보다도 더 좋은 나라가 천국이라고 했어요. 저는 집 안으로 들어가 보았어요. 의자와 액자 같은 물건들이 전부 황금으로 되어있었고, 어느 한 곳에는 금과 보석도 많이 쌓여있었어요. 1층천에는 3층이나 2층보다 더 크고 사람들이 많았어요. 길에는 다이아몬드나 금과 보석들이 박혀있었어요. 1층천 집들은 비슷한 것 같으면서도 집안의 크기는 전부 달랐어요. 천국의 집이나 사람들의 모습은 이 세상과는 비교할 수 없이 아름다웠어요.

    예수님께서 2층 천국으로 안내해 주셨어요. 2층천은 1층천보다 더 크고 좋았어요. 많은 집들과 큰 궁전 같은 것도 있었어요. 그곳에 있는 사람들이 흰 옷을 입고 있었어요. 저는 그 옷을 만져보았는데, 아주 부드러웠어요. 1층천의 집과 2층천의 집의 차이가 어떤지 궁금해서 한번 들어가 보았어요. 2층천은 1층천보다 보석도 많이 박혔고, 또 의자에 앉아 보니 세상에서 사용하는 침대보다도 훨씬 더 크고 푹신하고 편안했어요. 2층천에 있는 집들은 크기가 똑같은 것이 별로 없었어요. 그 중에서 똑같은 집으로 들어가 보았어요. 집안의 물건과 환경 그리고 황금의 양과 보석의 양도 거의 비슷하였어요. 2층천에서 제일 큰 집으로 들어가 보았어요. 1층천과는 많이 비교가 되었어요. 집안에는 온통 보석으로 반짝 반짝거렸어요. 보석 창고 같은 곳에는 보석이 꽉 차있었어요. 의자는 여섯 개 정도 있었고, 식탁은 침대만큼 컸어요. 그곳에는 많은 음식이 놓여있었어요.

    그 다음에 3층천으로 올라갔어요. 그곳에 있는 나무는 거의가 알록달록 하였어요. 배나무, 사과나무, 여러 종류의 과일 열매가 달린 나무들이 있었어요. 3층천은 1층과는 많은 차이가 있었어요. 3층천의 집은 엄청 크고 반짝반짝 거려서 눈부시고 아름다웠어요. 저는 3층천에 사시는 사람에게 어떠냐고 물어보았어요. 그분은 예수님을 잘 믿어서 3층천으로 오게 되었다고 하며 하나님께 감사하다고 하였어요. 바닥은 보석이나 다이아몬드와 금으로 되어있었어요. 3층천에서 중간 위치의 제일 큰 집을 보았어요. 정원도 넓고 집안의 물건과 식량도 많았어요. 어느 한 곳에서는 예쁜 식물도 자라고 있었어요.

다른 한 장소에서는 성경 속에 나오는 인물들이 모여 있었어요. 베드로, 다윗, 엘리야… 그리고 예수님의 열두 제자들이 있었어요. 그 주변에는 반짝반짝 빛나는 아름다운 나무로 둘러싸여 있었어요. 그리고 그곳 주변에는 밭 같은 곳에서 채소가 자라고 있었어요. 성경 인물들이 모여서 천국에 갈 사람들과 지옥에 갈 사람들 그리고 몇 층천에 갈 사람들에 대해서 회의를 하시면서 예수님이 무엇을 적고 계셨어요. 그곳에 있는 천사들은 죄가 없이 아주 깨끗해 보였어요.

다시 예수님과 푸른 초장 같은 곳으로 갔어요. 그곳에는 지난번에 보았던 한 그루의 나무가 자라고 있었어요. 그 나무가 열매를 맺기 위해서 잎이 커지고 꽃이 활짝 피었어요. 옆에는 어린 새싹 하나가 나서 자라고 있고, 야채들도 자라나고 있었어요. 그리고 어느 곳에는 많은 양들이 있었어요. 예수님이 양들을 다스리고 계셨는데, 어떤 양이 도망가고 있었어요. 예수님이 뭐라고 하시자 다시 되돌아왔어요. 주님께서 그 의미를 알려주셨어요. 그것은 "나(예수님)를 믿었다가 안 믿고 도망간 사람을 다시 나(예수님)에게로 이끌게 하는 거란다."라고 말씀해 주셨어요. 얼마 후 다시 천국으로 올라갔을 때, 전보다 사람들의 숫자가 더 늘어난 것 같앉어요. 예수님께서 말씀해 주셨어요. "심판대에서 연단을 다 받고 올라온 사람들이 있다…. 이 세상 만물은 하나님이 지으셨으니 오직 주님만 따르고 악마의 자손이 되지 않게 조심하라. 예사랑 교회에 나오는 성도들 모두가 자기 정욕에 빠지지 마라."

천국에는 계곡과 산과 해수욕장처럼 생긴 예쁜 강이 있었어요. 그 강물 안에는 돌고래도 있고, 황금으로 덮여진 물고기도 있었어요. 그 강하고 가까운 거리에 있는 산으로 올라가 보았어요. 산속에는 새들과 비둘기도 있고, 과일 나무들도 있었어요. 그 산으로 올라가는 사람들도 보았어요. 산에 있는 과일들은 깨끗해서 씻지 않은 채로 따먹어도 된다고 얘기해 주셨어요. 이 세상에 있는 식물들이나 과일보다 훨씬 맛있었어요. 산에 올라갔다가 다시 내려오는 길에 1층천에 사는 어떤 사람들을 만났어요. 그분은 천국에 못 올 뻔 했다는 이야기를 해주었어요. 예수님을 믿지 않는 자기에게 예수님께서 다시 한 번 구원의 기회를 주셨다고 했어요. 그리고 연단 받는 장소에서 세상에 살면서 지은 죄에 대한 고통을 아주 심하게 받았으나, 천국에 올 수 있다는 마음이 커서 잘 견뎠다고 했어요. 천국에 오니 너무 좋다고 말씀해 주셨어요.

예수님께서 말씀하시기를 "이 세상에서 아무리 부잣집이라도 그것과 비교할 수 없이 천국이 좋다. 어떤 사람이 나(예수님)를 믿어도 진심으로 믿지 않으면 천국에는 그렇게 값진 집이 없을 것이다. 상급에 따라 지어지는 집이라서 자신이 부자라고 자랑하면 상급이 별로 없다. 그리고 이 세상에서 연단을 많이 받아 상급을 쌓아가지고 천국에 좋은 집을 지었으면 좋겠다."라고 하셨어요. 천국에 있는 큰 강에는 황금 물고기와 돌고래 같은 것도 있었어요. 천국에 있는 동물들은 착한 동물들만 있었어요. 저는 주님께 돌고래를 타보고 싶다고 말씀드렸어요. 주님의 허락을 받고 돌고래를 탔는데, 돌고래가 막 움직이면서 꿈틀꿈틀 거리며 밑으로 들어갔다가 나왔는데 너무 재미있었어요. 그런데 물속에 들어갔다 나왔기 때문에 당연히 옷이 젖어야 하는데, 하나도 젖지 않았어요.

주님께서 어느 곳에서 많은 양들이 푸른 초원에서 풀을 뜯고 있는 양떼 목장을 보여주셨어요. 양을 다스리는 목자도 있었어요. 그곳에는 나무 한 그루가 자라나고 있었어요. 그 나무는 갑자기 쑥 자라났다가 조금 자라났다가 그런 것을 반복해 가면서 나무가 커졌어요. 주님께서 말씀하셨어요. "이것은 사람들의 영적 성장 과정이다. 매일 매일 나를 의지하고 꾸준히 나를 믿으려고 노력을 하면 나무가 쑥쑥 크듯이 성장을 많이 할 수 있다. 나에게 떨어져 나간 사람들이 너무 많다. 거의 대부분의 사람들이 타락했다. 내가 너무 슬프다. 나를 잘 믿었으면 좋겠다."

천국에 있는 많은 사람들 중에서 3층천에 사시는 어느 분에게 찾아가서 물어보았어요. 그분은 말로 표현할 수 없을 만큼 좋다고 말씀해 주셨어요. 그분은 "죄를 지은 내가 어떻게 3층천까지 왔는지… 하나님께 감사하고, 또 3층천은 말로 표현할 수가 없고 몸으로도 표현할 수 없이 너무 좋다."라고 하셨어요. 그곳에는 사방이 다 황금이나 보석으로 되어있었어요. 3층천에 계신 하나님의 보좌가 보일 듯 말 듯 하였고, 그곳의 환경이 너무 아름다웠어요. 그곳에는 하얀 비둘기가 있었어요. 예수님께서 "그 비둘기는 평화를 뜻하는 것이다. 이 세상 비둘기와는 달리 천국의 비둘기는 깨끗한 비둘기지."라고 했어요. 비둘기를 만져 보고 싶어서 손을 펼치자 비둘기가 날아와서 제 손에 앉았어요. 보통 새들은 발톱이 날카로워서 할퀴면 피가 나는데, 이 비둘기의 발은 발톱이 없고 그냥 살이어서 아주 부드러웠어요. 저도 천국에서 그런 비둘기를 키우고 싶었어요.

초등 1학년 소망이가 본 천국이야기

천국에 있는 어느 나무를 보았어요. 그 나무는 신기하게 여러 종류의 열매가 열려있었어요. 어느 분이 천국이 너무 좋다는 말을 해주었어요. 천국에 있는 과일은 아주 달콤하고 맛있었어요. 저는 천국과 이 세상을 비교해 보았어요. 이 세상에서는 금이나 보석이 아주 귀한데, 천국 바닥은 금으로 되어 있고, 보석들도 아주 많았어요. 집들의 크기도 달랐고, 다이아몬드나 보석의 양도 달랐어요. 그렇게 집의 크기와 보석의 양이 다른 이유는 다 상급 때문이라고 주님께서 말씀해 주셨어요. 천국 1층, 2층, 3층천을 보았어요. 천국에서 세상을 보니 전부 똥 같이 보였어요. 전부 필요 없는 것뿐이고, 음식도 썩고 장난감이나 책은 찢어지면 버리는데, 천국은 모든 것이 영원한 것 같았어요. 천국은 이 세상과는 비교가 안 될 정도로 완전히 달랐어요. 너무 멋있어서 땅의 생각은 안 났어요. 천국에 있는 강물을 먹어보니 달고 시원했어요. 그리고 윤기도 나고 아주 깨끗한 물이었어요. 정원에 있는 꽃들은 윤기가 나고 금으로 덮였어요. 하늘은 엄청 맑고, 사람들이 신나게 놀고 있었어요.

그리고 집의 모양도 지붕이 있는 집이 있고, 지붕이 없는 집도 있었어요. 지붕이 없는 집은 겉보기에는 2층 같고 아파트처럼 생겼어요. 그런 집들이 다 예뻐 보였어요. 하늘에 떠있는 구름은 완전 백색이었어요. 저는 큰 문안으로 들어갔어요. 사람들이 예수님과 춤을 추고 같이 밥도 먹었어요. 저는 '과일 한 번 더 먹어보고 싶다.'는 생각에 참외처럼 생긴 과일을 먹어보았어요. 그 맛이 배처럼 달고 맛있었어요. 세상에서 먹는 수박보다 맛있고, 세상 과일의 맛과는 비교가 안돼요. 천국에는 아름다운 다리도 있고, 강물도 깨끗해요. 그곳에는 쓰레기가 없어요. 그리고 꽃도 세상 꽃과 다르게 엄청 아름답고 예뻤어요. 그것을 표현할 수가 없어요. 어떤 집은 계단도 있고 주변에 있는 나무 가지 쪽은 반짝거렸어요.

　예수님이 말씀하셨어요. "악한 마귀들이 언제든지 공격 할 수 있는 틈을 주면 안 된다. 나쁜 생각을 하면 마귀가 더 들어오니 조심하여라. 마음을 잘 지키고 정결하게 해서 마귀가 틈타지 않도록 조심하여라. 매일 기도하고 무장해서 절대 마귀가 들어오지 못하도록 나만을 의지해야 한다. 나쁜 생각이 들어올 때는 나에게 기도하고 도와달라고 하여라. 악한 영들은 그냥 기도하는 것보다 나의 피로 물러가라고 기도를 하면 더 효과적이다. 악한 영들의 공격에 많이 속고 있으니 절대 방심하면 안 되고 오직 나만을 믿어야 한다. 다른 것에 생각이 팔리면 안 된다. 오직 나에게만 의지하고 다른 것을 의지하면 너는 그 순간 죽는 것이다. 나만 의지하라. 나에게서 손을 떼는 순간 너는 죽는다. 나만 믿어라. 나만 찾아라.

　지금 다른 사람들이 많이 속고 있다. 너도 그렇고 모두들 나에게만 의지해야 한다. 나 없으면 너희들은 죽는 것이다. 나에게서 손을 뿌리치면 절대 안 된다. 나쁜 짓은 절대 하지 마라. 화내고 짜증내는 것은 내가 싫어한다. 나만 사랑하라. 하지만 계속 죄를 짓고 회개하고 이런 것을 알면서도 반복하면 안 된다. 이 세상에 나를 진정으로 따르는 사람은 아주 적다. 오직 나만 믿어라. 나 없으면 넌 죽는다. 나에게서 떨어지면 넌 죽는다. 지금 시대는 낭떠러지에 발을 디딘 것과 같다. 방심하면 떨어진

다. 내가 도와줄 것이지만, 계속 놀고 있으면 떨어져 죽는다."

천국에서 본 집들 대부분 금으로 되어 있고, 장난감이나 과일들로 반짝거렸어요. 사람들도 하얀 옷이나 아름다운 옷을 입고 있었어요. 하늘은 매일매일 화창해요. 그리고 나무도 초록색이고 가지나 나뭇잎도 하나하나가 정결하게 잘 자랐어요. 열매도 흠집이 없고, 아주 깨끗했어요. 옆에는 예쁘게 풀도 있고, 밖에도 아스팔트처럼 생긴 곳이 다 아름다운 풀밭이었어요. 풀도 이 세상 것과는 다른 것이에요. 천국 사람들의 모습은 즐겁게 웃고 있었고, 화내거나 안 좋은 표정은 없었어요.

주님께서 곧 재림을 하실 것이라고 알려주셨어요. 이제 시간이 아주 조금밖에 안 남았으니 준비하라고 말씀하셨어요. 엄청 큰 문이 열어졌어요. 그 문으로 들어가자 사람들이 동물들하고 놀고 있었어요. 사자, 호랑이, 치타, 양 등 천국 동물은 아주 순했어요. 강물은 엄청 맑고, 세상에 있는 물보다 맑고 깨끗했어요. 천국 하늘은 맑고 어두운 곳이 없었어요. 땅에 있는 것들은 생각해 보기에도 그냥 필요 없는 것들 같았어요. 천국은 엄청 아름다웠어요.

예수님과 같이 강으로 가서 그 물을 먹었는데, 아주 달콤하고 시원했어요. 주님이 "이것이 생명수 강이란다."라고 말씀해 주셨어요. 거기서 물을 조금 마시고 예수님과 같이 다른 곳으로 갔어요. 그곳에는 여러 종류의 나무들이 있었어요. 과일의 모양이 뾰족하게 생긴 것도 있었어요. 과일이 맛있게 보여서 오렌지 같은 과일을 따먹었어요. 아주 새콤달콤하니 맛있었어요. 천국의 나뭇잎이 다 풍성하고 나뭇잎 하나하나가 완전했어요.

Secrets of the Spirit

영 계 의 신 비 와 대 환 난

제 2 장

구원받은 영혼들이 심판대를 통과하여 천국으로 가는 과정

이는 우리가 다 반드시 그리스도의 심판대 앞에 나타나게 되어
각각 선악간에 그 몸으로 행한 것을 따라 받으려 함이라

고후 5:10

chapter 02
구원받은 영혼들이 심판대를 통과하여 천국으로 가는 과정

SECRETS OF THE SPIRIT

주님께서 말씀하셨습니다. "지금 너희가 보고 있는 이 책에 기록된 심판대는 연단 받는 시간이 짧은 것처럼 표현되어 있지만, 실제는 그렇지 않다. 나를 잘 믿은 영혼들은 짧게 받고 통과하지만, 어느 영혼들은 이 과정에서 수십 년이 걸리기도 한다. 심판대는 얼마나 나를 믿고 의지하고 회개하느냐에 따라 연단이 짧거나 길어진다는 것을 잊지 마라.

나는 공평하게 모든 영혼들에게 나를 믿고 선택할 수 있는 한 번의 기회를 주었다. 세상에 살면서 나의 대해서 한 번도 들어보지 못한 영혼들에게는 죽어서라도 복음을 받아들일 수 있는 기회를 준다(벧전4:6). 내가 십자가에 달려 죽었을 때 삼일동안 영의 세계에서 복음을 전했다(벧전3:18~19). 그곳은 천국도 아니고, 지옥도 아니란다. 지금도 수많은 천사들이 세상에서 한 번도 나의 대해서 듣지 못한 영혼들에게 복음을 전하고 있다. 나는 모든 영혼들에게 차별하지 않고 공평하게 스스로 나를 선택할 수 있는 한 번의 기회를 주는 것이다. 나를 선택한 영혼들은 구원을 받고 심판대에서 모든 죄를 씻고 난 후 천국백성의 자격이 주어지게 될 것이다."

"예수님, 주님께서 보여주신 대로 기록한 이 책을 사람들이 이단이라고 정죄하고 핍박하면 어떡해요. 두려워요!", "다윗아, 걱정하지 말거라. 내가 너희를 도와줄 것이다. 세상에는 나를 사랑하는 종들이 많이 있단다. 그 종들은 언제나 나의 말을 듣고 나에게 영광을 올리지. 그런데 그런 나의 종들이 이단이라는 소리를 많이 듣는단다. 마귀는 인간을 통해서 나의 종들을 박해하고 힘들게 하지. 나를 믿지 않는 사람들이 핍박하는 것보다 교회가 나의 종들을 핍박하는 것이 더 마음이 아프단다. 너희는 이단을 분별해라. 내가 말한 것을 그대로 순종하고 전하는 종들은 이단이 아니다. 사단의 종들이 이단인 것이지, 나의 참된 종들을 이단이라고 하며 피해를 주어서는 안 된다.

인간은 나의 대해서 온전히 알 수 없다. 성경에 기록된 내용과 내가 개개인에게 보여주고 알려준 것 안에서 일부분씩만 조금 알고 이해할 뿐이다. 이단은 단연코 구원을 받을 수 없다. 너희는 이단과 이단이 아닌 사람들을 잘 분별하여라. 이단을 분별하려면 열매를 보면 알 수 있다(마7:16~17). 성경을 다르게 전하고 간교한 말로 나의 백성들을 속여 지옥으로 끌고 가고 있는 이단자는 마귀에게 속고 있는 것이다. 나를 부인하고 내 영광을 가로채는 그들은 절대 구원받을 수 없다(고전10:31). 그들은 악한 영에게 사로잡혀 있다. 그들이 겉으로 선한 척하는 것은 속이는 거짓일 뿐이다.

열매가 안 좋은 사람들은 내면이 죄로 가득하기 때문에 악한 짓도 서슴없이 행한다. 마지막 때를 살고 있는 너희들은 사람들의 미혹을 조심해라. 마귀는 많은 사람들이 우러러보는 큰 교회 목사나 신학박사 같은 자들을 정욕으로 이용해서 무너뜨리고 있다. 그들의 외모만을 보고 따라가다가는 함께 멸망을 당할 수도 있다. 너희는 분별하여라. 오직 구원은 나밖에는 없다는 것을 기억하여라. 다른 종교에 빠지지 말고 목사들의 외모를 보지 말거라. 나는 사람의 외모를 보지 않고 그 중심을 본다는 것을 잊지 마라"(삼상16:7).

다윗과 지인 성도와의 만남

얼마 전에 입신을 하여 제 몸에서 영이 빠져나왔습니다. 천국을 향해 위로 올라가면서 제가 누워있는 모습과 엄마가 저를 기도해 주신 후 일어나서 성전으로 가시는 것을 보았습니다. 천국에서 주님께서는 저에게 앞으로 사역을 감당하기 위해서는 지금부터 노는 것을 절제하라고 말씀하셨습니다. "대환난이 가까웠으니 준비하여라. 내가 곧 갈 것이다. 언제나 깨어 준비하여라…."

저는 때가 급하다고 깨어 준비하라는 주님의 음성을 듣고도 생활에 아무런 변화가 없었습니다. 늘 똑같이 하던 대로 학교생활을 하고 시간 날 때마다 열심히 친구들과 운동하고 또 계시 사역을 감당하였습니다. 그러던 어느 날 금요일 아침에 등교하려고 일어났습니다. 전날 밤에도 이상 없던 한쪽 눈이 부었습니다. 불편한 눈으로 학교에 갔습니다. 체육시간에 친구가 장난치다가 주먹으로 아픈 눈을 쳐서 양호실로 갔습니다. 양호선생님이 다래끼가 났으니 빨리 안과를 가라고 했습니다. 수업시간 중간에 엄마에게 전화를 했습니다. 엄마는 병원에 안가도 괜찮으니 걱정 말라고 하였습니다.

저는 엄마에게 병원에 안 가면 더 심해지고 친구들에게까지 옮길 수 있다고 꼭 가야한다는 선생님의 말씀을 전했습니다. 엄마는 "주님의 음성을 듣는 네가 주님의 말씀대로 움직이지 않고 왜 사람의 소리에 휩쓸려서 믿음 없는 말을 하느냐?"고 나무라셨습니다. 다래끼에 주님의 메시지가 있으니 좀 아파도 참고 먼저 주님께 원인을 물어보고 결정하자고 했습니다. 몇 달 전에 약간의 화상으로 인해 견딜 수 없는 가려움으로 고통스러울 때가 있었습니다. 그때 주님의 도움을 청하는 순간 주님의 손이 화상부위에 닿자 즉시로 가려움증이 사라진 경험이 있었습니다. 엄마는 그때 일을 말씀하시면서 기도로 견뎌내라고 했습니다.

저는 엄마의 말씀을 듣고 순간 '진짜 나을까?'라는 의심이 생겼습니다. 그날도 친구들과 놀다가 눈이 가렵고 통증이 심하여 주님께 기도하자 즉시 아픔이 사라지곤 했습니다. 그 다음 토요일 날은 눈이 더 빨갛게 붓고 가려움증에 통증까지 심했습니다. 저녁기도 시간에 "엄마! 월요일까지 깨끗이 안 나으면 엄마가 책임지세요."라고 믿음 없는 말을 툭 던졌습니다. 병원진료를 허락하지 않는 것은 물론이고, '아픔을 참고 먼저 전심으로 회개하여 주님보다 좋아하는 것들을 내려놓으라.'는 엄마가 무척 못마땅하고 원망스러웠습니다. 순간 엄마가 제 얼굴을 무섭게 바라보시더니, "당장 강단에 가서 통회하며 회개해라. 건성으로 대충하는 척 하면 주님께 허락받고 매를 때릴 거야!"라고 했습니다.

저는 엄마한테 매를 맞을지도 모른다는 무서운 생각에 강단에 앉아서 눈물을 흘리며 진심으로 기도하다가 조금 후에는 건성으로 하는 척했습니다. 그렇게 20분 이상을 기도하고 일어나서 "엄마, 회개기도 다 했어요." 하고 밝은 표정으로 웃으며 엄마를 바라보았습니다. 제 얼굴을 보신 엄마는 엄한 목소리로 "혼나고 싶어? 다시 가서 회개해!"라고 말씀하였습니다. 엄마한테 서운한 마음이 들었지만, 아무 대꾸도 못하고 "네." 하고 다시 강단으로 올라가서 십자가 앞에 앉았습니다. 그리고 이번에는 진지한 마음으로 가슴에 양손을 얹고 기도하기 시작하자 눈물이 흘러내렸습니다. 그때 왜 다래끼가 났는지 주님께서 깨닫게 해주셨습니다.

6학년인 제 친구들은 벌써부터 거의가 서로 짝이 있었습니다. 저와 함께 운동하고 가깝게 지내는 친구들도 전부 여자친구가 있었습니다. 저에게도 4학년 때부터 여자친구들로부터 좋아하니 사귀자는 편지와 전화를 받은 적이 있었습니다. 그때도 별 관심 없이 가볍게 흘려버렸습니다. 얼마 전에도 사귀자는 전화를 받고 조심스럽게 미안하다고 거절한 적이 있었는데, 그때 그 친구는 자존심이 상했는지 욕을 하고 끊었습니다. 그 후 학교에서 여러 차례 고의로 저를 골탕 먹인 일이 있었습니다.

저는 엄마가 이성교제를 허락하지 않고 또 주님이 기뻐하지 않는 일이라서 여자친구와 특별한 관계로 이성교제를 갖지 않았습니다. 그런데 같은 반에 예수님을 믿고 욕도 많이 하지 않는 여자친구가 있었습니다. 그 친구와 학교에서 여러 번 같이 놀고 교회에서 예배도 함께 드리면서 좋아하는 마음이 생겼습니다. 한 달 정도 그 친구에게 좋아하는 마음을 품자 주님이 다래끼를 통해 깨닫게 하시고 그것을 회개하고 내려놓으라고 말씀하셨습니다. 예수님보다 친구들과 노는 것을 더 좋아하고 운동에 마음을 빼앗긴 것도 책망하셨습니다. 주님이 지적하신 것들을 내려놓고 회개하고 나자 월요일까지 치유될 것이라는 믿음이 생겼습니다. 기도를 마치고 엄마 품에 안겼습니다. 엄마가 사랑한다고 하시며 꼭 안아주셨습니다. "엄마 죄송해요. 엄마를 이해하지 못했어요. 이제 엄마 마음을 알 것 같아요." 감사하게도 주님이 그날 치유해 주셔서 월요일 날은 깨끗이 나아서 학교를 갔습니다. 할렐루야!

　6학년 봄방학 때, 친구의 유혹에 못 이겨 가지 말아야 할 PC방에 간 적이 있었습니다. 오후에 음악학원을 다녀와서 엄마에게 한 시간 반만 친구들과 축구하고 오겠다고 허락받고 나가서 재미있게 놀았습니다. 엄마와 약속한 시간이 되어서 그만 놀고 집으로 돌아오려고 했습니다. 그때 친구가 PC방에 가자고 유혹하며 싫다는 저를 억지로 끌고 가다시피 해서 마지못해 따라갔습니다. 저는 돈이 없어 게임을 하지는 못하고 친구가 물총게임 하는 것을 옆에서 30분쯤 구경하다가 조금 늦게 집으로 돌아왔습니다. 엄마한테 혼날 것 같아서 방방타고 오다가 늦어 죄송하다며 거짓말을 했습니다. 엄마는 저를 똑바로 쳐다보시더니 사실대로 말하지 않으면 매를 맞을 수 있으니 정직하게 말하라고 했습니다. 저는 겁에 질려 속으로 고민을 하다가 용기를 내어 사실대로 말씀을 드렸습니다.

　엄마는 저녁을 차려주고 나서 "밥 먹고 성전에 가서 회개해라."라고 말씀하였습니다. 저는 '혹시 매 맞으면 어떡하지!'라는 두려운 마음에 눈칫밥을 먹고 성전으로 와서 회개를 하려고 앉았습니다. 그때 주님이 베개를 베고 누우라고 말씀하셨습니다. 눕자 힘이 쭉 빠지더니 곧장 제 영혼이 영계의 심판대로 갔습니다. 그곳에 있는 여러 명의 천사들이 저를 바닥에 눕혔습니다. 한 천사는 저를 움직이지 못하도록 잡고, 다른 두 천사는 채찍으로 제 엉덩이와 종아리를 때렸습니다. 너무 아파 몸부림치다가 붙잡은 천사의 손을 뿌리치고 간신히 도망쳤습니다. 천사가 따라와서 저는 "아파요! 그만해요! 많이 때리셨잖아요." 하며 도망가다 붙잡혀서 스무 대를 더 맞았습니다. 그리고 천사와 부딪혀서 뒤로 넘어졌습니다. 천사들이 더 때리려다가 "그만! 그만!" 하고 몸부림을 치자 몽둥이와 채찍을 내려놓았습니다. 그리고 천사가 제 가슴을 열고 가슴속에 있는 검고 동그랗게 생긴 무엇인가를 빼내고 붉은색의 똑같은 모양으로 된 것을 넣어주었습니다.

예수님이 제 앞으로 오시더니 "이제 그런 곳은 가지도 말고 보지도 않으면 좋겠구나.", "예, 노력하겠어요." 하고 반성하고 돌아왔습니다. 엄마가 "너 심판대 가서 매 맞았니?"라고 물었습니다. "엄마! 어떻게 아셨어요?", "네 얼굴 표정과 온 몸을 이리 저리 틀면서 너무 고통스러워하는 것 같던데….", "심판대에서 천사에게 매를 맞았어요. 그때 육체도 똑같이 느끼고 반응을 하는군요…." 어느 날 저녁에 엄마는 제 언어가 불손하다고 하시며, 심판대 가서 매를 맞고 회개하고 오라고 했습니다. 저는 누운 상태에서 주님께 말씀드리자 주님이 저를 안고 영계의 심판대로 갔습니다.

저는 주님께 잘못한 것을 말씀드리려고 하자 다 안다고 하셨습니다. 주님은 말을 잘 안 듣고 불순종하고 입으로 죄를 지은 영혼들이 허리를 맞고 입술이 찢겨지는 심판을 받는 것을 보여주셨습니다. 그리고 천사가 제 입을 찢었습니다. 저는 너무 아파서 순간적인 반응으로 천사의 얼굴을 때렸습니다. 저는 "천사님, 죄송해요!" 하고 울고 있는데, 한 청년이 다가왔습니다. 저는 그에게 "당신은 왜 여기 있나요?" 하고 물었습니다. "나는 엄마에게 불순종하고 말로 죄를 지어서 입이 이 지경이 되었단다." 그의 입을 보니 멍든 자국에 삐뚤어져 있었습니다. 조금 후 천사는 그를 다른 곳으로 데리고 갔습니다.

예수님은 저에게 다가오셔서 "잘 보았느냐?", "네.", "한 가지 더 보여주겠다. 불순종하고 말을 잘 안 듣는 사람과 죄를 짓도록 원인 제공을 한 사람도 함께 벌을 받는단다. 자녀들이 불순종하고 말대꾸를 하도록 원인을 제공한 부모가 먼저 모범을 보여야한다. 그런 것을 회개하지 못한 영혼들이 고통 받는 것을 보여주겠다." 어느 영혼이 물속에서 매를 맞고 있었습니다. 그것을 보시고 예수님이 말씀하셨습니다. "발부터 엉덩이까지는 얼음물이고, 그 위로는 뜨거운 물이다. 그 상태로 매를 맞는 것까지 한꺼번에 세 가지의 고통을 당한다. 다윗아, 이제부터라도 조심해라.", "네." 저는 잘못을 반성하고 돌아왔습니다.

얼마 전 토요일에 있었던 일이었습니다. 아는 전도사님께서 귀신들려 자살소동을 벌인 여동생 부부를 모시고 찾아 오셨습니다. 이분은 음란과 거짓의 영에게 묶여 순간순간 의지를 빼앗기고 가정도 파괴되기 직전에 놓여 더 이상 살 소망을 잃은 채 자살시도를 하였습니다. 엄마가 부인의 머리에 손을 얹고 대적을 하자 마귀가 발악을 하였고, 손으로 머리를 쥐어짜며 고통스러워했습니다. 한참을 기도하고 나서 엄마가 방언통역으로 주님의 메시지를 전해줄 때 아주 서럽게 울었습니다. 부인이 쓰러지려고 하여 편하게 뉘어드리자 조금 후에 울면서 부인의 남편에게 내 한 좀 풀어달라고 하며 엄마에게 하소연을 하였습니다.

"갓 스무 살에 아무것도 없는 가난한 집에 시집와서 20년 동안 남편을 왕으로 모시고 살았어요. 남편과 시댁식구들에게 너무 많은 욕을 먹고 오해와 멸시를 받아서 도저히 이대로는 살 수가 없어요. 이 억울함을 풀어주세요…." 부인은 남편이 바람을 피우고 딴 집 살림을 하고 있다고 오해를 하고 10년 동안 남처럼 떨어져 살면서 남편을 아저씨라고 부르며 막대하였다고 하였습니다. 부인의 남편은 곁에서 묵묵히 바라보고 있다가 아내를 살리기 위해 잘못했다고 손을 잡고 용서를 빌며 안아주려고 했습니다. 그러자 남편의 행동이 진심으로 용서와 위로를 구하는 것이 아니라며 완강히 거부하였습니다.

주님께서 남편이 다른 여자와 한 번도 바람을 피운 적이 없고, 거짓 영에게 속고 있다고 알려주어도 믿지를 않았습니다. 부인에게 조상으로부터 거짓의 저주가 임하였고, 거짓의 쓴 뿌리가 박혀 있어 누구의 말도 듣지 않았습니다. 마귀가 남편이 바람을 피우는 것을 환상으로 보여주고 계속 그것이 사실이라는 생각을 주입시켜 주었기 때문입니다. 부인의 남편은 인물도 잘 생기고 서울에서 사업을 하며 떨어져 생활을 하다 주말에 만나다 보니 오해가 더 깊었던 것 같았습니다. 이분은 마귀에게 속아 남편을 원수처럼 여기면서도 깊은 마음은 사랑하고 있다는 것을 알 수 있었습니다.

부인의 남편은 가톨릭신자로써 나름 신앙생활을 열심히 하시는 분이었습니다. 이분 역시 10년 전에 뚜렷한 구원의 체험도 했습니다. 잠시 신앙생활을 하다가 중단하고, 오랜 세월 받은 상처로 인해 세상에 빠져 굿도 하였다고 합니다. 부인은 누워 계속 억울하다고 울며 남편을 욕하고 한을 풀어달라고 하였습니다. 엄마가 부인의 말을 듣다가 마귀가 속에서 조종하는 것임을 알고 가슴에 손을 얹고 대적하였습니다.

부인은 울면서 못견뎌하더니 속에 있던 마귀가 나가겠다고 하며 죽은 듯이 있었습니다. 제가 보니 마귀가 나간 것처럼 속이며 연기를 하였습니다. 결국 엄마가 아주 힘들게 마귀의 영을 대적하여 쫓아주었습니다. 부인의 상태가 많이 좋아져서 식사를 하고 차를 마시며 두 부부를 화해시키기 위해 허심탄회한 대화를 나누었습니다. 묵묵히 참고 있던 부인의 남편이 그동안 너무 힘들어서 여러 번 자살을 하고 싶었고, 친어머니 임종을 보지 못한 것이 너무 가슴이 아프다는 말을 하였습니다. 그 이야기를 듣는 순간 부인은 주먹을 쥐고 몸을 부르르 떨면서 "시어머니와 시댁식구들을 절대 용서할 수 없다. 내 앞에서 '시' 소리도 하지 마."라고 하며 소리쳤습니다. 그분의 남편은 마음을 열고 이야기하려고 하다가 그만 말문을 닫아 버렸습니다.

남편에 대한 부정적인 생각과 오해, 죽은 시어머니와 시댁 식구들에 대한 원한 등 잘못된 생각과 상처를 주님이 치유하지 않으면 인간의 힘으로는 도저히 해결할 방법이 없었습니다. 저는 그분들에게 주님의 메시지를 전해줄 때 왠지 모르게 눈물이 나와서 꾹 참느라고 혼났습니다. 그날 그분들이 밤에 돌아갈 수 없는 처지여서 교회에서 함께 잠을 자게 되었습니다. 밤에 찬양하고 기도하다가 엄마가 성령의 감동으로 이분들에게 방언의 은사를 받을 수 있도록 도와주었습니다.

부인이 처음 교회 문을 열고 들어오실 때는 마귀에게 의지를 완전히 빼앗겨 고개를 푹 숙이고 입도 뻥긋하지 않았습니다. 그런데 몇 시간 간격으로 기도를 받고 의지를 마비시켰던 마귀가 떠나면서 마음 문이 열리고 순종하였습니다. 엄마의 안수기도로 부인이 성령의 강한 터치를 받아 방언이 터졌습니다. 그리고 끊임없이 울며 기도하는 중에 불같은 성령의 기름부음으로 인해 뒤로 넘어졌습니다. 그 상태에서 계속 방언을 하며 울었습니다. 엄마는 부인의 남편에게 주님이 치유하고 있으니 일어나면 따뜻하게 안아주라고 부탁하고, 너무 늦은 시간이라 잠을 청하기 위해 안으로 들어오셨습니다.

다음날 엄마가 일어나서 성전으로 나가보니 벌써 두 분이 일어나서 성경을 펴놓고 다정하게 앉아 계셨다고 합니다. 원수같이 여기던 남편과 사이좋게 앉아 있는 부인의 밝고 환한 얼굴 표정이 전날과는 완전 딴 모습이었다고 합니다. 그분은 엄마의 손을 잡고 "여기가 기적의 집이에요." 하며 밤에 성령의 기름부음이 임하여 예수님이 시어머니를 모시고 와서 대화를 나누었다는 이야기를 해주었답니다. 예수님께서 심판대에서 연단 받고 계신 시어머니와 영으로 대화를 할 수 있는 은혜를 주셨습니다. "내가 잘못했다. 내 며느리가 착한 것을 여기 와서 알았다. 착한 며느리에게 모질게 대하고 죄를 많이 져서 여기서 살이 찢기는 고통을 당하고 있다. 용서해 줘라."

"어머니, 왜 저한테 그렇게 독하게 했어요?", "내가 미련해서 잘 몰랐다. 용서해라. 내가 잘못하고 죄를 많이 지어서 수천 배의 고통을 당하고 있다." 시어머니는 며느리의 입을 통해 옆에 있는 아들에게 중간에서 직접 말을 전하라고 했답니다. "미련한 놈아, 나를 보아라. 네가 살아서 지은 죄를 다 갚고 와라. ○○이 엄마(아내)에게 갚고 와라. 나를 보아라. 네가 지은 죄를 안 갚고 오면 살을 찢기는 수천 배의 아픔을 겪을 것이다. 거기서 다시는 죄를 짓지 마라. 너는 지금 확실히 확답을 해라. 형제들에게 ○○이 엄마(아내)에게 무릎을 꿇고 사죄하라고 말하되 강요는 하지 마라. 나는 오래 있을 시간이 없다.

너는 내 아들을 버리지 마라. 너는 내 아들을 버리지 마라…. 네 남편을 살릴 수 있는 사람은 너밖에 없다. 네가 버리면 여기서 그 고통을 받아야 한다." 부인은 시어머니와 대화를 하며 한 맺힌 원한이 풀어지고 용서가 되었다고 고백하였습니다. "이제 좋은 곳(천국)으로 가세요.", "아직은 여기에서 더 고통을 받아야 한다. 고통을 받아도 너와 화해를 해서 기쁘다"(고전3:13~15). 그리고 시어머니는 예수님과 함께 떠났다고 합니다. 부인은 주님의 기름부음으로 한 맺힌 원한이 풀리는 동시에 마귀의 사슬이 끊어지고, 원수 같은 남편과 시댁식구들이 밉지 않다고 고백하였습니다. 그리고 시어머니를 통해 심판대에 대해서 처음 듣고 궁금해하며 여러 가지 질문을 하기도 했습니다.

얼마 전에 친구 분의 소개로 어느 집사님께서 저희 교회를 찾아오셨습니다. 불행한 삶으로 인해 너무 많이 울어서 최근에는 눈물 한 방울 나오지 않았다고 하였습니다. 그런데 저희 교회 출입문을 들어오실 때부터 이상하게 눈물이 나온다고 울먹이며 말씀하였습니다. 집사님은 어린 시절에 성당을 다니다가 먹고 살기가 너무 힘들어서 도중에 그만 두었다고 합니다. 글을 배우지 못해 성경을 읽을 수도 없고 영혼이 갈급하다는 말을 하다가, 불현듯 방직 공장에 다니던 청년시절에 연탄가스로 죽었다가 살아난 간증을 해주었습니다.

"저는 연탄가스를 마시고 부엌에서 쓰러져 죽었습니다. 아는 분이 축 처진 제 몸을 안고 병원으로 갔는데, 병원에서는 이미 죽었다고 장사를 하라고 했습니다. 당시 저에게는 보호자가 한사람도 없어 그 사람이 보호자를 찾을 동안 시체실에 넣어 두었다고 합니다. 다섯 살 때 돈 벌어 와서 공부시켜 주겠다고 떠난 엄마가 다른 남자에게 시집가서 학교공부도 전혀 못한 채 고생을 말도 못하게 했습니다. 아는 사람이 삼일 만에 수소문해서 재혼하신 엄마를 찾아 장사를 하려고 할 때, 삼일 만에 다시 살아났습니다. 제 몸이 죽어서 시체실에 있을 때였습니다. 그 당시 기억은 지금도 아주 생생합니다.

가파른 낭떠러지에 듬성듬성 나 있는 풀뿌리를 잡고 올라가다가 너무 힘들어서 밑으로 내려가려고 아래를 보았습니다. 아래는 지옥같이 느껴지는 깜깜한 어두움이었습니다. 너무 무서워서 죽기 살기로 풀뿌리를 잡고 위로만 계속 올라갔습니다. 잡은 풀뿌리가 뽑힐 것 같으면 또 다른 풀뿌리를 잡아가면서 아슬아슬하게 간신히 꼭대기까지 올라갔습니다. 그 위에는 새파란 잔디가 깔린 푸른 초원이 펼쳐져 끝이 보이지 않았습니다. 제 눈앞에는 크고 아름다운 궁전이 보였습니다. 그곳으로 가서 궁전 문을 지키는 두 천사에게 "저 좀 안으로 들여보내 주세요. 제가 꼭 안으로 들어가야 해요." 하고 사정을 했습니다. 문지기 천사는 안으로 들어가라고 문을 열어주었습니다. 안으로 들어가다 보니 또 큰 문이 있었습니다. 문지기에게 또 안으로 들여보내 달라고 사정을 해서 그렇게 여러 개의 문을 통과하였습니다.

또 한 문을 통과하려고 할 때였습니다. 저 앞에 머리가 길고 빛난 흰 두루마기 같은 옷을 입은 분이 큰소리로 '오지 말고 다시 돌아가라'고 했습니다. 저는 더 이상 앞으로 나아가지 못하고 그 상태로 다시 살아 돌아왔습니다. 당시는 예수님을 믿지 않아서 '다시 돌아가라!'고 한 분이 누구인지 잘 몰랐습니다. 몇 년 후에 교회를 다니다 예수님의 성화를 보고 죽어서 본 그분이 바로 예수님이었다는 것을 알게 되었습니다." 저는 집사님의 간증을 들으면서 가난하고 병들고 소외당하여 마음이 상한 주의 백성들을 사랑하시는 주님의 마음을 느꼈습니다(마9:12~13).

제가 아는 사모님께서 작년에 암수술을 받고 나서 영계를 체험하였습니다. 사모님은 고등학교 다닐 때 오빠에게 예수님을 믿는다는 이유로 교회만 다녀오면 피가 터지게 맞고 핍박을 받았다고 합니다. 삶이 너무 힘들고 더 이상 살고 싶지 않아서 유서를 써놓고 12월 달에 춘천 댐에서 빠져 죽었다가 기적같이 살아난 이야기를 해주셨습니다. 자살하기 위해 아주 추운 12월 27일 저녁 6시에 춘천 댐으로 가서 12시까지 자신과의 씨름을 하다가 물에 뛰어드는 순간 영과 육이 갈아지고 하나님과 멀어지는 느낌을 받았다고 합니다. 엄청난 공포와 두려움에 사로잡혀 사모님은 영으로 "아버지, 죽을죄를 지었나이다."를 반복할 때, 귀에 큰 나팔소리로 "너는 올 때가 아니다. 죽은 자로 살아라."는 고막이 터질 것 같은 소리를 들었다고 합니다. 사모님의 영은 즉시 "아멘. 그렇게 하겠습니다."라고 하자, 물에서 허둥대던 발 밑바닥에 반석 같은 돌계단에 서있는 느낌을 받았다고 합니다.

물속에서 그 계단을 밟고 올라오니, 옷과 신발을 벗어놓은 바로 그 자리였다고 합니다. 죽지 않고 현실로 다시 돌아온 사모님은 한참동안 엉엉 울며 통곡을 하였는데, 늦은 밤에 먼 곳에서 그 울음의 메아리소리를 듣고 뱃사공이 찾아왔다고 합니다. 두 분이 찾아와서 물에 젖어 머리에는 고드름이 생긴 사모님의 기가 막힌 광경을 보고 양쪽에서 부추기며 말하기를, "죽을 용기가 있으면 앞으로 죽은 자로 살아."는 말을 두 번이나 해서 "아멘!" 하고 받아들였다고 합니다.

그 후 "죽은 자로 살라."는 주님의 말씀은 까마득히 잊어버리고 세상 방법으로 어린이집과 주의 일을 하다가 빚에 시달리고 큰 어려움을 겪다가 그만 유방 암 선고를 받았습니다. 사모님은 18시간의 암 수술을 하는 중에 영계를 경험하였습니다. 정사각형의 엄청 큰 홀 같은 곳에 천장에 닿을 만큼 큰 두 뿔 달린 마귀가 굵고 큰 쇠파이프 같은 것을 들고, 그 안에서 음행하는 사람들을 사정없이 때리고 있었다고 합니다. 그리고 양쪽에는 아주 큰 성경책이 펼쳐져 있었고, 또 목사님들의 개인 성경책과 벗어놓은 양복들이 놓여있었다고 합니다. 그런 것을 보고 그 사람들이 목회자들이라는 것을 알 수 있었다고 합니다. 목사님들이 여자들과 음행을 하는데, 마귀에게 시퍼런 멍이 들도록 얻어맞아도 떨어지지 않고 음행하는 모습을 보았다고 합니다. 천장 양쪽으로는 한쪽은 뱀들이 줄지어 있었고, 반대쪽에는 돼지들이 줄지어 아래의 음행하는 사람들을 보면서 비웃고 있었다고 합니다. 그것을 보고 사모님은 목사님들을 대신하여 열심히 회개의 중보기도를 드리는데도 아무런 효과가 없이 계속 음행을 하고 마귀에게 매를 맞는 모습을 보았다고 하였습니다.

예수님께서 저에게 뱀은 거짓을 상징하고, 돼지는 탐심을 상징한다고 말씀해 주셨습니다. 여기서 여자는 상징적으로 세상을 사랑하는 마음과 행실이라고 하였습니다. 목회자가 진리를 올바로 전하지 못하고 비 진리를 전하며 정욕적인 마음과 행실로 살아가고 많은 성도들에게 세상을 사랑하며 살도록 부추기는 목회자를 책망하셨습니다. 또한 여성도들에게 음란한 마음을 품고 거짓과 욕심으로 목회하고 세상을 사랑하며 살았던 목사들과 선교사, 전도사 등은 영계의 연단 받는 장소에서도 그렇게 음행을 행하며, 거기에 따른 죄 값으로 마귀를 통해 징계를 받는 것을 보여주신 것이라고 했습니다. 하나님께서는 세상을 사랑하는 마음과 행실을 음행하는 것으로 보신다고 하셨습니다.

주님께서 사모님에게 마태복음 7장 21절에 "나더러 주여 주여 하는 자마다 천국에 다 들어갈 것이 아니요 다만 하늘에 계신 내 아버지의 뜻대로 행하는 자라야 들어가리라."는 말씀과 마태복음 5장 26절에 "진실로 네게 이르노니 네가 호리라도 남김이 없이 다 갚기 전에는 결단코 거기서 나오지 못하리라."는 말씀을 주셨다고 합니다. 그리고 목회자가 성도들의 죄보다 심판이 더 크다는 말씀과 죄를 씻지 않으면 결단코 그곳에서 나오지 못한다는 말씀을 주셨다고 합니다. 처음에는 그 광경을 보고 지옥이란 생각이 들었다가 전부 목회자들이 모여 고통 받는 것을 보고 그곳은 영계의 심판대에서 연단 받고 있는 것임을 깨달았다고 합니다. 그 후에 두려운 마음에 몇몇 분들에게 전하였으나, 심판대를 받아들이고 회개하는 분들이 별로 없었다고 안타까워하셨습니다.

○○ 자매님이 본 환상입니다. "제 눈앞에는 주위와 도시 여기저기에 붙어 기생하는 마귀들로 인해 온통 검고 더러웠습니다. 지하도로 내려가는 손잡이와 건물 벽, 음료수 자판기, 도시건물들마다 전부 마귀가 붙어있었으며 사람과 함께 가는 마귀들도 많았습니다. 마귀들은 더럽고 추악하며 안 붙어있는 곳이 없을 정도로 모든 곳에 다 붙어있었습니다. 장면이 바뀌어서 전쟁으로 폐허가 되어버린 도시가 잠시 보이더니, 그 가운데 비행기 날개 바람개비 모양이 떨어져있는 모습이 보였습니다. 그리고 죽은 영혼들이 보였는데, 검은 빛에 싸인 수많은 영혼들이 검고 어두운 동굴 같은 곳으로 가고 있었습니다. 그리고 또 장면이 바뀌었는데, 운동경기장과 같은 곳에 있는 수많은 사람들이 순식간에 죽어버렸습니다. 죽은 사람들 중 일부는 자기가 죽은지도 모르는 것 같았습니다. 죽은 자들의 대부분이 검은 영혼들이였고, 흰빛이 도는 영혼들도 더러 있었습니다.

검은 영혼들과 흰빛 도는 영혼들은 서로가 갈리었습니다. 천사들이 흰빛 도는 영혼들을 지옥도 아니고 천국도 아닌 곳으로 데리고 가는 것을 보고 큰 충격을 받았습니다. 중앙에는 아주 큰 빛이 있었고, 그 빛 안에는 주님이 계셨습니다. 그 앞으로 흰색 계단 같은 것이 있었는데, 주님 앞에 서있었던 사람들을 마귀가 어디론가 각각 끌고 가고 있었습니다. 번뜩 여기가 심판대라는 곳임을 알았습니다. 환상으로 보는 것이었지만, 너무 무섭고 놀란 나머지 공항상태에 빠졌습니다. 그곳으로 마귀들은 주님께 허가를 받고 끌고 간 사람들에게 갖은 고문과 죄를 묻고 있었습니다.

그중에서 어느 한 곳을 보았습니다. 너덜너덜한 적색바지만 입은 20~30대 정도로 보이는 남자가 양팔과 다리를 쇠사슬에 묶인 채 서있었고, 그 앞에 마귀가 있었습니다. 머리에 뿔이 달린 마귀의 긴 꼬리 끝은 화살표 모양이었고, 긴 창으로 웃으면서 그 남자의 가슴 곳곳을 푹푹 찔러대고 있는 광경은 너무 끔찍했습니다. 장면이 바뀌어서 갑자기 어디선가 머리털만 있는 해골이 번쩍 튀어나왔습니다. 깜짝 놀라서 정신을 차리고 보니, 마귀에 의해 그 해골이 끌어당겨진 모습이었습니다. 그 해골을 올린 마귀는 만족스런 표정으로 아주 흉측하게 웃고 있었습니다. 그 해골의 영혼은 너무 고통스러워서 '악!' 하고 소리도 못 냈습니다. 그곳에서 팔팔 끓고 있는 뜨거운 물은 손을 살짝만 대도 살이 녹아내릴 수 있는 물이었습니다. 그곳에서 건져낸 그 해골의 머리가 긴 것으로 보아 여자인 것 같았습니다. 마귀가 해골을 바닥 한곳으로 내 팽개치자 순식간에 세포와 조직이 생기고 다시 새 살이 붙기 시작하였습니다.

차라리 그대로 죽어 없어지면 좋을 텐데… 온 몸이 멀쩡해지면 또다시 어디론가 끌려가서 나머지의 죄 값을 다 치를 때까지 고통을 받아야 했습니다. 심판대의 끔찍한 광경을 처음으로 보고 난 후, 저는 그런 심판을 받지 않기 위해서는 아무리 힘들어도 이 땅에서 연단을 잘 받고 정화

되어야겠다고 결단을 했습니다."

죽은 유아가 천국으로 향하는 과정

예수님을 잘 믿는 집사님 부부가 있었습니다. 그들은 40세가 넘어서도 아이를 갖지 못했습니다. 집사님 부부는 아이가 너무 갖고 싶어 주님께 매달리며 기도를 하였습니다. 부부 집사님의 기도응답으로 얼마 후에 쌍둥이를 갖게 되었습니다. 나이가 많아 수술을 하여 아이를 낳았습니다. 처음 들어낸 아이는 이상이 없었는데, 두 번째로 남자 아이를 들어낼 때는 의사의 실수로 인해 아이가 죽었습니다. 아이 영혼이 몸에서 빠져나온 상태로 누워있었습니다. 천사가 그 아이를 한손으로 안고 하늘로 올라갔습니다. 천사는 아이를 교육받는 낙원으로 데리고 갔습니다.

천사는 아이를 안고 어느 집으로 들어갔습니다. 그곳에 있는 영혼이 천사에게 "이 아이를 제가 맡을 테니 여기다 놓고 가세요."라고 했습니다. 천사는 아이를 은 침대 같은 곳에 누이고 돌아갔습니다. 영혼은 아이를 안고 먹을 것을 주려고 음식 먹는 곳으로 갔습니다. 아이들이 먹는 음료를 아이 입에 넣어주자 잘 빨아 먹었습니다. 아이는 맡겨진 영혼의 보살핌 속에서 잘 성장을 하였습니다. 정원에서 아장아장 거닐며 꽃과 동물들과 대화를 하며 놀다가 조금 더 자라자 친구들과 어울려 놀이터에서 즐겁게 놀았습니다. 아이는 자신을 키우며 돌보아준 영혼과 함께 정한 장소로 예배를 드리러 다녔습니다. 그곳에서는 아이들과 어른이 따로 예배를 드렸습니다. 아이는 그곳에서 새로운 많은 친구들을 만나 즐거워했습니다.

　돌봐주는 영혼이 교회를 가자고 하면 친구들과 만나는 것이 좋아서 기뻐하며 따라갔습니다. 친구들과 분수대가 있는 곳에서 물놀이도 하고 여러 가지 놀이를 하며 무럭무럭 자랐습니다. 아이는 잘 먹고 건강하게 자라서 학교를 다닐 정도로 성장하였습니다. 아이는 학교에 가서 공부할 장소의 자리에 앉았습니다. 그곳에는 아이와 비슷한 또래의 영혼들이 많이 앉아있었습니다. 선생님은 자리에 참석한 어린 영혼들의 이름을 불렀습니다. 그리고 공부할 여러 권의 책을 나누어 주었습니다. 천사 선생님이 "앞으로 이 책을 가지고 공부할 것입니다."라고 하자 아이들은 "네." 하고 대답을 했습니다.

　수업이 끝나고 밖으로 나온 아이들은 서로가 "넌 누구야?", "우리 친구하자!"고 서로 인사를 나누었습니다. 아이는 학교생활을 즐겁게 하였습니다. 수업을 마치고 나면 새로운 친구들과 놀이터에서 사이좋게 놀다 헤어져 집으로 돌아왔습니다. 아이는 돌보아주는 영혼에게 "다녀왔습니다."라고 인사하고 함께 밥을 먹었습니다. 잠시 쉼을 가진 다음에 독서하고 나서 예배를 드리고, 다시 책가방을 챙겨서 학교를 갔습니다. 학교에는 많은 친구들이 먼저 와있었습니다. 선생님이 들어오셔서 "책을 다 가져왔나요?"라고 물었습니다. 어린 영혼들이 전부 "네." 하고 대답하자 선생님은 책을 가지고 공부를 가르쳐 주었습니다. 천국에서 해야 될 일들이나 농사짓는 법, 성경공부 등에 대해서도 가르쳐주었습니다. 아이들은 이해가 빠르고 참 재미있게 공부를 하였습니다. 학교공부를 마치고 집으로 돌아와서 독서할 책들을 보았습니다.

　아이가 그렇게 생활하면서 중학생 정도의 크기로 자랐을 때였습니다. 친구 한 명이 맛있는 것을 가져왔습니다. 그 애는 다른 애들에게 먼저 나누어 주고 있었습니다. 아이는 속으로 '나는 오래 참을 수 있다. 늦게 주어도 주님 때문에 기뻐할 수 있다.'라고 생각하며 기다렸다가 받아먹었습니다. 그리고 다른 애들한테 사랑을 베풀고 자기 것을 함께 나누었습니다. 친구들과 놀 때도 학교에서 배운 대로 마음을 낮추고, 매일 주님을 사랑하는 마음으로 생활했습니다. 매일 예수님을 찬양하고 성경도 꾸준히 읽고 예배도 잘 드리고, 공부도 열심히 했습니다. 그런 방법으로 공부하면서 청년으로 성장을 했습니다.

어느 날 천사가 찾아와서 그를 다른 어느 장소로 데리고 갔습니다. 천사는 그에게 큰 방안에서 누워있으라고 했습니다. 천사가 지시하는 대로 침대 같은 곳에 누웠습니다. 조금 후에 천사는 칼을 들고 그의 앞으로 와서 "네 안에 깊숙이 박혀 있는 원죄를 뽑을 것이다. 조금만 참 거라. 많이는 아프지 않단다."라고 했습니다. 그리고 칼로 그의 가슴을 열고 원죄를 도려내고 다시 붙여주었습니다. 그는 원죄를 빼자 "가슴이 너무 시원해요. 천사님! 감사합니다." 하고 기뻐하며 주님을 찬양했습니다.

천사는 그를 천국으로 데리고 가자 예수님이 직접 반갑게 맞이해 주셨습니다. 영혼은 자신이 살 집을 향해 예수님과 함께 주위를 구경하며 걸어가고 있었습니다. 호수 안에서 뛰노는 물고기들과 집 정원에서 뛰노는 동물들을 보았습니다. 주변에 있는 과일나무에 주렁주렁 달린 과일들과 농사하는 영혼들의 모습을 흐뭇한 미소로 바라보며 걸었습니다. 드디어 그의 눈앞에 아름다운 집이 나타났습니다. 그 집이 너무 좋아보였습니다. '저 2층으로 된 집이 누구 집일까?'라고 생각하는 순간 예수님이 그의 속마음을 읽으셨습니다. "네 집이란다.", "제 집이에요?", "그렇단다.",

"와! 감사합니다. 들어가 봐도 될까요?", "한번 들어가 봐라."

그는 살 집으로 들어갔습니다. 호수에는 물고기가 있고, 정원에서 뛰어노는 동물들과 농사짓는 곳을 보고 너무 좋아하며 "주님! 감사합니다." 하며 기뻐 뛰었습니다. 아름다운 보석이 박혀있는 집과 아담하게 조화가 잘 이루어진 실내분위기가 좋았습니다. 그는 2층으로 올라가서 그곳에 있는 푹신한 침대에 누웠습니다. 그의 눈에 책이 없는 빈 책꽂이가 보였습니다. "여기에 왜 책이 없지?" 하며 "조금 있다 주님께 물어봐야지." 하고 1층으로 내려왔습니다. 1층에는 큰 거실이 있고, 주방도 있습니다. 그는 예수님께 살 집이 너무 맘에 든다고 감사하고, 조금 전에 궁금했던 것을 물어보았습니다. "주님, 2층에 있는 책꽂이에 왜 책이 없나요?", "그것은 네가 책을 꽂아 놓아야 한다.", "책은 어디 있어요?", "나를 따라 오너라."

그는 주님을 따라서 어느 큰 건물로 들어갔습니다. 그곳에는 수많은 책들이 진열되어 있었습니다. 책 중에서 성경책이 가장 많았습니다. 세상에서 쓰여진 영적인 책들도 있었습니다. 읽고 싶은 책을 집에 가져다 놓고 볼 수 있는 것이었습니다. "주님, 여기 있는 책을 가져다 집에 꽂아 놓고 보면 되나요?", "그렇게 해라." 그는 보고 싶은 책들을 많이 골랐습니다. 맨 마지막에 성경책도 골랐습니다. 책을 담는 곳에 넣어 끌고 집으로 와서 책꽂이에 꽂아놓았습니다.

예수님은 돌아가시고 그는 책을 한 권 읽고, 정원에 나와 과일을 따 먹었습니다. 그의 집은 1층천 중간위치에 있었습니다. 집밖으로 나가 구경하다가 어느 영혼을 만났습니다. "어디가세요?"라고 묻자 예배드리러 간다고 했습니다. 그도 같이 가자고 하며 그분을 따라 큰 건물로 들어갔습니다. 그분을 따라서 예배당으로 가자 그곳은 아주 크고 웅장하였습니다. 찬양하고 있는 많은 영혼들 옆에 앉아 함께 찬양을 부르고 큰 천사가 전하는 설교를 들었습니다. 예배 후에 옆에 있는 영혼에게 "예배를 언제 또 드리나요?"라고 물었습니다. 그분은 예배드리는 것에 대해 자세히 알려주었습니다.

그는 그곳에 있는 영혼들과 교제를 나누고 집으로 돌아와서 농사짓는 창고로 들어갔습니다. 그곳에는 여러 가지 씨앗의 이름이 적혀있는 많은 자루가 놓여있었습니다. 그중에서 '시저'라는 이름이 기록된 자루에서 씨앗을 꺼내어 학교에서 공부한 대로 시험 삼아 한 개만 심었습니다. 심은 씨앗은 쑥쑥 자랐습니다. 얼마 후에 그곳에서 보라색깔의 열매가 열렸습니다. 그는 한 개를 따서 맛있게 먹으며 주님을 찬양하였습니다.

교통사고로 죽은 전도사가 천국 가는 과정

주님이 교통사고로 그 자리에서 즉사하신 지인 전도사님을 보여주셨습니다. 그 영혼이 가족들과 지인들을 찾아다니며 영계를 떠돌고 있었습니다. 며칠 후에 천사는 전도사님을 두 팔로 안고 하늘로 올라갔습니다. 천사가 이끌고 올라간 곳 앞에 있는 큰 문안으로 들어갔습니다. 의자에 앉아 계신 큰 천사가 전도사님을 향해 말했습니다. "너는 심판대에서 모든 연단을 다 받고 천국으로 들어갈 것이다. 힘들어도 참고 견뎌라. 예수님이 도와주실 것이다." 전도사님은 당황하였습니다. "고통을 받아야 해요?", "연단을 받아야 한다. 일곱 가지 죄 성을 골고루 받아야 하니 잘 참아야 한다.", "제가 세상에서 연단을 다 못 받았군요."

천사는 그를 심판받는 곳으로 데리고 갔습니다. 그리고 마귀를 불러 "이 영혼에게 연단을 시켜서 데리고 와!" 하고 명령하고 돌아갔습니다. 마귀는 전도사님의 팔을 잡고 "이리와!" 하고 포학연단을 받는 장소로 데리고 갔습니다. 마귀는 전도사님을 벌거벗겨 손과 발을 줄로 묶고 얼음 위에 던졌습니다. 그 상태에서 얼음물을 조금씩 배에 부었습니다. 전도사님은 얼음물을 부을 때마다 "예수님! 예수님!" 하고 외쳤습니다. 그 때 예수님이 오셨습니다. "예수님, 너무 힘들어요. 저를 그냥 천국으로 데려가 주세요.", "안 된다(마5:26). 연단을 받으며 죄를 씻어라. 믿음을 가지고 승리하여 내 품으로 오거라." 전도사님은 울면서 "네." 하고 힘없이 대답했습니다.

마귀는 전도사님을 눕히고 등에 딱 맞는 돌을 올려놓았습니다. 그리곤 똑같은 돌을 하나, 둘… 계속 쌓아올렸습니다. 깔려죽을 것 같은 고통에 신음하며 "으~아아… 그만… 살려주세요. 잘못했어요. 엉엉…" 하며 회개기도를 하였습니다. "음. 이제 됐군. 일어나! 빨리 안 일어나!" 전도사님은 힘든 몸으로 간신히 일어났습니다. 마귀는 전도사님에게 손짓으로 저기 가서 잠시 쉬라고 명하자 창고 같은 곳에 몸을 기대어 쉬었습니다. 몸을 좀 더 편히 쉬려고 하는 찰나에 마귀가 "야! 빨리 와!" 하고 불렀습니다.

전도사님은 조금만 더 쉬게 해달라고 부탁하자 거절당하고 마지못해 마귀를 따라갔습니다. 그의 앞에는 큰 둥근 돌이 놓여있었습니다. 마귀는 그 돌을 굴려서 산꼭대기까지 올라가라고 명령했습니다. 전도사님은 도저히 못하겠다고 하자 채찍으로 때렸습니다. 어쩔 수 없이 아주 힘들어하며 큰 돌을 굴려 산꼭대기까지 올라갔습니다. 죽을힘을 다해 돌을 굴려 올리자 마귀가 또 다른 돌을 굴리면서 올라가라고 했습니다. "내가 교만을 부려서 이렇게 힘든 연단을 받는구나. 힘들지만 죄 값을 치르고 연단을 잘 받아야겠구나… 주님, 얼마나 더 해야 합니까?"

기진맥진한 전도사님은 연신 회개기도를 하며 큰 돌을 굴려 산을 향해 올라갔습니다. 다섯 번씩이나 그렇게 돌을 굴리며 산을 오르락내리락 하자 마귀는 "이제 그만!" 하고 소리쳤습니다. 마귀는 전도사님을 시험하기 위해 옛날에 잘 알던 두 세 명의 친구들 모습으로 변신하여 나타났습니다. 친구들은 "너는 능력도 없고 잘난 것도 없으면서 왜 그렇게 잘난 체를 하니?" 하고 전도사님의 뿌리 깊은 죄 성을 자극하였습니다. 전도사님은 "나는 너희들보다 능력도 없고 잘난 것도 없어. 모두가 예수님의 은혜야." 하고 더 자신을 낮추었습니다. 여러 말로 시험을 해도 교만을 부리지 않고 마음과 입술을 잘 지키자 마귀가 본래의 모습을 드러내며 "잘했다."라고 하였습니다.

마귀는 교만연단을 받은 전도사님을 음란한 영혼들이 있는 곳으로 데리고 갔습니다. 거기에는 영혼들이 알몸으로 고통을 받고 있었습니다. 전도사님의 옆에는 다섯 명의 남자들이 똥물에서 허우적거리고 있었습니다. 마귀는 전도사님을 똥물에다 던졌습니다. 허우적거리다가 간신히 일어서니 코만 나올 정도의 깊이였습니다. 냄새가 지독해서 호흡하기도 힘들어 질식했습니다. 다섯 명의 남자들은 전도사님을 넘어뜨리고 등을 밟고 올라가 숨을 쉬었습니다. 마귀가 "이 놈들이!" 하며 남자들을 다른 곳으로 이동시켰습니다. 전도사님은 그나마 마귀덕분에 간신히 일어나 크게 호흡할 수 있었습니다.

그 속에서도 열심히 회개기도를 하였습니다. "예수님, 저의 죄를 사하여 주세요. 죄송해요. 다음부터는 안 그럴게요. 이렇게 고통 받으며 회개합니다. 마음으로 음란한 생각을 많이 했습니다. 용서해 주세요…." 마귀는 열심히 회개기도를 하는 전도사님을 똥물에서 꺼내주었습니다. 그리고 마귀가 발가벗은 남자로 변신하여 전도사님을 유혹하였습니다. 전도사님은 "안 돼! 난 음란한 죄를 지을 수 없어. 저리가!"라고 소리치며 도망쳤습니다. 어찌된 일인지 연단을 받을수록 전도사님의 모습이 아름답게 변하였습니다.

음란죄를 시험한 마귀는 전도사님을 태만 죄를 연단 받는 곳으로 데리고 갔습니다. 마귀는 전도사님의 허리를 방망이로 내리치고, 쇠줄 같은 채찍으로 때렸습니다. 채찍을 맞으면서도 쉬지 않고 열심히 회개기도를 하였습니다. 그때 예수님이 나타나서 "딸아, 내가 도와주고 있으니 믿음을 가져라. 알았지?" 하고 힘을 주시고 사라지셨습니다. 태만연단을 잘 받고 합격하자 마귀는 질투 죄를 연단하였습니다. 마귀는 전도사님의 입술을 잡아당기고, 바늘로 입술 위와 아래를 꿰매었다가 다시 풀어주며 고통을 주었습니다.

전도사님은 마음으로 '주님! 너무 힘들어요. 믿음을 주세요.'라고 간절히 기도하였습니다. 천사가 나타나서 주님의 메시지를 전해주자 "아멘!" 하고 다시 힘을 얻었습니다. 마귀는 아집연단을 주기 위해 어느 문 안으로 들어가라고 했습니다. 그곳으로 들어가자 밑에는 용암이었습니다. 전도사님은 중심을 잃고 비틀거리다가 그 밑으로 풍당 빠졌습니다. "아~아…살려줘! 뜨거워! 차가운 물이 그립다."라고 하는 순간 얼음물로 바뀌었습니다. 얼음물에서 한참 고통을 받고 있는데 마귀가 나오라고 하였습니다. 밖으로 나온 전도사님을 굵은 채찍으로 사정없이 때렸습니다. "예수님, 도와주세요. 예수님!" 하고 부르짖자 갑자기 마귀가 들고 있던 굵은 채찍이 녹아서 가루가 되었습니다.

그때 예수님이 나타나셨습니다. "얘야. 다시는 죄를 짓지 마라. 앞으로 한 가지 연단만 남았다. 믿음을 가지고 잘 견뎌라. 내가 도와주겠다.", "네, 열심히 인내하며 이겨내겠어요." 예수님이 돌아가시자 마귀는 전도사님을 데리고 거짓 연단을 주기 위해 어느 문안으로 들어갔습니다. 마귀는 도끼모양에 끝이 뾰족하게 나온 것으로 전도사님의 입가를 양쪽으로 찢고 입술을 자르고, 혀를 잡아 벽에 대고 못을 박았습니다. 그 상태에서도 간신히 말을 더듬어 가며 회개기도를 하였습니다. "예수…님… 잘못…. 했어요…용용…서해…주…세요… 도와…주세요… 다시는 …안 그럴게요. 저 빨리 천국가고… 싶어요. 이것이 마지…막인데… 도.와.주.세요…"

그때 큰 천사가 와서 마귀에게 "그 영혼을 내놓아라!"고 명령하였습니다. 마귀는 "더 고통을 줘야하는데 아깝다… 빨리 데려가라."라고 하며 내주었습니다. 전도사님은 천사를 따라 어느 곳으로 들어가자 의자에 앉으라고 했습니다. 천사는 불 칼로 전도사님의 심장부위 한쪽을 정사각형으로 자르고 손을 넣어 원죄를 뽑아내었습니다. 그리고 조그만 화염방사기 같은 것으로 가슴주위에 남은 찌꺼기를 제거하였습니다. 너무 기뻐 주님을 찬양하는 전도사님의 얼굴이 밝고 아름다웠습니다. 천사는 전도사님을 교육받는 곳으로 데리고 가서 임시로 거처하는 집에 데려다 주었습니다. 그곳에서 천국에 대한 공부를 마치고 나면 데리러 오겠노라고 하고 돌아갔습니다.

전도사님은 먼저 학교를 찾아갔습니다. 학교에는 많은 영혼들이 있었습니다. 학교 선생님이신 큰 천사는 전도사님에게 안으로 들어오라고 하였습니다. 그곳에서 다른 영혼들과 열심히 천국에 대한 공부를 하였습니다. 그곳에서 해야 할 모든 교육을 다 마치고 나자 전도사님을 데려다준 천사가 찾아와서 천국으로 데리고 갔습니다. 천국 문 앞에 예수님이 서 계셨습니다. 예수님은 전도사님의 어깨를 살짝 잡으시며 "수고했다. 내 딸아!" 하시고, 전도사님이 살 집인 2층천 밑바닥으로 데리고 가셨습니다. 그곳에는 아름다운 집과 농사짓는 땅과 정원, 호수 같은 것들이 있었습니다. "주님! 이것이 다 제 것인가요?", "그렇단다.", "와!" 전도사님은 기뻐 뛰었습니다. 그리고 집 안으로 들어갔습니다.

은 지붕에 외벽은 은금으로 반반 어우러져 있고 한쪽으로 보석이 박혀있었습니다. 출입문은 은 바탕에 보석 테두리로 되어있었습니다. 집 옆으로 호수가 있고 한옆으로 올라가는 계단이 있었습니다. 그곳에는 둥근 미끄럼틀 같이 생긴 놀이기구 아래로 물이 잔잔하게 흘렀습니다. 전도사님은 계단으로 올라가서 둥근 미끄럼틀 같은 곳에 앉았습니다. 그것을 타자 적당한 속도로 알아서 미끄러져 내려갔습니다. 그리고 다시 반대쪽으로 올라가서 빙 돌아 처음 있던 자리로 되돌아와서 혼잣말로 "너무 재미있다. 천국에 이렇게 재미있는 것이 있다니… 나는 심심할 줄 알았는데… 이런 것도 있고, 예수님 감사합니다." 하고 주님을 찬양하였습니다.

부유한 집사가 병사로 천국 가는 과정

집사님은 많은 재산으로 자선을 베풀며 믿음생활을 하였습니다. 어느 날 병으로 앓다가 갑자기 침대에 앉아 기도를 하다 쓰러졌습니다. 그는 아내와 외아들을 불렀습니다. "나는 이제 죽는다. 여보, 나의 재산을 꼭 필요한 만큼만 남겨두고 나머지는 가난한 사람들에게 나눠줘. 그리고 아들아, 예수님, 잘 믿어라.", "여보, 알았어요. 꼭 당신 말대로 하겠어요.", "아빠, 죽지 마세요!" 서로가 붙잡고 울고 있을 때, 그의 영혼이 몸에서 빠져나왔습니다. 그는 시체를 붙잡고 울고 있는 아내와 자식을 바라보았습니다. 전혀 알아듣지 못하는 아내와 아들에게 "여보, 걱정 마. 나는 이제 천국으로 갈 거야. 더 좋은 곳으로 가는데 왜 울어. 울지 마. 아들아, 너도 열심히 살 거라." 하고 위로해 주었습니다.

그때 천사가 다가왔습니다. 그는 울고 있는 아내와 아들을 다시 바라보고 천사의 손에 이끌려 하늘로 올라갔습니다. 어느 곳에 도착하여 문 안으로 들어갔습니다. 그곳에는 많은 영혼들이 고통을 받고 있었습니다. 천사는 그에게 뭐라 설명을 하고는 마귀에게 그를 넘겨주며 "더 보태거나 빼지 말고 고통을 주어라."라고 말하고 돌아가 버렸습니다. 마귀는 그를 어디론가 기름물이 흐르고 있는 곳으로 데리고 갔습니다. 그는 마귀에게 "여기는 뭐하는 곳인가요?"라고 물었습니다. "여기는 네가 지은 죄에 대한 연단을 받는 곳이다. 이제부터 불평 말고 잘 받는 것이 좋을 것이다. 너는 여기 있는 기름 물에 들어가라."

"싫어요! 싫어!" 마귀는 싫다고 버티는 그의 등을 발로 찼습니다. 기름 물에 머리까지 푹 빠져 기름 물을 마시고, 숨 쉬기도 어려워하였습니다. 그는 기름 물을 따라 어디론가 흘러 내려가면서 '이제 살았다.'고 생각을 하였습니다. 그가 떠내려간 곳은 얼음물이었습니다. 그의 몸은 얼음물에 잠기고 얼굴만 내놓고 있고, 그 주위에 물은 얼어있었습니다. 그는 앞에 있는 마귀에게 가려고 얼음물 속에서 간신히 빠져나와 얼음을 밟고 몸을 덜덜 떨며 걸어가다가 그만 얼음이 깨져 물속으로 빠졌습니다. 그때서야 자기가 세상에서 지은 욕심과 고집을 부리며 산 죄를 회개하기 시작했습니다.

"주님, 아내에게 고집을 부리며 힘들게 했습니다… 주님 용서해 주실 수 있나요? 돈이 많으면서 만족하지 않고 더 많은 욕심을 부리며 산 것을 회개합니다. 주님, 용서해 주세요… 진심으로 회개합니다." 그렇게 회개 기도를 하며 간신히 얼음물 속에서 빠져나왔습니다. 그 영혼 앞으로 예수님이 오셨습니다. "아들아, 믿음을 가져라", "예수님, 왜 이런 아픈 고통을 당해야만 하나요? 그냥 바로 천국으로 가게 해 주실 수 있잖아요.", "아들아, 이렇게 고통을 당하는 것은 내가 정해 놓은 법이란다. 너는 불평하지 말고 이 고통을 감수해라. 네가 지은 죄 값이다(고후5:10/히9:27). 네가 산 곳에서는 나의 심판대가 없고 바로 천국으로 올라가는 것으로 믿고 있다. 그러나 세상에서 연단을 받고 죄 문제를 완전히 해결 받은 사람 외에는 누구든지 심판대를 통과해야만 나에게 올 수 있다. 이런 죄 값을 치르지 않기 위해서는 잘 살아야만 한다"(고전6:9~10/갈5:19~21/계22:14~15).

"주님, 저처럼 모든 영혼들이 심판대를 통과하나요?", "아니란다. 일부는 이곳에서 심판을 받지 않고 곧장 천국으로 올라가지.", "왜요?", "그들은 세상에서 내가 정해 놓은 법에 따라 연단을 다 받고 정결케 되었기 때문이다"(슥13:8~9/벧전1:7,4:12~13). "그렇군요. 저는 교회에서 한 번도 심판대에 대한 이야기를 들어본 적이 없어요. 목사님으로부터 죽으면 곧바로 천국 간다고 배웠습니다"(계7:14). "내가 종들에게 심판대가 있고 그곳에서 죄에 대한 고통을 받는다고 알려주었음에도 불구하고 핍박이 두려워 말하지 않는 종들이 많다. 그런 종들에게는 형용하기 힘든 많은 고통이 주어질 것이다. 아들아, 너는 열심히 연단을 잘 받아 승리하고 나에게 오거라. 기다리고 있으마." 하고 주님은 사라지셨습니다.

그는 덜덜덜 떨면서 마귀한테 가자 그를 다른 곳으로 데리고 갔습니다. 마귀들 열 명이 몽둥이를 들고 있다가 갑자기 그를 때렸습니다. "아니, 왜 때리는 겁니까?", "너는 교만 죄를 지은 것을 모르냐 XX야! 입 다물고 있어라!" 마귀는 사정없이 때리다가 몽둥이를 버리고 그의 다리를 꺾었습니다. "으윽… 잘못했어요…." 하며 큰 소리로 울며 회개기도를 하였습니다. 마귀는 교만 연단과 시험에 합격한 그를 음란 문안으로 들어가게 했습니다. 그리고 철사로 그의 엉덩이를 계속 때리자 "헉! 으~악! 살려 주세요….", "어림없는 소리!" 하며 사정하는 그의 말을 들은 척도 안하고 세차게 때렸습니다.

그때 예수님께서 나타나셔서 마귀에게 "그가 죄를 지은 만큼만 때려라."라고 말씀하셨습니다. 마귀는 때리던 철사를 버리고 다른 곳으로 갔습니다. "예수님! 감사합니다.", "네가 지은 죄는 연단을 통해 씻어야 한다. 힘을 내라.", "네." 예수님은 다른 마귀에게 지시하시고 떠나셨습니다. 마귀는 성도들을 연단시키는 도구로 쓰임 받았습니다. 마귀는 그에게 "따라와!" 하고 다른 두 마귀에게 창으로 찌르라고 명하였습니다. 그들은 창으로 그의 배를 푹~푹~ 찔렀습니다. "으윽! 잘못했어요. 예수님 으윽! 제발 도와주세요. 저를 빨리 이 고통에서 구원해 주세요… 제가 마음으로 다른 여자에게 음욕을 품은 것을 용서해 주세요"(롬14:10~12). 열심히 기도하는 모습을 본 마귀는 "그만!" 하고 소리치자 창으로 찌르던 마귀는 다른 곳으로 갔습니다. 마귀는 음란 연단에 합격한 그를 어느 의자에 앉게 하고 마귀 두 명에게 그의 머리카락을 뽑으라고 명령하였습니다. 그들은 그의 머리를 한주먹씩 뽑았습니다. 그는 너무 아파서 화를 냈습니다.

"네가 뭔데? 이 더러운 놈아!" 하고 욕을 하자 마귀가 "뭐라고? 이게 환장을 했구나." 하고 머리를 치고 머리카락을 다 뽑아 대머리가 된 상태에서 계속 때리자 머리에는 많은 상처가 났습니다. 그는 마귀가 주는 여러 가지 포학연단과 시험을 잘 통과하자 마귀는 그를 가시밭으로 데리고 가서 단단히 각오하라며 엄포를 놓고 그곳에 누우라고 명령하였습니다. 그는 "싫습니다!" 하고 버티자 "어~ 이것이 감히!" 하더니 발을 걸어 넘어지게 했습니다. 그리고 그의 팔을 뒤로 꺾으며 고통을 주자 "으~악!" 하고 비명을 질렀습니다. 마귀는 그를 가시밭에서 뒹굴게 한 뒤 그 자리에 눕혀놓고 가시덩굴로 덮었습니다. 너무 고통스러워 애타게 주님을 찾으며 용서를 구하였습니다. 마귀는 그가 충분한 고통 속에서 회개하는 모습을 보고 "이제 태만연단이 끝났으니 질투 죄를 받으러 가자."라고 하였습니다.

마귀는 어느 문안으로 들어가서 그에게 "이리와!" 하고 불렀습니다. 그의 코를 잡고 칼로 베고, 양 귀를 심하게 잡아당기며 고통을 주자 '윽! 이제부터 질투를 안 할 것이다.'라고 결단하며 회개기도를 하자 고통이 감해졌습니다. 마귀가 그를 의자에 앉혀 놓고 무슨 도구로 그의 혓바닥을 뽑았습니다. "우~우…." 일그러진 그의 얼굴을 보며 마귀는 입안에 조그마한 화염방사기 같은 것으로 불을 품었습니다. 그는 너무 참기 힘들어 하며 "예수님, 죄송해요. 거짓말 한 죄를 용서해 주십시오."라고 열심히 회개기도를 하였습니다. 그리고 연단이 다 끝났다는 것을 깨닫고 "이제 연단을 다 받았군요. 너무 행복합니다." 하고 환호하며 기뻐하자 마귀가 그의 머리를 후려쳤습니다.

그때 천사가 와서 마귀에게 "이제 그를 내게 넘겨라!"고 명령하였습니다. 마귀는 그를 천사에서 넘겨주고 다른 곳으로 사라졌습니다. 천사는 연단을 다 받은 그를 어디론가 데리고 갔습니다. 그곳에는 예수님이 계셨습니다. 예수님은 그에게 앞에 놓인 의자에 앉으라고 말씀하셨습니다. 그리고 주님이 직접 손으로 그의 가슴 속에 박힌 원죄를 만지셨습니다. 주님의 손이 닿자 죄 덩어리가 불에 태워졌습니다. 그리고 타고 남은 죄 찌꺼기를 꺼내어 옆에 있는 우물에 던졌습니다. 그는 의자에서 벌떡 일어나더니 "너무 기쁘다!"고 하며 빙빙 돌며 춤을 추더니 예수님 품으로 안겼습니다. 그의 얼굴은 처음 연단받기 전과 완전히 달라졌습니다. 아름답고 젊은 모습으로 변했습니다. 예수님은 그를 교육받는 낙원으로 데려다 주셨습니다.

천사는 그에게 잠시 살 곳을 알려주었습니다. 그는 정해 준 집에서 생활하며 천국 학교에 다녔습니다. 그곳에서 열심히 공부도 하고 많은 영혼들과 교제를 하고 예배도 드렸습니다. 천국에 대한 모든 내용과 성경공부를 바르게 배우고 깨닫게 되었습니다. 모든 공부를 다 마치고 나자 천사가 와서 그를 천국으로 데리고 갔습니다. 그는 천국에서 예수님을 만나 인사하고 천사를 따라갔습니다. 천국 백성들의 온화하고 행복한 모습을 보면서 그의 살 집에 도착했습니다. 그런데 눈앞에 공터만 있고, 집은 보이지 않았습니다.

"제 집은 어디에 있죠?", " 하늘을 보아라." 천사의 소리를 듣고 하늘을 쳐다보았습니다. 공중에 떠있는 집을 보는 순간 하늘에서 집과 정원, 호수 그리고 농사지을 땅이 그의 눈앞에 안착했습니다. 그는 순식간에 아름다운 집과 땅이 생겨나서 너무 기뻐하였습니다. "천사님, 집이 왜 처음부터 이 자리에 있지 않고 하늘에서 떨어졌나요?", "그것은 미리 다른 곳에서 준비된 상급집이 이동하였기 때문이다." 그리고 주님께서 상급 집에 대해서 말씀해 주셨습니다. 3층천 성도와 순교자는 처음부터 위치가 정해진다고 하였습니다. 그러나 나머지 성도들은 처음부터 위치가 정해지지 않고, 따로 상급집이 준비되었다가 육이 죽는 순간 천국 위치가 결정되어서 그곳으로 이동한다고 하였습니다(마19:30).

그는 예수님을 찬양하며 집안으로 들어갔습니다. 집 앞쪽으로 농사짓는 땅이 있고, 주변에는 정원이 있고 그 안에 큰 분수대가 있었습니다. 집은 은 지붕과 외벽 전체가 금으로 되어 있으며 실내 중앙에는 거실이 있고 소파, 의자, 꽃병 등 여러 가지 물건들이 제자리에 잘 놓여있었습니다. 양쪽으로 네 개의 방이 있고, 독서하는 서재와 한 곳은 침대가 있는 쉬는 장소가 있었습니다. 방 한 곳은 그림 그리는 도구가 있었고, 다른 방은 여러 가지 악기들이 놓여있었습니다. 출입문 밖으로 집과 연결된 곳에 한 칸의 방이 또 있었는데, 그곳에는 소파가 한 옆으로 놓여있고, 바닥에는 폭신한 매트처럼 생긴 것이 깔려있었습니다. 무심코 그 위로 올라가 서자 갑자기 매트처럼 생긴 것이 통통 튀어 올랐습니다. 깜짝 놀라서 "멈춰!" 하고 말하자 그대로 움직이지 않았습니다. 그가 뛰려고 생각하자 다시 저절로 통통 튀어 올라 "와! 천국에는 이런 것도 있구나." 하며 주님을 찬양하고 그곳에서 내려왔습니다.

교통사고로 죽은 집사가 천국 가는 과정

주님께서 예쁜 아내와 두 명의 자녀를 둔 집사님의 삶을 보여주셨습니다. 집사님은 사업도 번창 하고 하는 일들이 순조롭고 육적으로는 부족함이 없는 분이었습니다. 그러나 영적으로는 성령님의 임재와 체험이 없이 그저 형식적인 신앙생활을 하였습니다. 어쩌다 마음먹고 성경을 읽으려고 하면 마귀가 읽지 못하도록 딴생각을 집어넣었습니다. 기도할 때는 졸음을 쏟아 붓고, 찬양할 때는 목소리가 나오지 않게 목을 공격하여 영적인 생활을 전혀 못하게 했습니다.

어느 날 집사님은 멀리서 사는 형님을 만나기 위해 혼자서 차를 운전하여 가고 있었습니다. 고속도로를 빠져나와 형님을 빨리 만나고 싶은 마음에 안전운전을 무시한 채 성급하게 몰다가 봉고차와 충돌하였습니다. 병원에 실려 간 그는 다행히 심한 부상은 당하지 않아서 목숨을 건져주신 하나님께 감사하였습니다. 그리고 잘못을 회개하고 열심을 내어 교회를 다녔습니다. 잠시 사고를 통해 깨닫고 돌이켰지만, 여전히 세상을 사랑하며 죄를 짓고 살았습니다. 교통사고 이후 어느 날 그는 양 옆을 살피지 않고 횡단보도를 뛰어가다가 그만 차에 치어 즉사했습니다. 그의 몸에서 똑같은 모습의 영혼이 빠져나와 어리둥절했습니다.

천사가 그에게 다가와서 "너는 죽었다. 마지막으로 아내와 자식을 만나 작별한 후에 '천사님!' 하고 불러라. 그러면 내가 데리러 갈 것이다."라고 했습니다. 집사님은 가족들이 사는 집으로 갔습니다. 아들과 딸은 텔레비전을 보고 있었고, 아내는 무슨 물건을 정리하고 있었습니다. "내가 죽은 것도 모르고, 억울하다. 많이 살지도 못했는데…." 하며 아내와 자식을 보고 울었습니다. 그리고 가족과 헤어질 수밖에 없다는 것을 깨닫고 울며 "천사님!" 하고 불렀습니다. 두 명의 천사가 내려와서 그의 양팔을 잡고 하늘로 올라가서 어느 문 안으로 데리고 들어갔습니다.

"천사님! 여기가 어딥니까?", "네가 지상에서 죄 지은 것에 대한 죄 값과 연단을 받는 곳이다.", "네~ 진짜입니까? 이런 것은 모르고 있었는데요." 그때 예수님이 다가오셨습니다. "네가 지은 죄를 씻고 연단을 받아라. 나를 찾을 때마다 도와주겠다. 열심히 회개하고 나에게 오거라.", "주님! 천국 가는 영혼들은 이곳에서 똑같은 연단을 받는 건가요?", "영혼들마다 다르다. 각 자가 지은 죄에 따라서 정확하게 행한 대로 받을 것이다. 세상에서 지은 죄를 회개하고 인내하며 연단을 잘 받은 영혼들은 이곳에서 약하게 받지만, 연단을 받지 못한 너 같은 영혼들은 많은 고통을 받을 것이다(계20:12~13). 연단을 받으며 나쁜 것은 제거되고 아름답게 변화될 것이다. 천국은 죄를 가지고는 어느 누구도 들어올 수 없는 곳이다(마5:8/히12:14/계22:14~5). 열심히 믿음가지고 죄를 씻고 회개하여라."

그는 말씀을 마치고 돌아가시는 주님을 향해서 울며 "예수님! 지금 저를 데려가소서." 하고 소리쳤습니다. 마귀는 그에게 "이리와!" 하고 목덜미를 잡고 연단 받는 곳으로 데리고 가서 불구덩이 속에 던졌습니다. 그는 죽을 것 같은 고통 속에 주님을 찾으며 살려달라고 외쳤습니다. 그러자 마귀는 "이것은 네가 교만을 부려서 받는 죄 값이다. 여기서는 내 맘대로야!" 하며 불구덩이에서 꺼내 채찍으로 사정없이 때렸습니다. "주여! 주여! 주여! 도와주시옵소서. 이렇게 힘든데…. 나머지 연단을 어떻게 받겠습니까. 주여!" 하고 소리쳤습니다. 마귀가 더 고통을 주려고 할 때 천사가 나타나서 "너는 어찌하여 죄 값보다 더 심하게 고통을 주느냐?"라고 했습니다. 마귀는 못마땅한 투로 "아쉽다…"라고 하며 그를 거짓 연단 받는 곳으로 데리고 갔습니다.

마귀는 영혼들을 연단하고 괴롭힐 때 욕도 많이 하지만, 모두가 하나님이 허락하시는 범위 안에서만 할 수 있습니다. 마귀는 "너를 인두로 지질 것이다. 얼음 인두로 할까? 아니면 불로된 인두로 할까? 네가 결정해라. 선택권을 너에게 주겠다."라고 물었습니다. 그는 불이 더 고통스러울 것 같아서 얼음 인두로 하겠다고 했습니다. 마귀는 그를 움직이지 못하도록 두 손을 뒤로 묶었습니다. 그리고 "네가 결정한 것이니 얼음 인두로 하겠다."라고 하고 인두로 그의 입을 지지는데, 이상하게 불과 똑같은 고통이 느껴졌습니다. "음~음… 음…" 하며 말도 못하고 고통스러워했습니다.

더 이상 견딜 수 없어 고개를 저으며 "그~그만! 아~ 그만!" 하고 몸부림을 쳤습니다. 마귀는 그에게 "어림없는 소리! 더 고통을 받아야 한다."라고 하며 칼로 손가락과 손바닥을 잘랐습니다. 조금 후에 자른 손이 다시 생겼습니다. "어! 다시 손이 생겼다." 하는 동시에 또 손이 잘렸습니다. 그는 너무 견딜 수 없어 "예수님, 도와주세요!" 하고 외치며 간절히 기도하였습니다. 그때 예수님이 나타나셨습니다. "마귀야! 그만해라.", "알았습니다.", "너는 앞으로 더 힘든 연단을 받아야 한다. 믿음을 가져라. 나만 믿고 회개하면 견딜 수 있을 것이다." 주님은 그에게 힘을 주고 올라가셨습니다. 옆에서 마귀는 "왜 하필 이런 때 나타나 가지고…" 하며 투덜거렸습니다.

마귀는 그에게 "너 저기 의자 있지? 거기 가서 잠시 쉬고 있어라. 내가 부르면 다시 와!" 하고 그를 한 대 때렸습니다. 그는 "네~" 하고 잽싸게 뛰어가서 의자에 앉았습니다. 심신이 지쳐 있는 그의 모습이 무척 힘들어 보였습니다. 조금 앉아 쉬자마자 마귀가 오라고 불렀습니다. 그는 "조금만 더 쉬면 안 되겠는지요?" 하고 사정을 하자 마귀가 때리려고 하여 벌떡 일어났습니다. 마귀는 그를 태만과 아집 연단을 주는 곳으로 데리고 갔습니다. 그를 눕히고 인정사정 봐주지 않고 곤장을 치고 산더미 같이 쌓아놓은 가시더미에 던졌습니다. 그리고 온 몸을 발로 차고 닥치는 대로 때렸습니다.

"예수님, 제가 욕심을 부리고 주님이 주신 물질을 나를 위해서만 사용했어요. 제 고집대로 살았습니다… 많은 재물이 있는데도 더 많은 재물을 모으기 위해 욕심을 부렸습니다… 불쌍한 이웃을 돌아보지 못했어요. 예수님, 용서해 주소서." 하고 울며 회개기도를 하였습니다. 마귀는 온몸에 가시가 박혀있는 그를 일으켰습니다. 그때 예수님이 나타나셨습니다. "네가 지은 죄에 대해서 회개를 했느냐?", "네.", "잘했다. 네가 아프고 힘들 때마다 나를 찾고 회개를 하여라…", "네." 예수님이 가고 마귀는 그를 음란 연단 받는 곳으로 데리고 갔습니다.

마귀는 그를 의자에 앉으라고 명했습니다. 의자에 앉으려는 순간 좌석에 큰 못들이 박혀있는 것을 보고 소름끼치도록 놀랐습니다. 그는 무서워서 앉지도 못하고 머뭇거리고 있을 때, 마귀가 어깨를 내리쳐서 주저앉혔습니다. 그의 엉덩이는 못에 찔려 구멍이 나고 말할 수 없는 통증으로 울부짖었습니다. 오직 살 길은 회개라는 생각에 죽기 살기로 회개기도를 하며 고통을 견뎌냈습니다. 마귀는 마지막으로 그를 시험받는 장소로 데리고 가서 옛날 친구들의 모습으로 변신하여 나타났습니다.

친구 중 한명이 "야, 넌 가난한 거지로 고생만 했다더니… 참 안됐군… 쯧쯧." 하며 비꼬는 말로 그의 약점을 건드렸습니다. "이놈아, 내가 왜 돈이 없어? 난 부자야. 부자." 하고 말대꾸를 했습니다. 또 다른 친구가 "너 몸이 그게 뭐냐? 그 몸으로 아무것도 못하겠다… 그래 넌 돈이 많다면서 불쌍한 사람들은 도와주었냐?"며 빈정대고 물었습니다. 그는 화가 난 상태에서도 구제하지 못한 것이 마음에 찔려 "아니." 하고 힘없이 대답했습니다. 그리고 잘못을 깨닫고 '이제부터 절대 화를 내지 말아야지.' 하고 속으로 굳게 다짐을 했습니다.

친구들은 서로 돌아가며 거친 말로 시비를 걸어 화를 내도록 그의 속을 뒤집어 놓았습니다. 아무리 거칠게 대해도 꾹 참고 아무런 대항도 하지 않고 묵묵히 예수님께 도움을 청하는 기도만 하고 견뎠습니다. 마귀는 도저히 안 되겠는지 포기하고 그에게 시험을 통과했다고 말하고 천사에게 넘겨주었습니다. 천사는 그를 데리고 어느 문안으로 들어가서 의자에 앉으라고 했습니다. 그리고 그의 가슴을 불 망치로 치자 원죄가 등 쪽으로 빠져나왔습니다. 천사는 원죄를 버리는 곳에 던졌습니다.

그는 일어나서 "기분이 너무 좋다!"고 하며 덩실덩실 춤을 추며 주님을 찬양하였습니다. 그의 얼굴빛이 처음 볼 때와는 완전히 다르게 밝고 아름다웠습니다. 천사는 기뻐하고 있는 그를 교육 받는 곳으로 데리고 가서 "너는 여기서 천국에 대해서 공부하고 있어라. 때가 되면 데리러 오겠다."라고 말하고 돌아갔습니다. 그는 다른 천사에게 머물 집을 안내받았습니다. 그곳에서 조금 쉬다가 바로 천국학교를 찾아가서 천사와 일대일로 공부를 하였습니다. 매일 예배드리고 교제도 나누고 학교에 가서 열심히 공부하여 천국의 대해서 폭넓게 알게 되었습니다. 세상에서 잘 알지 못했던 성경내용도 밝히 깨닫고, 잘못된 생각들도 교정을 받았습니다.

그는 공부를 다 마치고 난 후 간식을 먹고 있을 때, 그곳에 데려다 주고 간 천사가 찾아왔습니다. 천사는 그를 학교 천사 선생님께 인사시키고 곧장 천국으로 데리고 올라갔습니다. 천국 입구에서 예수님께서 반갑게 맞이해주셨습니다. 주님은 그의 어깨를 쓰다듬어 주며 "아들아, 잘 왔다. 이제부터 나와 함께 행복하게 살자꾸나." 하시고 천국 문 안으로 데리고 들어가셨습니다. 주님은 그에게 생명수를 마시게 한 후 그가 살 집으로 데리고 가셨습니다.

그의 눈앞에는 멋지고 아름다운 집과 정원이 보였습니다. "혹시 저 집이 제가 살 집인가요?", "그렇다." 그의 집은 천국에서 예수님과 만날 때 미리 준비 된 상급 집이 그곳으로 옮겨진 것이었습니다. 집은 화려하고 아주 좋은 집이었습니다. 그는 집안으로 들어가서 방과 여러 곳을 둘러보고, 밖으로 나와 정원도 한 바퀴 돌고 마당과 호수도 구경하였습니다. 농사짓는 곳과 창고를 보았습니다. "예수님! 이것이 뭔가요?", "네가 곡식을 심어서 창고에 저장해 놓는 곳이란다.", "물은 공급되나요?", "그렇단다."

그는 천국 학교에서 배운 것처럼 예수님을 찬양하고 예수님께 영광을 돌렸습니다. 그리고 농사짓는 땅에 씨앗을 심어 놓고 천국을 둘러보기 위해 밖으로 나갔습니다. 그는 여기저기 구경하다가 어느 큰 건물로 들어갔습니다. 그곳은 예배드리는 곳과 교제장소였습니다. 안에서는 천국백성들이 모여서 찬양하고 있었습니다. 그는 뒷자리에 앉아서 함께 찬양을 불렀습니다. 예배가 끝난 후에 그곳 성도들에게 "안녕하세요?" 하고 인사를 했습니다. "새로운 분이 오셨군요." 하고 모두가 반겨주었습니다.

그는 성도들과 교제를 나누고 집으로 돌아와서 뿌려놓은 씨앗을 보았습니다. 벌써 새싹이 나온 것을 보고 "천국은 곡식이 금방 자라는구나."라고 좋아했습니다. 그는 집안으로 들어가서 침대에 누워 생각했습니다. '천국은 너무 좋은 곳이야. 지상에서는 천국이 이렇게 좋은 것을 모르겠지. 영원토록 행복하게 살 수 있는 천국은 너무 좋아. 이런 천국이 좋다는 것을 아는 영혼들은 예수님을 위해 죽음도 달게 받을 텐데…'

함께 천국으로 향하는 두 성도

미국 어느 마을에 혼자 떵떵거리며 잘살고 있는 성품이 고얀 남자가 있었습니다. 자신이 부리고 있는 하인들에게 모진 구박을 하고, 어려운 사람들이 도움을 청하러 와도 거절하고 내쫓았습니다. 그래서 그곳 사람들은 그를 아주 싫어했습니다. 어느 날 그는 예수님을 잘 믿는 착한 아내를 맞이했습니다. 처음에는 아내에게 잘 해주었지만 얼마 후 예수님을 믿는 것이 맘에 들지 않아 구박하기 시작했습니다. 그러던 중에 그의 아내는 딸을 낳았습니다. 아내가 딸에게 예수님을 이야기하며 가르치는 것을 보고 미쳤다고 생각했습니다.

그렇게 세월이 흐른 어느 날 안타깝게도 그가 폐암에 걸렸습니다.

극진한 아내의 기도로 그의 병이 낫자 기적으로 치유된 것이 너무 신기하여 예수님을 믿기 시작했습니다. 그 후 어느 날 일을 보고 돌아오는 길에 유언도 못하고 교통사고로 즉사하였습니다. 그의 영혼은 육체에서 빠져나와 아내와 딸이 있는 집으로 갔습니다. 아내와 딸을 보고 "내가 죽은 것도 모르는구나." 하고 슬퍼하였습니다. 그때 천사가 그를 심판대로 데리고 올라갔습니다.

한편 그 영혼과 가까운 마을에 성품이 좋은 분이 살고 있었습니다. 그는 부모가 물려준 돈이 있어도 자신을 위해서는 사용하지 않고 스스로 어려움을 견디며 청빈하게 생활하였습니다. 그는 마을에 내려갈 때마다 절약한 돈으로 아픈 사람이나 굶주린 사람들에게 나누어 주고 아이들과 놀아주며 전도를 하였습니다. 집에 돌아올 때는 꼭 필요한 것과 적은 양의 먹을 것을 사가지고 왔습니다. 늦은 시간에도 성경을 읽고 찬양하고 기도를 한 뒤 잠자리에 들었습니다.

어느 날 그는 산나물을 캐려고 높은 산으로 올라갔습니다. 낭떠러지가 있는 곳에 나물이 많은 것을 보고 조심하며 캐다가 그만 발을 헛디뎌 아래로 떨어져 죽었습니다. 그는 예수님을 잘 믿다가 죽었기 때문에 크게 당황하지 않았습니다. 천사가 그를 곧장 심판대로 데리고 올라갔습니다. 그곳에서 예수님을 만났습니다. "네가 나를 믿고 선하게 살아서 많은 고통은 안 받을 것이다. 그래도 남은 연단과 죄 값은 받을 것이니, 믿음 갖고 잘 견뎌라." 그는 겸손히 "네." 하고 대답했습니다.

그 자리에는 그가 죽기 전날 이웃 마을에 사는 성품이 고얀 남자가 교통사고로 죽어서 먼저 와있었습니다. 예수님이 그에게 "너는 악하게 살았구나. 너는 많은 고통을 당할 것이다."라고 말씀을 하셨습니다. 그는 "싫습니다! 예수님만 믿으면 바로 천국으로 간다고 들었는데, 왜 고통을 받아야만 해요?" 하고 항의하며 소리쳤습니다. 주님은 그들에게 "너희가 연단을 받고 죄를 완전히 씻지 않으면 천국에 들어올 수 없다. 힘들어도 참고 죄를 깨끗이 씻고 내가 있는 천국으로 오거라."라고 말씀하고 올라가셨습니다. 천사는 마귀에게 두 남자를 함께 연단 받도록 명하셨습니다.

마귀는 그들을 연단 받는 장소로 데리고 갔습니다. 선한 남자 앞에는 입이 나오고 코는 뭉개져서 흉측하고 머리는 길어서 엉덩이 부분까지 내려온 괴물처럼 생긴 마귀가 서있었습니다. 마귀가 그에게 달려들자 "나 살려라!" 하고 도망을 쳤지만, 금방 마귀 손에 잡혔습니다. 마귀는 그를 눕히고 올라타고 앉아 팔과 다리를 뒤로 꺾으며 괴롭히다가 거꾸로 잡아 빙빙 돌려 휙 던졌습니다. 그리고 그를 다른 문안으로 데리고 갔습니다. 그는 바로 문 앞에 수북이 쌓여있는 눈을 만져보았습니다. 눈 속에는 징그러운 벌레들이 우글거렸습니다. 그것을 보고 기겁하여 뒷걸음질 치다가 뒤로 넘어졌습니다.

그때 마귀가 그의 옷을 벗기고, 벌레가 우글거리는 눈덩이를 뭉쳐 그의 얼굴에 던지자 벌레들이 기어 다녔습니다. 마귀는 엄청난 속도로 눈덩이를 모아 그를 향해 던지자 순식간에 벌레가 온 몸을 감싸며 우글거렸습니다. 그는 너무 징그러워서 벌레들을 떼려고 몸부림치다가 포기하고 회개를 하였습니다. "주님, 제가 고집을 많이 부려서 다른 사람들을 힘들게 했습니다. 주님의 것을 가지고 내 욕심을 채운 적도 많습니다… 제가 바랄 것은 회개밖에 없으니 주여, 용서하소서."

그때 천사가 나타나 그의 몸에 온화한 물을 뿌렸습니다. 그러자 벌레들이 순식간에 사라졌습니다. 천사는 그에게 "너는 회개를 더 열심히 하여라."는 예수님의 말씀을 전하고 올라갔습니다. 반면 마귀는 고얀 남자의 머리를 유리병으로 한 대 치고 나서 빠른 속도로 돌멩이를 던졌습니다. 실컷 맞고 아파 엉엉 울면서도 회개는 하지 않았습니다. 아니 회개하는 것조차 모르는 것 같았습니다. 마귀는 큰 몽둥이로 그의 허리를 사정없이 때리고 얼음물을 머리부터 발끝까지 부었습니다. 그리고 무거운 돌덩어리를 다리에 올려놓았습니다. 그는 너무 아파서 소리를 지르며 울었습니다.

그때 천사가 나타나 "네가 지은 교만 죄를 회개하여라."라고 하였습니다. 그는 "교만 죄가 무엇입니까?" 하고 물었습니다. "교만 죄는 네가 잘난 체하고 남을 무시하고 함부로 대하는 것들이다…"라고 죄를 깨닫고 회개하도록 자세히 설명해주고 돌아갔습니다. 그제야 알아듣고 세상에 살면서 지은 교만 죄를 회개하기 시작하였습니다. 선한 이와 고얀 남자는 태만 연단 받는 곳에서 만났습니다. 그들은 세상에 살 때 두세 번 정도 만난 적이 있었습니다. 마귀는 두 남자를 십자가 모양으로 된 곳에 엎드리게 했습니다. 그리고 곤장을 때리기 시작했습니다. 선한 남자를 50대 때리면, 고얀 남자는 100대를 때렸습니다.

고얀 남자는 억울해서 마귀에게 "왜, 내가 이 남자보다 50대를 더 많이 맞아야 하느냐?"고 큰소리로 따졌습니다. 그렇게 따지고 있을 때, 선한 남자는 옆에서 열심히 회개기도를 하고 있었습니다. 그때 예수님께서 다가오셔서 고얀 이에게 "왜 그렇게 따지느냐? 네가 더 많은 죄를 짓지 않았느냐?"라고 말씀하셨습니다. 그리고 선한 남자에게 "힘들어도 참고 회개하여라."라고 위로의 말씀을 하시고 올라가셨습니다.

마귀는 두 남자의 머리카락을 뽑았습니다. 선한 남자보다 고얀 이의 머리를 두 배나 더 뽑았습니다. "아, 왜 내 머리만 더 많이 뽑아요. 이제 됐잖아요." 하며 소리치자 마귀는 그럴수록 더 많이 뽑았습니다. 그는 참던 울음을 터뜨리며 소리 내어 울었습니다. 마귀는 한주먹 더 뽑으면서 "기억나는 것이 없느냐?"고 물었습니다. "없는데요.", "이놈이, 안 되겠구나." 하고 한주먹을 더 뽑았습니다. 머리카락이 다 뽑혀 더 이상은 뽑을 것이 없었습니다. 그러자 그는 자기 머리를 쓰다듬으며 "이제 고통을 안 당하겠구나."라고 말하는 순간 머리카락이 또 자랐습니다. 그러자 마귀는 한꺼번에 그의 머리를 뽑았습니다. 죽을 것 같은 심한 고통 속에 신음하다가 드디어 회개기도를 하였습니다. 옆에서 선한 남자도 열심히 회개기도를 하고 있었습니다.

그때 예수님이 오셔서 선한 남자에게 "아직 고통이 끝난 것이 아니니 열심히 회개하고 잘 참고 연단을 받아라. 나를 의지하고 도움을 구하면 가벼울 것이다. 믿음을 가져라. 내 아들아!" 고얀 남자는 그때서야 "으~앙! 용서해 주소서. 우리 마을 사람들에게 화를 많이 내고 못된 짓 한 것을 용서해 주십시오… 엉엉… 앞으로는 화를 내지 않겠습니다."라고 했습니다. 예수님께서 그에게 말씀하셨습니다. "너에게는 칭찬을 해 주고 싶어도 할 수가 없구나. 네가 진정으로 회개할 때 도와주겠다." 그는 진심으로 회개하지 않고 겉으로만 예수님 앞에서 회개하는 척을 한 것이었습니다.

마귀는 두 영혼을 높은 곳으로 올라가게 했습니다. 밑에는 큰 물구덩이가 있었습니다. 마귀는 그들의 손을 묶고 고얀 남자는 머리를 밑으로 가게 던지고, 선한 남자는 머리를 위로 향하게 해서 물구덩이에 던졌습니다. 그 물의 깊이는 그들의 목까지 닿았습니다. 선한 남자는 약간의 고통만 허락하고, 고얀 남자는 뜨거운 고통을 느끼게 했습니다. 그는 뜨거운 물에서 고통을 당하다 간신히 옆에 있는 선한 남자에게로 갔습니다. 그곳도 마찬가지로 뜨거운 물이었습니다. 고얀 남자는 '왜 저 남자는 고통스러워하지 않을까?' 하며 의아한 표정을 지었습니다.

　마귀가 선한 남자를 물구덩이에서 끌어올려 벌거벗겼습니다. 고얀 남자는 " 하하하! 저것 좀 봐. 홀딱 벗었네." 하고 놀리다가 마귀에게 채찍으로 맞았습니다. 그는 "앗! 왜 때려요." 하고 물속으로 잠수하였습니다. 마귀는 긴 몽둥이로 물속으로 숨은 그의 엉덩이를 때렸습니다. 그는 물속에서 회개하기 시작했습니다. "주여, 제 아내를 두고 다른 여자들과 놀러 다니며 음란한 짓을 했습니다…. 잘못했습니다." 예수님이 그의 앞에 나타나셨습니다. "이제 회개하느냐? 이제라도 회개하니 다행이구나. 회개하면 내가 도와줄 것이다. 믿음을 가져라." 그는 예수님의 말씀을 듣고 "정말입니까?" 하고 기뻐하였습니다.

　마귀는 벌거벗은 선한 남자에게 화려한 옷을 입혀주었습니다. 그리고 요염한 여자로 변신하여 그의 앞에 나타났습니다. 여자는 선한 남자의 품에 안겨 온갖 애교를 부리며 "나하고 같이 놀아줘요." 하고 그의 옷을 벗기려고 했습니다. 그는 "안 됩니다!" 하고 뒷걸음질을 쳤습니다. 여자는 더 악착같이 따라붙어 유혹했습니다. 유혹을 뿌리치기 위해 몸부림을 치며 "악한 계집아, 물러가라."라고 외치자 여자는 마귀의 모습으로 변하여 "분하다." 하고 물러갔습니다. 마귀는 고얀 남자를 물속에서 꺼내어 입은 옷을 벗기고 화려한 옷을 입혀주었습니다. 그리고 감쪽같이 아름다운 여자로 변신하여 그 남자 앞에 나타났습니다. 그는 여자를 보는 순간 더 좋아하며 다가갔습니다. 서로 마음이 통하여 "우리 신나게 한번 놀아 봐요." 하고 옷을 벗기고 음행하기 시작했습니다.

같이 음행을 즐기던 여자가 느닷없이 그의 성기를 발로 차고 도망쳤습니다. 여자는 다시 되돌아와서 그의 뺨을 한 대 때리고, 순식간에 그의 성기를 칼로 잘라 얼굴에 휙 던지고 달아났습니다. 그는 아파서 펄쩍펄쩍 뛰며 "야~ 거기서!" 하고 소리치며 힘들게 좇아갔습니다. 여자는 그를 놀리다가 다시 와서 "미안해. 실수했어. 괜찮아?" 하며 그를 꼭 안아주었습니다. 그는 여자의 애교에 그만 화가 풀리고 다시 그녀를 끌어안고 음란한 짓을 하느라 정신이 없을 때, 여자는 손에 든 칼로 그의 엉덩이 살을 잘랐습니다.

"으~악! 왜 엉덩이가 이렇게 아프지!" 하고 엉덩이를 만져보았습니다. "어! 내 엉덩이 살점이 떨어졌어.", "괜찮아? 입 벌려 봐요!" 그는 여자에게 넋이 빠져 입을 벌리자 손에 들고 있던 엉덩이 살을 입안에 쳐 넣고 도망갔습니다. 자기 입에 들어있는 것을 뱉자 그것은 자기 엉덩이 살이었습니다. 그때 마귀가 나타나서 "네가 잘못해서 그런 것이니 후회마라." 하고 다시 앞에서 준 고통을 똑같이 반복해서 주며 여러 차례 시험을 통과할 때까지 연단하였습니다. 고얀 남자는 선한 남자보다 고통을 두 배 이상이나 받았습니다. 시험받는 환경에서도 선한 남자는 한 번에 죄를 짓지 않고 합격하는 반면 고얀 남자는 죄에 넘어지고 실패하여 여러 차례 반복해서 연단을 받았습니다.

그 시간에 마귀는 선한 남자의 손을 묶어놓고, 작은 나무 막대기 3개를 입안에 걸쳐놓고 말을 못하게 했습니다. 그리고 나무 막대기를 빼고 입술을 잡아 돌리면서 고통을 주었습니다. 그는 말도 할 수 없고 아파 신음만 하고 있었습니다. 눈물을 흘리며 속으로 '주여, 거짓말 한 것을 용서하십시오.' 하고 세상에서 지은 죄들을 기억하며 회개하였습니다. 그때 고얀 남자가 들어왔습니다. 마귀는 그의 손을 묶고, 입술을 칼로 자르고 또 생기면 자르면서 열 번이나 반복했습니다. "나의 죄를 용서해 주세요…. 엉엉!" 하며 예수님을 찾고 진심으로 회개하였습니다.

　마귀는 죄를 지을 수밖에 없는 환경을 만들어놓고, 시험에 통과한 선한 남자를 천사에게 넘겨주었습니다. 천사는 그를 바닥에 눕히고 일어나지 못하게 했습니다. 그리고 손을 그의 가슴에 푹 집어넣고 원죄를 뽑아내었습니다. 꺼낸 죄 덩어리를 불로 태워버렸습니다. 선한 남자는 기쁜 얼굴로 가슴이 시원하고 좋다고 하며 그 자리에서 뛰고 춤을 추었습니다. 천사는 그에게 잠깐 쉬고 있으라고 하였습니다. 그리고 한참 후에 연단을 다 받은 고얀 남자를 데리고 들어왔습니다. 고얀 남자는 선한 남자에게 "무엇을 했습니까?"라고 묻자 아무 말도 안하고 침묵하고 있었습니다.

　천사는 선한 남자에게 했던 것 같이 그에게도 눕히고 가슴에 손을 집어넣고 원죄를 뽑았습니다. 그러자 고얀 남자는 일어나서 덩실덩실 춤을 추며 "어쩌면 이렇게 기쁘고 절로 웃음이 나오는 걸까!" 하며 좋아했습니다. 천사는 두 남자를 교육 받는 곳으로 데리고 갔습니다. 선한 남자는 천사에게 물었습니다. "여기가 어딥니까?", "여기는 교육 받는 낙원이다." 고얀 남자가 "천국에 대해서 교육 받는 건가요?"라고 묻자 "그렇다."라고 대답했습니다. 천사는 두 남자들이 따로 거처할 집으로 데려다 주었습니다. 두 분의 집은 같이 붙어있었습니다. 두 남자는 함께 사랑 학교로 갔습니다. 거기에는 남녀 영혼들이 많이 있었습니다. 천사 선생님은 다른 천사를 소개해주며 두 남자를 가르치라고 했습니다. 천사는 두 남자를 어느 방으로 데리고 갔습니다.

그들에게 천국에 대해서 공부할 내용이 기록된 종이를 건네주며 "이제부터 이 종이에 기록된 내용을 가지고 공부할 것입니다. 열심히 하세요." 하고 공부를 가르쳐 준 뒤에 집으로 돌려보냈습니다. 다음 날 두 남자는 같이 만나 학교를 갔습니다. 천사는 또 다른 내용이 기록된 종이를 한 장씩 나누어 주었습니다. 그 내용을 중심으로 천사가 가르쳐 주는 대로 열심히 배웠습니다. 그렇게 공부를 한 두 남자는 예수님과 천국에 대해서 잘 알게 되었습니다. 얼마 후에 천사가 두 남자를 데리러 왔습니다. 그들은 공부를 가르쳐준 천사 선생님께 인사하고 천국으로 올라갔습니다. 천사는 그들을 예수님 앞으로 인도하였습니다. 예수님은 그들에게 "잘 왔다." 하고 각자 그들이 살 집으로 데려다 주셨습니다.

2층천 밑바닥에 위치한 선한 남자의 집은 크고 아름다웠습니다. 농사짓는 땅과 저장하는 창고가 있고, 나무와 꽃과 호수와 마당이 있었습니다. 선한 남자는 자기 집에 들어가서 집안을 살펴보았습니다. 예수님은 고얀 남자가 살집으로 데리고 가셨습니다. 고얀 남자의 살 집은 아무것도 없는 공터만 있었습니다. 그는 '내가 세상에서 잘못 살아서 집도 안 주시나 보다.'라고 생각할 때, 큰 소리가 들렸습니다. 앞을 보니 선한 남자 집보다는 작지만 그래도 아주 좋은 집이 눈앞에 놓여있었습니다. 이분의 집은 1층 천국이었습니다. 그는 너무 기뻐서 "오! 예수님! 감사 합니다."라고 고백하자 예수님이 "나를 찬양하여라."라고 말씀하셨습니다.

어느 권사가 심판받고 천국 가는 과정

천사는 마귀에게 시달리며 많은 고통을 당하다가 갑작스런 사고로 죽은 권사님의 영혼을 집처럼 생긴 어느 문 앞으로 데리고 갔습니다. 그 안으로 들어가자 인자하신 예수님이 서계셨습니다. 그녀는 예수님과 간단한 대화를 나누었습니다. "너는 심판대에서 연단을 받고 깨끗하게 되어 천국으로 오거라." 예수님을 만나고 난 후에 천사는 그녀를 어느 연단 받는 장소로 데리고 갔습니다. 그 안에서는 신음과 비명소리가 들렸습니다. "여기가 제가 연단 받는 곳인가요?", "그렇다." 그녀는 무서워서 벌벌 떨며 천사를 따라 문안으로 들어갔습니다.

무시무시한 마귀 두 명이 기다리고 있다가 그의 양 팔을 잡아끌고 어디론가 갔습니다. 마귀는 그녀를 호랑이 소굴에 던졌습니다. 호랑이가 무섭게 으르렁 거리는 것을 보고 몸을 덜덜 떨었습니다. 호랑이들은 그의 주위를 빙빙 돌며 잡아먹을 듯이 위협을 하였습니다. 그녀는 무서움에 떨며 기도를 하려는 순간 호랑이가 그의 팔 한쪽을 물었습니다. 너무 아파서 "으~아~ 아…주님! 살려주세요!" 하고 소리를 지르며 주님을 찾았습니다. 다른 호랑이들도 그녀의 몸을 조금씩 뜯으며 위협을 가하자 정신없이 회개하였습니다.

"주님, 제가 화를 많이 냈습니다. 으~윽… 혈기 부리고, 짜증내고… 친구들을 용서하지 못했습니다. 잘못했습니다… 주님, 저를 여기서 구해주세요…" 끔찍한 고통 속에서 기억나는 죄를 열심히 고백하며 회개의 눈물을 흘렸습니다. 그러자 마귀 두 명이 들어와서 그녀를 호랑이 소굴에서 빼내주었습니다. 호랑이에게 먹히고 잘렸던 팔이 다시 생겨났습니다. 마귀는 그녀를 시험하고 나서 가시밭에 던지려고 했습니다. 그녀는 마귀에게 빌면서 "던지지 마세요. 많이 회개했어요." 하자 마귀는 고개를 저으며 가시밭에 던졌습니다.

그녀는 가시밭에서 가시에 온 몸이 찔리면서도 그곳을 빠져나가려고 길을 찾고 있었습니다. 가시나무에 시야를 가려 앞이 보이지 않자 울면서 아무 곳이나 막 돌진을 하였습니다. 드디어 가시가 없는 땅으로 빠져나왔습니다. 그녀가 빠져 나오자 마귀는 "회개했느냐?"고 물었습니다. 마귀는 그녀에게 골고루 죄 성에 따라 연단을 시키고 시험받는 환경을 주었습니다. 그녀는 연단과 시험받는 상황을 실제처럼 느꼈습니다. 주님께서는 그 상황에서도 잘못을 깨닫고 돌이킬 수 있도록 순간순간 고통 받은 내용을 기억나게 해서 회개하도록 도와주셨습니다. 지옥가지 않은 것만 해도 주님의 은혜가 너무 감사해서 죽을 것 같은 고통을 견뎌내며 죄를 이기고 시험에 합격하였습니다.

천사는 연단과정을 통과한 그녀를 어디론가 데리고 갔습니다. 그곳은 원죄를 뽑는 장소였습니다. 그곳에 있는 천사는 그녀를 데리고 온 천사보다 훨씬 빛도 강하고 컸습니다. 천사는 그녀에게 땅바닥에 누우라고 했습니다. "네 죄를 확실히 뽑을 것이니 가만히 있어라." 천사는 그녀의 심장 바로 옆에 있는 원죄를 칼로 밑 부분부터 도려내고 손으로 잡아 뽑았습니다. 그녀는 가슴이 뻥 뚫리고 너무 기뻐 천사님께 "너무 마음이 시원하고 기뻐요."라고 하였습니다. 그녀의 얼굴이 처음 볼 때와는 달리 무척 아름다웠습니다. 다른 천사가 들어와서 그녀를 안고 교육받는 낙원으로 데리고 갔습니다. 그녀가 사는 곳으로 데려다 주면서 때가 되면 데리러 오겠다고 하고 돌아갔습니다.

그녀가 임시로 살 집은 아담했고 정원과 호수가 있었습니다. 그녀는 쉼을 갖고 천사의 말대로 축복학교를 찾아갔습니다. 그곳에는 많은 영혼들이 공부하고 있었습니다. 그녀는 천사의 안내로 뒷자리에 앉아 공부를 하였습니다. 천사는 천국에 있는 아름다운 집과 벽에 박혀있는 보석들은 땅에서 주님을 위해 일한 상급이라고 가르쳐주었습니다. 하나님의 대해서 그리고 예배와 천국생활의 대해서도 자세히 배웠습니다. 그리고 진리에 대한 왜곡과 잘못된 생각들을 교정 받고 올바로 보고 생각할 수 있게 되었습니다. 공부를 배우는 영혼들은 주님의 은혜에 감격하고 놀라워했습니다. 천국이 너무나 아름답고 행복하다는 것을 깨닫고 빨리 천국으로 가고 싶어 했습니다.

그녀는 거처하는 곳 안에 있는 호수에서 물고기들을 바라보고 있을 때, 그곳으로 데려다준 천사가 찾아왔습니다. 그녀는 천사를 따라 천국으로 올라갔습니다. 예수님은 "딸아! 잘 왔다. 이제 여기서 나를 경배하며 행복하게 살아라." 하고 반겨주며 그의 집으로 데려다 주셨습니다. 그녀의 집은 1층천 위쪽에 있었습니다. 군데군데 보석들이 박혀있는 그녀의 집은 아주 크지 않지만, 세상에 있는 어떤 집보다 훨씬 아름다웠습니다. 정원과 호수 등 골고루 잘 갖추어져 있었습니다. 그녀는 자기 집 안으로 들어갔습니다. 크고 푹신한 침대와 거실과 주방도 아름답게 꾸며져 있었습니다. 방 한 칸에는 예수님께 부탁드린 책들이 책꽂이에 꽂아져 있었습니다.

그녀는 밖으로 나와 주변을 돌아다니다가, 예수님께 여쭈었습니다. "예수님, 여기서도 조각으로 작품을 만들어서 아름답게 꾸밀 수 있나요?", "할 수 있단다.", "저는 조각할 줄 모르는데 어떻게 해요?", "네가 하고 싶은 대로 할 수 있단다. 무엇으로 하고 싶으냐?", "금으로 만들고 싶어요.", "네 집에 가보아라." 주님의 말씀을 듣고 집에 와 보니 그녀가 조각을 만들어 놓고 싶은 위치에 적당량의 금덩이가 놓여있었습니다. 그녀는 비둘기 여러 개를 만들고 싶다고 생각하며 조각을 하였습니다. 신기하게도 자신이 원하는 모양대로 아주 쉽게 만들어졌습니다. 만든 비둘기 앞에 양한 마리씩 조각해 놓았습니다. 조각해 놓은 것을 바라보며 "내가 보기에도 잘 만들었다."라고 흐뭇해하며 주님을 힘차게 찬양했습니다.

예언 사역하던 두 친구들이 천국 가는 과정

어느 두 친구의 예언사역은 대조를 이루었습니다. 한 친구는 돈을 많이 받아가며 예언을 해주었고, 그 돈으로 자기 친구들과 먹고 노는데 사용하였습니다. 예수님의 영광을 위해 바른 예언사역을 하지 않고 자신의 욕심과 명예를 위해 사용하였습니다. 그는 날이 갈수록 회개는커녕 정욕적인 삶을 추구하며 부끄러운 행실로 살았습니다. 점점 어둠이 그를 지배하였고, 주님의 통로로 임하던 예언이 줄어들고 마귀가 주는 거짓 예언을 하기 시작했습니다. 그는 마귀가 들려주는 음성에 거짓말까지 보태 사람들에게 돈을 받고 예언을 해주었습니다.

그런 것을 모르는 사람들은 지난 과거를 잘 맞추자 계속 예언을 받으러 와서 돈을 바쳤습니다. 그는 더 많은 돈을 벌기 위해 예언 홍보까지 했습니다. 거짓예언을 해서 벌어들인 돈으로 크고 좋은 집을 사고 더 편하게 인생을 즐겼습니다. 사람들은 미래에 대한 예언이 맞지 않자 더 이상 그에게 예언기도를 받으러 오지 않았습니다. 사람들의 발길이 끊어지고 더 이상 물질이 들어오지 않자 계속 빚을 지기 시작했습니다.

어느 날 친구들을 만나기 위해 골목길 횡단보도로 걸어갈 때 지나가는 트럭이 그를 보지 못하고 치었습니다. 나가떨어지는 동시에 뇌진탕으로 그 자리에서 죽었습니다. 순간 그의 영혼이 몸에서 똑같은 모습으로 빠져나왔습니다. 죽은 그의 몸을 보고 죽었다는 것을 알았습니다. "어! 이럴 수가 내가 죽은 거야… 이 세계가 어디지? 내가 왜 여기에 있지… 아, 참 만나기로 한 애들은 어떻게 하고 있는지 가봐야겠다." 그는 놀고 있는 친구들을 보면서 그동안 친구들이 돈이 많으면서 없는 척하고 자기를 이용하여 얻어먹었다는 것을 알고 "어떻게 나에게 그럴 수 있지?" 하고 기분 나쁜 표정을 지었습니다.

그의 앞에 천사가 나타났습니다. "너는 가족도 없으니 바로 데리고 가야겠다."라고 하며 심판대로 이끌고 갔습니다. 심판대를 들어가기 전 문 앞에 예수님이 서 계셨습니다. 예수님은 "네가 지은 죄를 알겠느냐?", "없습니다." 하고 즉각 거짓말을 하였습니다. 그러자 예수님은 스크린으로 그가 행한 모든 것들을 보여주었습니다. 마귀에게 속아 거짓 예언하는 모습들과 친구들과 놀면서 거짓말하는 장면들을 적나라하게 보여주었습니다.

"이래도 거짓말을 하겠느냐?", "잘못했습니다. 용서해 주세요."(벧전 4:5~6)하며 사실을 인정하였습니다. 주님은 천사에게 당장 심판대로 데리고 가라고 명령하셨습니다. 천사는 그를 심판대 문 안으로 던지자 가시밭으로 떨어져 뒹굴었습니다. 마귀는 그를 가시밭에서 꺼내어 허리와 등을 창으로 찔렀습니다. "네 교만 죄를 아느냐?", "모릅니다." 하고 시침을 떼며 거짓말을 했습니다. 마귀는 "이 놈이 정신을 못 차렸군." 하고 소 네 마리와 그의 팔 다리를 서로 연결해서 묶었습니다. 소들이 네 방향으로 해서 달리자 그의 몸이 찢겨지는 것 같은 고통으로 비명을 질러댔습니다.

"주님, 잘못했습니다. 살려주세요. 제발! 이것만은… 하지 않게 해주십시오." 그때 예수님이 나타나셔서 "네가 지은 죄에 대한 벌이다.", "예수님 용서해 주시면 안 되나요?", "안 된다." 그는 예수님께 울면서 애원하였습니다. "제가 잘못한 것을 알고 있으니 용서해 주세요. 너무 아파 견딜 수가 없습니다. 저는 죽으면 곧장 천국으로 가는 줄 알았어요. 이런 곳에서 벌을 받는다는 것은 정말 몰랐습니다… 알았으면 죄를 덜 지었을 겁니다. 엉엉… 용서해 주세요.", "벌써 엎질러진 물과 같으니 어쩔 수 없다. 방법은 단 한가지 밖에 없으니 진심으로 회개하고 연단을 잘 받아서 네 안에 있는 죄를 다 없애라." 주님은 그 말씀을 하시고 위로 올라가셨습니다. 그는 예수님이 올라가신 곳을 바라보며 "예수님!" 하고 불렀습니다.

그는 사지가 찢기는 고통만 느끼고 몸은 그대로 있었습니다. 많이 지은 죄일수록 시험도 극하게 받고 덜 지은 죄는 조금 가볍게 받으며 연단을 통과하였습니다(고전3:12~15/고후5:10). 마귀는 열심히 회개하는 그를 다른 곳으로 데리고 갔습니다. 그의 팔, 다리, 등과 배에 큰 침을 세 개씩 꽂았습니다. 그리고 전선과 그 침을 연결한 다음에 스위치 버튼을 누르자 "아~악!" 하고 비명을 질렀습니다. 그것은 침을 통한 전기고문이었습니다.

마귀는 몇 번 더 고통을 주고 나서 침을 뽑았습니다. 그는 쓰러져 힘을 쓰지 못했습니다. 마귀가 얼음물을 붓자 일어나려고 애를 썼지만 몸이 말을 듣지 않아서 못 일어나는 그에게 채찍으로 때렸습니다. 그는 대항하려고 해도 힘이 없어 그냥 고통스럽게 맞으며 세상에서 사는 동안에 혈기부린 죄들을 회개하였습니다. 마귀는 그를 거짓연단 받는 장소로 데리고 가서 그의 가슴을 주먹으로 사정없이 때렸습니다. 그도 맞대응하여 마귀를 때리려고 하자 어느새 저만치 가 있고 도무지 때릴 수가 없었습니다. 마귀는 굵은 몽둥이로 그를 때리고 나서 몽둥이를 내던지자 위에서 하얀 눈이 내렸습니다. 눈이 너무 많이 와서 그의 머리까지 파묻혀 허우적거렸습니다.

추위에 떨다가 여기서 벗어날 수 있는 길은 오직 회개라는 것을 깨닫고 열심히 기도하였습니다. "주여, 거짓말을 많이 했습니다… 주님의 피로 씻어주소서…" 마귀는 열심히 회개하는 그에게 물을 뿌려주자 눈이 다 녹아버렸습니다. 그리고 난 뒤 갑자기 하늘에서 뱀이 그의 머리 위로 쏟아졌습니다. 뱀들이 온몸을 감싸서 몸이 뱀처럼 되었습니다. 그가 떼어내려고 하자 물지 않던 뱀들이 물기 시작했습니다. 그래서 움직이지 못하고 꼼짝 안하고 있다가 도저히 견딜 수가 없어 힘껏 뱀을 떨쳐냈습니다.

그런데 오른쪽 팔에 감긴 뱀은 떼어내지 못했습니다. 팔에 있는 뱀도 떼어내려고 하였지만, 계속 아프게 물며 떨어지지 않았습니다. 그 뱀을 떼어내려고 씨름하는 사이에 떨어져 나간 뱀들이 또 달려들었습니다. 그는 도망을 가면서 오른쪽 팔에 붙어 물고 있는 뱀을 떼려고 하다 멈추고 회개기도를 하였습니다. "예수님, 저의 죄를 용서해 주소서. 제가 너무 거짓말을 많이 하고 사람들을 속여 이렇게 뱀에게 고통을 당하고 있습니다. 앞으로 절대 거짓말을 하지 않고 정직하게 살겠습니다… 용서해 주십시오." 그는 열심히 기도를 하자 팔에 붙어 있던 뱀과 따라오던 뱀들이 순식간에 사라졌습니다.

그는 수차례 합격할 때까지 마귀가 주는 끔찍한 연단을 받고 시험하는 과정을 통과하였습니다. 연단을 받을수록 더 열심히 회개하였고, 그의 악한 성질도 죽었습니다. 마귀를 통해 하나님이 허락한 연단을 다 받고 합격하자 마귀는 그에게 말했습니다. "너는 연단을 다 받았으니 저기 의자가 보이지? 가서 앉아 있으면 천사가 데리고 갈 것이다." 그는 너무 기뻐하며 달려가서 의자에 앉아서 천사를 기다렸습니다. 조금 있으니 천사가 위에서 내려왔습니다. 천사는 그를 안고 조금 위로 올라가 어느 큰 집안으로 데리고 들어갔습니다. 그곳에는 다른 영혼들 몇 명이 죄 성을 뽑고 있었습니다.

천사는 그를 어느 한구석으로 데리고 가서 바닥에 누우라고 했습니다. 그는 즉각 순종하고 눕자 천사는 십자가 모양으로 해서 팔과 다리를 묶었습니다. "아파도 참아라." 하고 그의 가슴을 칼로 잘랐습니다. 그는 "으아~악!" 하고 소리를 질렀습니다. 천사는 자른 곳 주변에 무슨 가루 같은 것을 뿌린 다음에 가슴 쪽에 있는 원죄를 손으로 꽉 잡고 뽑았습니다. 뽑아낼 때는 아팠지만, 너무 개운한 느낌을 받았습니다.

천사가 묶은 줄을 풀어주자 일어나더니 시원하고 좋다고 기뻐 뛰며 양손을 흔들었습니다. "천사님! 너무 마음이 기뻐요. 감사합니다. 예수님! 고맙습니다!" 그가 처음 연단 받을 때 어두웠던 얼굴표정이 죄를 뽑고 나서는 아주 밝고 아름다웠습니다. 천사는 그에게 "너는 원죄를 뽑았으니 시원할 것이다. 이제부터는 죄도 짓지 않을 것이다." 하고 그를 안고 위로 올라갔습니다. 어느 문을 지나 조금 더 나아가니 그곳에는 많은 영혼들이 있었습니다. "천사님! 여기가 천국인가요?", "아니, 여기는 천국에 대한 공부를 하는 장소란다. 많은 영혼들도 여기서 공부하고 천국으로 올라갔지.", "아, 그렇군요. 제가 살면서 공부할 집은 어디인가요?", "이제 데려다 줄 것이다.", "네, 감사합니다."

천사는 어느 한 골목길을 지나 그의 집을 보여주었습니다. "천국은 여기보다 좋죠?", "그렇단다. 빨리 공부하고 천국으로 올라와라.", "학교는 어디로 가나요?", "저기 사랑학교 보이지?", "네.", "다른 천사가 와서 데리고 갈 것이니 그 천사를 따라가라."라고 하고 돌아갔습니다. 집에서 잠시 누워 쉬고 나니 다른 천사가 데리러 왔습니다. 그는 천사를 따라 사랑학교로 갔습니다. 가르치는 천사가 그에게 "너는 여기서 다른 영혼들과 함께 공부할 것이다."라고 했습니다. 조금 후에 다른 영혼들이 들어와서 함께 공부를 하였습니다.

천사 선생님은 영혼들에게 천국에 대해 보여주며 설명을 해주었습니다. 천국의 집이나 정원 모든 것이 상급에 따라서 위로 높이 올라갈수록 더 좋다고 설명해 주었습니다. 농사짓는 것을 보여주며 짓는 법도 가르쳐 주고 예배생활이나 천국에서 생활하는 모든 것들을 보여주고 가르쳐 주었습니다. 그는 공부를 마치고 "아, 이제 알겠다."라고 하며 즐거워하였습니다. 천국에 대해 거의 다 배우고 집으로 돌아가는 길에 자신을 그곳으로 데려다준 천사를 만났습니다.

"안녕하세요? 천사님!", "공부 많이 했느냐?", "네, 이제 천국에 올라가는 겁니까?", "주님의 명이 떨어졌단다.", "감사합니다.", "나에게 감사하지 말고 주님께 감사해라.", "네, 모두에게 감사합니다. 빨리 가지요."

하고 천사를 재촉했습니다. "너무 급하게 서두르지 마라." 천사는 그를 안고 더 높은 곳으로 날아 올라갔습니다. 거기에는 인자하시고 선하신 예수님이 계셨습니다. 예수님은 "아들아, 왔느냐?" 하고 물으시며 반겨 주셨습니다. "주님, 죄송합니다. 제가 세상에서 마귀에게 속아 거짓예언을 하고… 정말 죄송합니다.", "회개했으니 괜찮다. 지옥에 안가서 다행이다. 이제 여기서 나와 같이 행복하게 살자꾸나.", "네." 하고 그는 주님을 따라 그의 살 집으로 갔습니다.

그의 집은 1층천 아주 밑바닥이었습니다. 예수님은 그에게 "여기는 천국 중에서 제일 낮은 곳이란다.", "괜찮습니다. 천국에 들어온 것만 해도 감사하지요. 예수님 감사합니다." 하고 인사했습니다. 예수님은 돌아가시고 그는 살 집안으로 들어갔습니다. 그의 집 주변 전체를 사등분으로 계산하면 농사짓는 곳이 사분의 일을 차지했습니다. 사분의 일은 나무와 꽃들이 있는 정원이고 저장 창고는 옆에 있고, 사분의 일은 호수 두 개에 조그만 창고가 있습니다. 나머지 사분의 일 중에서 집이 기역자 모양으로 반 이상을 차지하고 남은 공간은 마당이었습니다.

집 지붕과 외벽은 동으로 되어있고, 세상에서 상급을 조금 쌓은 것으로 금이 약간 박혀있었습니다. 집 안에는 방이 두 개가 있고 거실과 주방이 붙어있습니다. 거실에는 소파와 화초가 있고 방에 책상과 침대가 있었습니다. "와! 여기도 이렇게 좋은데, 2층천이나 3층천은 얼마나 좋을까!" 하고 집 주변을 둘러보았습니다. 그리고 잠시 쉰 다음 집 밖으로 나가서 이곳저곳을 돌아다녔습니다. 큰 교회를 발견하고 그 안으로 들어갔습니다. 그 안에서는 많은 영혼들이 모여서 찬송을 부르고 있어 함께 주님을 찬양했습니다. 인도하는 큰 천사가 전하는 말씀을 들으며 함께 예배를 드렸습니다.

그는 다른 영혼들에게 인사하고 교제를 나누었습니다. 그런데 그곳에서 세상 친구를 만났습니다. 그들은 서로를 알아보고 반가워하며 끌어안았습니다. "여기 천국에서 만나다니… 너도 막바지에 예수님을 믿었구나.", "응, 우리 집에 가서 얘기하자.", "그래." 그는 친구 집으로 따라갔습니다. 친구 집 정원에 있는 의자에 앉아 즐겁게 지난 이야기를 나누었습니다. 그리고 이야기를 다하고 나서 주님을 찬양하고 헤어졌습니다.

또한 바른 예언을 한 그의 친구는 먼 곳에 떨어져 살았습니다. 그는 주님이 주신 예언을 바르게 사용하고 부끄럼 없는 삶을 살았습니다. 겸손히 자신을 낮추고 영적 생활도 열심히 하며 예언으로 사람들을 주님 앞으로 나아가도록 도와주었습니다. 가능한 외식하지 않고 자기 집에서 검소하게 채식위주로 먹으며 청빈하게 살았습니다. 가지고 있는 돈은 생활비를 제외하고는 전부 불쌍한 자를 돕고 복음을 전하는데 사용하였습니다. 그렇게 살고 있을 때 거짓예언을 하던 친구에게 예언기도를 받고 맞지 않는다고 떠났던 사람들이 그에게로 몰려왔습니다. 그는 정직하게 예수님이 주신대로만 예언을 해주었습니다. 사람들은 거짓 예언하는 친구에게 돈을 준 것처럼, 그에게도 돈을 주려고 하자 그 돈을 받지 않았습니다.

그의 아름다운 행실을 보고 사람들은 "성자다!"라고 하며 더욱 그를 존경했습니다. 그럴 때마다 더 낮아지며 자신을 부인했습니다. 그리고 주님만 자랑하며 검소하고 청빈한 삶을 살았습니다. 어느 날 간단한 식료품을 사가지고 집으로 돌아오는 길에 그를 평소에 시샘하던 두 남자를 만났습니다. "너는 거짓 예언을 하는 거지? 딱 봐도 그래. 네가 뭘 예언한다고 그래? 한번만 더 그런 짓을 하면 가만두지 않겠다."라며 협박을 하고 발로 차고 뺨과 머리를 때렸습니다. 그럼에도 불구하고 그들에게 납작 엎드려 "죄송합니다. 용서하세요. 하지만 거짓예언은 아닙니다."라고 하였습니다. 그리고 자신이 먹으려고 사 온 음식과 남은 돈까지 주었습니다. 그들은 그의 행동에 감동을 받고 그 후로 시샘하거나 나쁜 짓을 하지 않았습니다.

그가 훌륭한 사람이라고 생각한 사람들은 허름한 집에서 어렵게 살고 있는 그에게 좋은 집을 사주겠다고 했습니다. 그는 지금의 허름한 집이 편하고 살기 좋다고 하며 거절하였습니다. 어느 날 사람들이 아무도 없을 때 흉측한 사람이 들어와 그의 배를 찔렀습니다. 그는 칼에 깊숙이 찔려 신음하다가 영혼이 몸에서 빠져나와 시신을 바라보았습니다. 그리고 자신을 죽인 사람을 향해서 "주님! 저 영혼을 구원해 주소서."라고 기도했습니다. 그때 천사가 그를 3층 천국으로 데리고 올라갔습니다.

천사는 그를 3층천에 놓고 갔습니다. 그의 앞으로 예수님이 다가오셨습니다. "주님! 저를 아시죠?", "내가 너를 잘 알지." 그는 활짝 웃으면서 "감사합니다… 주님, 제가 살 집이 어디인지 가르쳐 주세요.", "같이 가자꾸나." 그는 예수님을 따라갔습니다. 예수님을 따라 살 집으로 가는 길에 주변에 늘어선 집과 기쁘고 행복한 영혼들의 모습을 보았습니다. 만나는 영혼들은 예수님을 보며 찬양을 했습니다.

집들은 이세상과 비교할 수 없이 크고 아름다웠기에 '내 집도 저렇게 좋은 집일까?'라고 생각하며 주님을 따라갔습니다. 예수님께서 그에게 살 집에 도착했다고 말씀하셨습니다. 그의 집도 굉장히 크고 좋았습니다. 금 지붕과 많은 종류의 보석이 박혀있는 외벽은 빛나고 아름다웠고,

그 옆으로 금 마당이 있고, 한쪽으로 농사짓는 땅이 있었습니다. 정원에는 사과, 배, 매실, 자두, 앵두나무 등 세상에서 볼 수 없는 여러 과일 나무도 많고, 곤충과 동물들이 있었습니다. 곤충 중에 징그러운 것은 없었지만, 세상에서 벌을 무서워한 그는 꿀벌을 보고 가까이 가지 못했습니다. 그때 예수님이 벌들을 무서워하지 말라고 하셨습니다.

그는 예수님을 믿고 벌들에게 다가갔습니다. 벌들이 그의 머리에 앉아 침을 쏘지 않고 가만히 있어 손으로 벌을 살짝 잡았습니다. 벌은 마치 친구처럼 여기며 말을 걸었습니다. 너무 신기하고 즐거웠습니다. 그는 다른 곳을 둘러보았습니다. 호수에는 분수대 두 개가 있었고, 그 안에는 다양하고 신기한 물고기들이 많았습니다. 집과 정원 마당 분수대 쪽은 은으로 된 담이 쳐져있었습니다.

그는 과일 나무에 달린 열매를 한 개 따서 맛있게 먹었습니다. 그리고 밖으로 나와 1층천 쪽으로 계속 내려갔습니다. 가다가 이상하게 생각했습니다. 본인이 사는 곳보다 아래로 내려갈수록 집이나 모든 풍경이 별로 좋지 않았습니다. 3층에서 1층까지는 따로 떨어져 있지 않고 연결되어 있었으므로 그는 빠른 속도로 해서 1층천 밑바닥까지 내려갔습니다. 하지만 그곳을 지키고 있던 천사가 그 문을 통과 할 수 없다고 하여 다시 본인이 살고 있는 집 쪽으로 되돌아오고 있었습니다. 돌아가는 길에 물을 마시고 싶은 생각에 어느 집으로 들어가 생명수 좀 달라고 청했습니다. 한 영혼이 나와 물을 주려고 하다가 깜짝 놀라며 "너 김동구지?" 하고 물었습니다.

"내가 김동구야. 넌 장서구?", "내가 바로 장서구야" 그들은 서로 놀라워하며 반가워 얼싸안았습니다. 물을 주려고 한 영혼은 거짓예언을 하던 바로 그 장서구였습니다. 물을 마시며 "여기가 네 집이니?", "응, 여기가 내 집인데, 네 집은 어디야?", "우리 집은 많이 위로 올라가야 돼.", "그럼, 한번 가보자.", "그래." 둘은 빠른 속도로 3층천에 사는 김동구의 집으로 올라갔습니다. 장서구는 자신의 집과 비교할 수 없이 좋은 그의 집을 보고 "여기가 진짜 네 집이니?" 하고 깜짝 놀랐습니다. "여기가 내 집이야.", "너 좋은 집에서 사는구나.", "주님의 은혜지." 둘은 지난 이야기들을 즐겁게 나누었습니다. 장서구가 물었습니다. "동구야, 너는 심판대를 통과했니?", "심판대? 아니, 나는 곧장 천국으로 왔어.", "너는 심판을 받지 않았구나?", "응." 두 친구들은 이런 저런 대화를 나누고 나서 주님을 찬양하고 헤어졌습니다.

저는 3층 천국으로 곧장 올라온 동구라는 분을 보면서 예수님께 여쭈었습니다. "주님, 왜 이분은 심판대를 통과하지 않고 곧장 3층 천국으로 올라왔나요?", "그는 나의 말을 온전히 따랐고 언제나 깨끗한 삶을 살았기 때문이다(마16:27/ 계22:12). 다윗아, 너도 본받아라."

초등 4학년 사랑이가 본 연단 받는 장소

예수님께서 심판대가 있는 연단 받는 장소로 데리고 가셨어요. 거기는 완전히 지옥 같았어요. 죄를 지은 사람들이 죄를 뽑으려고 애를 쓰고 있었어요. 예수님께서 심판하고 계셨어요. 예수님께서 어떤 사람을 보여주셨어요. 그 사람의 눈이 뽑혀 있었어요. 이 사람이 천국에 들어가려면, 눈으로 지은 죄를 회개해야만 들어갈 수 있기 때문에 그런 고통을 당하고 있다고 알려주셨어요. 하지만 계속 눈이 뽑혀도 천국에 들어가면 다시 회복이 되고 괜찮을 것이라고 했어요. 저희 할머니처럼 눈이 나쁜 사람들도 심판대에서 죄를 다 뽑으면 눈이 다시 밝아진다고 말씀하셨어요. 입으로 죄를 지은 사람이 혀가 잘리는 고통을 통해 연단을 받고 죄를 뽑으면 주님께서 만져주신다고 하셨어요.

심판대는 끔찍했어요. 지옥보다는 그렇게 끔찍하지는 않았어요. 어느 한 곳에서는 마귀가 지옥으로 데려가려고 일부러 예수님을 안 믿는 사람들에게 죄를 짓게 만들고 있었어요. 지옥과 천국에 갈 준비를 위해 사람들을 나누는 모습을 보았어요. 예수님께서 사람들에게 "너는 나를 믿을 거냐? 안 믿을 거냐?"는 식으로 기회를 주셨어요. 한두 명만 "예!"를 하고 거의 대부분이 "아니오."라고 대답했어요. "아니오."라고 한 사람들은 마귀가 지옥으로 데려가기 위해 따로 준비하는 곳으로 데리고 갔어요.

그리고 "예!"라고 대답 한 사람은 천국에 갈 준비를 하기 위해 천사가 위로 데리고 올라갔어요. 연단 받는 곳으로 가서 마귀에게 고통을 당하며 죄를 회개하였어요. 저는 연단 받고 있는 한 사람한테 가서 "너무 아프지 않느냐?"고 물어보았어요. 그분은 아프지만 천국으로 갈 수만 있다면 이 고통은 참아낼 수 있다고 했어요. 예수님께서 말씀하셨어요. "나도 너희가 고통 받는 것은 싫지만, 죄를 뽑기 위해서는 어쩔 수가 없다. 이 세상에서 죄를 안 짓는 사람은 없다. 아무리 훌륭한 사람이라도 죄를 안 지을 수는 없다. 태어날 때부터 원죄를 갖고 태어났기 때문에 죄가 없는 사람은 하나님과 나밖에 없다."라고 말씀하셨어요.

저는 예수님께 어떻게 천국에 갈 사람이 심판대에서 고통을 덜 받을 수 있느냐고 여쭈어보았어요. 예수님께서는 이 세상에 살면서 연단을 받는 게 천국에서 상급이 쌓이고, 또 심판대에서 받는 고통이 덜하다고 했어요. 좀 힘들더라도 이 땅에서 연단을 잘 받고 견디면 그만큼 천국에 상급이 많이 쌓여지게 된다고 말씀해 주셨어요. 또 예수님께서 말씀하셨어요. "심판대가 없다고 생각하거나 심판대와 영의 세계가 존재하지 않는다고 생각하는 자들아! 심판대는 세상에는 없지만, 영의 세계에는 있다. 그 심판대가 무엇을 하는 것인지도 모르는 사람들이 많다. 그러니 너희들이 본 그대로 말씀을 잘 전해서 심판대를 알게 하여라. 세상에서 사람들이 연단을 잘 받다가 다 받지 못하고 남은 연단은 심판대에 가서 받고, 죄를 다 뽑는 것이 심판대다."

심판대는 사람들이 고통 받는 구역이 있고, 들어가는 입성 구역으로 나뉘어져 있어요. 심판대가 있는 연단 받는 장소에 어떤 물건이 있어요. 그 물건을 입으로 범죄 한 사람의 입에 대니 혀가 잘리거나 입이 꼬였어요. 발이나 손으로 범죄 한 사람의 손이나 발이 잘렸어요. 또 생각으로 다른 사람을 비판하는 사람의 목이 잘리며 고통을 당했어요. 대부분 부위별로 잘리거나 꼬이거나 하는 벌을 받는 것이었어요. 교회를 다녔던 어린아이가 회개하는 것을 보았어요.

예수님께서 말씀하셨어요. "사람들은 대부분 심판대라는 곳이 없는 줄 안다. 그냥 천국 갈 사람들은 바로 천국으로 들어간다고 생각한다. 이 심판대는 아주 중요한 곳이다. 심판대에서 온전하고 순수한 마음으로 천국에 들어가기 위해 원죄를 뽑는 구역인 만큼 너희 자신이 새로워지는 그런 곳을 비판해서는 안 된다. 사람들은 심판대는 없는 구역이라 생각하고 그 심판대에서 뭐하는지도 모른다. 너희가 지금은 열심히 교회생활을 하고 있지만, 언젠가는 죽게 될 것이다. 죽게 되면 바로 가는 곳이 중간 영역이다. 대 환난은 올 것이고 사람들의 죄는 점점 늘어나고 있다. 지금 당장 재림하고 싶지만, 너희에게 더 회개할 수 있는 기회를 주고 싶고, 나를 더 믿을 수 있는 기간을 주고 싶다. 내가 언제 재림할지는 아무도 모르니 항상 깨어 준비하여라. 그리고 교회를 다녀도 나를 진심으로 믿지 않으면 지옥행이다.

내 아들과 딸들아! 나를 진심으로 믿어라. 진심으로 믿지 않으면 지옥이다. 지옥이 얼마나 고통 받는지는 너도 알고 있을 것이다. 지옥은 사람들이 생각하는 것보다 훨씬 무서운 곳이다. 함부로 말하지 말고 진심으로 나를 더 찾기 바란다. 날마다 지옥으로 떨어지는 사람들을 보니 너무 안쓰럽다. 내가 기회를 주었는데도 믿지 않는다고 하니 어쩔 수가 없구나.

하루하루 지옥으로 떨어지는 사람을 보면 너무 슬프다. 너무 안쓰럽고 꼭 천국으로 데려다 주고 싶은 마음까지 든다. 하지만 어쩔 수가 없다.

초등 1학년 소망이가 본 연단 받는 장소

저는 주님과 함께 처음으로 심판대가 있는 연단 받는 장소로 갔어요. 그곳은 지옥이랑 많이 닮았어요. 거의 똑같았으나 지옥과 형벌 받는 것이 좀 달랐어요. 똑같은 것도 있고 다른 것도 있었어요. 예수님께서 연단 받는 사람에게 다가가서 괴롭히는 마귀한테 뭐라고 얘기하더니 그 사람을 어디론가 데려가셨어요. 그리고 주님이 말씀해 주셨어요. "너도 아까 봤던 지옥에 갈 수 있으니, 조심하여라. 너도 어느 순간 죄를 지으며 회개하지 않고 살다가 내가 재림을 하게 되면 바로 지옥으로 갈 수 있다. 용서를 구하여라."

연단 받는 장소에는 용암도 있고, 기름 물도 있었어요. 마귀는 사람들의 머리를 잡아 뜯고, 불로 지지고, 손가락을 잘랐어요. 그곳에서 몇 명의 사람들은 고통을 다 받고 나갔어요. 그리고 천사가 어떤 사람의 가슴과 등이 연결된 곳을 불로 살짝 지지자 원죄가 쏙 빠져나왔어요. 그런 후에 보니 새사람이 되었어요. 그리고 주님께서 그곳에서 연단 받는 어느 한 사람이 세상에서 살 때의 모습을 보여주셨어요. 그분은 매일 욕심을 부리고 돈이 있으면서도 더 채우려고 하며 살다가 결국 욕심 때문에 여기로 연단 받으러 왔다고 했어요. 또 다른 중학교 3학년 정도 되는 사람을 보여 주셨어요. 그 형은 세상에 살 때 매일 행패나 부리고 짜증내고 매일 부모님 말씀을 안 듣고 거역하며 때리고 싸워서 연단 받으러 왔다고 했어요.

예수님께서 말씀하셨어요. "너희가 모두 완벽한 것은 아니니 교만하면 안 된다. 세상 것을 의지하면 안 된다. 오직 내가 생명이다. 나를 떠나면 너희는 죽은 것이다. 지금 상태로 가면 너희는 지옥에 간다. 깨닫고 잘 준비하고 나의 재림을 예비하여라. 오직 나만 의지하고, 내 말에 순종해야 한다. 그리고 나쁜 마귀의 속임을 당하면 안 되고, 속임을 당할 때는 마귀를 대적해야 한다. 오직 나만 의지하면서 부모님의 말씀에 순종해야 한다. 사람이나 다른 사물이나 세상 모든 것보다 가장 나를 사랑해야 한다. 세상의 것을 제일 사랑하면 안 된다. 오직 나를 사랑하라. 내가 길이다."

예수님의 손과 발에 구멍이 뚫려있었어요. 성도들이 죄를 지을 때마다 그 구멍 난 손과 발에서 피가 흘렀어요. 사람들이 회개하면 아픈 손이 나아진다고 말씀하셨어요. 예수님께서 발바닥이 아프신 것 같았어요.

주님께서 말씀하셨습니다. 소망아! 언제든지 마귀가 공격 할 수 있느니, 절대! 틈을 보여주면 안 된다. 틈이 있으면 나(예수님)에게 기도해서 다시 메꾸어라. 내가(예수님)실과 같은 존재다. 무언가를 꿰매는 실과 같은 존재다. 막 찢어진 곳을 바느질 하는 그런 실과 같다. 하지만 너희는 죄를 지을 수밖에 없으니 언제든지 나(예수님)를 의지하고 살아야 한다. 너희를 사랑한다."

어느 주일날 예수님께서 "사람들이 연단 받는 과정을 보자!"고 하시며 심판대로 인도해 주셨어요. 그곳은 어두침침했어요. 유황불로 된 바다에 빠진 사람들이 뜨겁다고 하며 살려달라고 외쳤어요. 계속 끓고 있는 불바다 속의 사람들에게서 구더기 같은 것들이 나왔어요. 뱀이 사람의 입이나 눈이나 귀로 들락거렸어요. 또 어떤 사람에게는 뱀이 온 몸을 감고 있었어요. 마귀들은 사람들을 끔찍하게 괴롭혔어요. 사람들이 완전히 산산조각 분해되었다가 합쳐졌다가 했어요. 그곳에서 예수님께서 몇몇 사람들을 데리고 올라갔어요.

마귀는 사람들에게 얼음물과 기름물 같은 곳으로 들어가라고 하고, 또 사람들을 불로 지지며 고통을 주었어요. 그리고 사람을 기둥에 묶어놓고 칼로 온몸을 잘랐어요. 그 광경은 너무 끔찍했어요. 주님이 말씀하셨어요. "땅에서 아직 완성하지 못한 자들은 연단을 받으면서 죄를 다 씻고, 완전히 정결케 된 사람들만 휴거된다." 그리고 땅에 남아 있는 사람들은 대 환난을 겪고 천국에 가고, 어떤 사람들은 연단 받는 장소로 간다고 말씀하셨어요.

또 주님께서 말씀하셨어요. "땅에서 죄를 짓고 회개하지 못하고 죄를 다 씻지 못한 사람들은 지옥으로 갈 수 밖에 없다. 나는 그들이 천국으로 가기를 원하지만, 그 사람들이 죄를 회개하지 않으니 나도 어쩔 수가 없다. 계시 사역자들은 마귀의 공격이 심하니 더 조심해야 한다. 언제든지 전신갑주를 입고 마귀가 공격해도 막을 수 있는 무기로 무장해라. 너희가 그 무기를 가지고 있으면서 쓰지 않으면 그건 너희가 하지 않은 것이다. 그러니 잘 준비해라. 내가 너희한테 최대한 마귀를 막을 수 있는 무기를 주었으니, 이제는 마귀를 대항하라. 그런데 내가 너희에게 모든 무기를 줬는데도 마귀와 싸우지 않으면 그것은 너희 탓이다. 그러니 싸워라. 내가 준 그 무기로 싸워라. 마귀들과 싸워 제발 이기길 바란다."

얼마 후에 주님께서 또 말씀해 주셨어요. "대 환난에서 7년 안에 많은 사람들이 타락할 것이다. 대 환난을 통과하는 사람들도 있고, 통과하지 못하고 배도하여 지옥으로 가는 사람들도 많을 것이다. 땅에 남은 사람들은 완벽하지 못하니, 연단을 받아야 하고 그 연단은 내가 주는 연단이니 잘 견뎌내라. 연단을 통과하지 못한 사람들은 아직 다 안 익은 것이다. 다이아몬드 중에 가짜와 진짜가 있는데, 가짜는 많고 진짜는 적다. 그것처럼 하늘의 사람은 아주 소수고 땅에 속한 사람들은 아주 많다.

그런데 너희가 하늘에 속할 것이냐? 땅에 속할 것이냐? 그리고 악에 속할 것이냐? 아니면 선에 속할 것이냐? 너희가 땅에 속한 사람이면 절대 안 된다. 그리고 네가 타락하면 안 된다. 타락하면 내 백성이 아닌 것이다. 내 백성은 오직 나를 믿고 따르는 자. 오직 나의 충실한 아들이다. 나는 이 세상의 모든 사람들을 사랑한다. 그래서 나는 이 세상의 모든 사람들이 천국으로 가길 원한다. 하지만 내가 그 사람들을 어떻게 할 수 없는 것이다. 그것은 그 사람들의 의지이기 때문이다. 그 사람들이 땅의 사람이면 지옥에 갈 수밖에 없고, 하늘의 사람이면 천국으로 간다.

　이제 거의 안 남았다. 그러니 빨리빨리 나의 말에 순종해라. 그렇게 게으름 피다보면 어느 순간 너는 낭떠러지로 떨어진다. 자칫하면 죽을 수 있으니 조심해야 한다. 계단에서 발을 잘못 헛디디면 큰 사고가 일어나는 것처럼, 너희도 잘못하면 큰 사고를 당할 수 있다. 마귀에게 절대 속지마라. 속으면 안 된다. 너희가 죄를 안 지은 만큼 고통이 감소되고, 죄를 많이 지은 만큼 고통이 심할 것이다. 그러니 죄를 절대 지으면 안 된다. 내가 회개하면 언제든지 도와주지만, 일부러 죄짓는 것은 안 된다.

　그리고 너희가 세상의 것을 절대 사랑하지 말고 오직 하늘의 것만 사랑하라. 너희가 다이아몬드 원석처럼 아직 단련되지 않고, 갓 발견한 보석처럼 그게 아직 진짜로 완전히 깎고 또 깎아서 아주 깨끗하게 된 그런 금만이 정말 정결한 금이다. 너희도 그렇게 되라. 사랑한다. 눈이 먼 사람이 잘못 말하면 자기뿐 아니라 다른 사람까지 죽게 하는 거다. 절대 그러면 안 된다. 너희는 나를 두려워해야 한다."

제 3 장

심판대로 보내지기 전 가족들의 임시거주지

이를 위하여 죽은 자들에게도 복음이 전파되었으니
이는 육체로는 사람으로 심판을 받으나 영으로는 하나님을 따라 살게 하려 함이리
벧전 4:6

chapter 03

심판대로 보내지기 전 가족들의 임시거주지

SECRETS OF THE SPIRIT

사람이 죽으면 성도와 불신자가 따로 분리가 되는데, 가족들이 함께 죽었을 경우는 바로 갈라지지 않고 따로 모여 준비하는 임시 거주지가 있다는 것을 알았습니다. 저는 가족들이 따로 모여 사는 곳을 보며 주님께 물었습니다. 주님께서는 가족이 같이 죽을 경우는 바로 떼어놓지 않고 같이 생활하며 서서히 헤어질 수 있도록 그런 환경을 만들어 놓았다고 말씀해 주셨습니다(단12:10/계22:11).

"주님, 불신자들이 지옥 갈 준비를 하는 장소와 가족들이 임시로 머무는 장소는 서로 다른 곳인가요?", "다른 장소란다.", "이곳에서도 천사들이 복음을 전하나요?", "그렇단다. 복음을 듣지 못한 영혼이 혼자 죽었을 경우는 죽은 그 상태에서 천사에게 복음을 듣고 나를 믿으면 심판대로 가게 된다. 그러나 나를 믿지 않고 끝까지 거부하면 따로 준비된 장소나 사람들 속에 들어가 지옥 갈 준비를 하게 된다(벧전4:5~6). 다윗아! 한 가지 알아야 할 것은, 땅에서 나를 믿지 않은 영혼들은 죽어서도 그 마음이 바뀌지 않기 때문에 천사들이 복음을 전한다고 해도 받아들이지 않는단다."

천국과 지옥의 갈림길

주님이 네 식구가 살고 있는 가정을 보여주셨습니다. 가장인 아빠와 중학생인 둘째 아들은 예수님을 잘 믿었지만, 아내와 큰 아들은 교회를 다니지 않았습니다. 가장인 아빠는 교회를 나갈 때마다 구박하는 아내의 눈치를 보며 조심스럽게 다녔습니다. 큰 아들은 작은 아들이 교회를 나가자고 복음을 전해도 거부하고 친구들과 놀러 다니는 것만 좋아했습니다. 어느 날 가족여행을 떠났습니다. 잠시 휴게소에 들려 볼일을 보고 나오는 길에 큰 차와 충돌하여 옆에 있는 낭떠러지로 굴러 떨어지면서 큰 사고로 이어져 가족 모두가 그 자리에서 죽었습니다. 몸에서 빠져나온 영혼들은 "여기가 어디지?" 하고 주변을 두리번거리며 당황하였습니다. 그때 천사가 나타나서 그들을 어디론가 데려다 놓았는데, 그곳은 이 세상과 비슷한 환경이었습니다.

천사는 그들에게 말했습니다. "이곳은 너희 같은 가족이 함께 죽을 때 임시로 머무는 곳이다. 여기서 지옥에 갈 영과 천국에 갈 영이 나누어진다. 너희가 예수님을 믿고 회개하고 천국으로 오면 좋겠다." 천사는 돌아가고 그들은 여기저기를 돌아다니다가 어느 빈집을 발견하고 그곳에서 살자고 하고 들어갔습니다. 그곳에서도 남편은 날마다 둘째 아들과 하나님을 찬양하고 기도하며 하루속히 천국가기를 소망하며 지냈습니다. 그런데 아내는 예수님을 거부하고 매일 술과 담배와 마약을 하며 점점 나쁜 길로 빠졌습니다. 그곳에서 먹는 술과 담배와 모든 것들은 전부 세상에서 사용하는 것과 다른 영적인 것들이었습니다. 그런 것을 사용할 때 세상에서 하는 것보다 더 강한 쾌감을 느끼며 더욱 더 악으로 물들어가게 됩니다. 큰 아들도 친구들과 어울려 다니며 온갖 나쁜 짓을 하여 점점 더 악한 모습으로 변해갔습니다.

　남편은 아내에게서 지독한 죄의 냄새가 풍겨나고 더 이상 함께 생활할 수 없을 지경이 되자 결단을 내리고 아내에게 이대로는 도저히 살 수 없으니 헤어지자고 말했습니다. 그의 아내는 다시는 안 그러겠다고 싹싹 빌어서 좀 더 참아보기로 했습니다. 그런데 날이 갈수록 심한 악행과 지독한 죄의 악취로 인해 견딜 수가 없게 되자 결국 헤어지기로 하여 둘째 아들을 데리고 집을 나왔습니다. 그때 큰 아들이 밖에서 놀고 들어오며 물었습니다. "아버지! 어디가?", "네 엄마와 헤어졌단다." 큰 아들은 깜짝 놀라는 표정이었습니다. "뭐! 엄마와 헤어져?", "그렇다. 너는 엄마하고 살 거냐? 아니면 나와 함께 예수님 믿고 천국 가겠니?", "난 여기가 더 좋아. 엄마하고 살 거야." 형은 완강히 거부하였고, 동생이 설득해도 들은 체하지 않고 따라오지도 않았습니다. "아버지, 엄마와 형이 불쌍해요. 함께 같이 가요.", "안 된다. 엄마는 이미 의지를 가지기에는 너무 늦었고, 형은 주님을 믿을 의지가 전혀 없구나. 가자."

　그들은 할 수 없이 무거운 걸음을 걷고 있을 때, 그들 앞에 천사가 나타났습니다. 천사는 그들을 안고 위로 높이 올라갔습니다. 천사는 그들을 심판대로 데리고 가서 연단 받는 내용을 설명해 준 후에 "아들은 저쪽으로 가고, 당신은 저 반대편으로 가라."라고 명하였습니다. 그들은 "아들과 같이 받겠습니다. 아들과 떨어질 수 없어요.", "천사님, 제발 아빠와 같이 고통을 당하게 해주십시오." 하고 사정을 했습니다. 몇 번을 간청해도 천사가 안 된다고 하자 포기하였습니다. "어쩔 수 없구나. 아들아, 열심히 연단 받고 천국에서 만나자. 천국 가서 널 데리러 갈게.", "아빠,

안돼요. 혼자 고통 받기 싫어요.", "어쩔 수 없단다."

그때 그들 앞으로 예수님이 다가오셨습니다. "나의 아들들아, 너희는 나쁜 길로 안 빠지고 여기까지 왔구나." 아빠는 예수님께 간청을 했습니다. "주님, 제 아이와 함께 있게 해주세요. 제발 부탁입니다." 예수님은 간청하는 아빠를 보고 "알았다. 너희에게 특별히 그렇게 해주마. 하지만 단연코 아들의 고통은 아들이 받게 해야 한다. 알겠느냐?", "예." 하고 그들은 기뻐했습니다. 천사는 그들을 연단 받는 곳으로 데려다 주었습니다. 갑자기 위에서 5cm 정도의 많은 벌레들이 그들 몸에 떨어져 달라붙고 아프게 물었습니다. 아무리 떼려고 해도 꽉 물고 안 떨어졌습니다. 아빠는 고통스러워하는 아들에게 붙은 벌레를 떼어주려고 해도 안 떨어지자 아들에게 회개하자고 독려하며 열심히 기도하기 시작했습니다. 그들이 간절히 회개하는 것을 보고 마귀는 물을 뿌렸습니다. 그러자 물고 있던 벌레들이 사라져 버렸습니다.

또다시 마귀는 검도로 아들의 등과 허리를 내리치자 아들이 아픔을 견디지 못해 팔짝뛰며 비명을 질러댔습니다. 곁에서 보다 못한 아빠는 아들을 끌어안고 본인이 대신 맞으려고 시도했습니다. 그러자 천사가 나타나서 "고통은 각자 감당해야 한다… 같이 있게 하는 것도 내 은혜다."라는 예수님의 말씀을 전해주고 돌아갔습니다. 아빠는 알겠다며 순종하고 아들에게서 떨어져 열심히 중보기도만 하였습니다. 마귀는 검도로 그들의 목과 허리를 때렸습니다. 그들은 맞으면서도 열심히 회개하자 곧바로 시험받는 환경을 만들어 놓았습니다.

마귀는 그들이 시험받는 힘든 환경에서도 범죄 하지 않고 잘 통과하자 다른 죄 성을 연단 받는 장소로 이동하였습니다. 그곳에 있는 여러 가지 고문기구들 중에서 입술을 잡아당기는 도구를 들고 그들의 입술을 잡아당기고 콧구멍을 찢었습니다. 그리고 둘 다 눕혀놓고 굵은 철사로 머리와 온 몸을 사정없이 치자 "아파요! 살려주세요." 하며 애원을 하였습니다. 마귀는 때리던 손을 잠시 멈추었습니다. 아빠는 아들에게 "우리가 지은 거짓 죄를 회개하자.", "예, 아빠!" 하고 그들은 열심히 회개기도를 하였습니다. 마귀가 회개하는 그들을 발로 차도 계속 회개기도만 하고 휩쓸리지 않았습니다.

　마귀는 그들을 시험한 뒤에 조그만 빈 방안에 쳐 넣고 그들의 등을 칼로 살짝 찍고, 엉덩이를 긁었습니다. 마귀는 아들의 팔과 다리를 뒤로 꺾자 "아빠! 살려주세요. 너무 아파요. 으~악… 아빠! 살려주세요." 하고 애원하였습니다. 그때마다 아들에게 예수님을 찾으라고 계속해서 소리쳤습니다. 아들은 "아빠 살려주세요." 하다가 순간 "예수님! 살려주세요. 너무 아파요!"라고 도움을 청했습니다. 마귀는 둘을 함께 묶어놓고 숨이 막히도록 얼음물을 위에서 부었지만, 아빠는 회개만을 재촉했고 아들은 너무 힘들어 하면서도 "그만해요. 예수님, 잘못했어요. 제발 용서해 주세요. 엉엉…." 하며 울었습니다. 아빠는 시험받으러 가는 아들에게 힘을 북돋아 주었습니다. "아들아, 어떤 유혹에도 넘어가지 말고 시험에 꼭 합격해야 돼. 믿음 잃지 마라.", "알겠어요."

　그런데 막상 시험받는 환경에 들어가면 그 환경과 사람이 실제처럼 느껴지고 자신이 심판대에서 시험받고 있다는 것조차 의식하지 못했습니다. 마귀는 아들의 친구모습으로 변신하여 나타나 아집 죄를 짓도록 유도하였습니다. 마귀는 아들의 연약한 부분을 계속적으로 자극하며 성질을 돋우는 말로 놀렸습니다. 마귀가 변신한 친구들은 아들의 눈앞에서 먹을 것을 흔들며 "너 이것 먹을래?" 하고 주진 않고 계속 약만 올렸습니다. 그러자 더 이상 참지 못하고 친구를 한 대 때렸습니다. 그리고 분을 참지 못해 씩씩거리다가 순간 "내가 화를 내면 안 되는데… 내가 왜 그랬지." 하고 지은 죄를 깨닫고 회개기도를 하였습니다.

잠시 후 또 다른 친구가 과자를 듬뿍 들고 들어온 것을 보자 아들은 "이거 내가 먹어도 되지?" 하고 바라보자 친구는 고개를 끄덕였고, 식욕에 사로잡힌 아들은 과자를 혼자 다 먹으려고 욕심을 부리다 순간 그것이 죄라는 것을 깨닫고 회개하였습니다. 그리고 친구들과 함께 나눠먹음으로서 마귀가 주는 여러 가지 시험에 합격하였습니다. 마귀는 아들을 다시 아빠가 있는 곳으로 데려다 주었습니다. 아빠는 아들을 끌어안고 "잘 통과했냐?", "네.", "잘했다." 하고 잠시 쉼을 갖으며 둘이 대화를 나누었습니다. 마귀가 그들을 나머지 죄에 대한 연단을 주기 위해 또 다른 장소로 데리고 갔습니다. 마귀는 칼을 들고 아빠의 피부 살갗을 벗겨 내었습니다. 아빠는 "으~아…." 하며 비명을 질렀고, 아들은 채찍으로 맞고 고통으로 얼굴이 일그러져 있었습니다. 마귀는 아빠와 아들의 팔을 끈으로 묶고 둘을 빙빙 돌려가며 서로 부딪히게 하다가 잡고 있던 손을 놓아 바닥에 처박히게 만들었습니다. 그들은 너무 아파서 정신을 못 차리고 있는 상태에서 마귀가 야구 방망이 같은 것으로 어깨와 등을 사정없이 내리쳤습니다. 그들은 묶인 상태로 너무 아파 이리저리 안 맞으려고 피하였습니다. 마귀는 안 맞으려고 도망 다니는 그들의 머리를 때리자 그 자리에서 무릎 꿇고 회개기도를 하였습니다. 그들이 일어서려고 할 때, 마귀는 그들의 묶은 팔을 풀어주고 옷을 벗긴 후 기둥에 묶어놓고 부드러운 솔 같은 것으로 간지럼 태우자 "아~ 하하하!" 하며 간지러워 온

몸을 비틀었습니다. 마귀는 그들을 간지럼으로 숨 끊어져 죽을 듯이 웃게 만든 상태에서 철사 줄로 몸을 내리쳤습니다.

그리고 아빠와 아들의 팔다리를 묶어 서로 연결시킨 후 양쪽에서 잡아당기며 고통을 주었습니다. "아~ 그만!" 하고 비명을 지르다가 질투와 음란했던 죄를 열심히 회개하였습니다. 마귀는 수차례를 거쳐 시험받는 환경을 만들어 놓고 그들을 시험하였는데, 마귀가 아들 앞에 아름다운 여자의 모습으로 나타난 것을 아들이 보는 순간 욕정이 끓어올랐습니다. 그런데 여자는 아들에게는 안중에도 없고 어디선가 나체로 나타난 다른 남자에게 달라붙었습니다. 그 모습을 본 아들은 질투심이 끓어올라 옷을 벗어 던지고 그 여자에게 달려갔습니다. 여자는 아들을 보자 콧방귀로 외면하였습니다. 아들은 붙어있던 남녀가 잠시 떨어져 있는 틈을 이용해 그 남자에게 다가가서 거짓말을 하며 이간질을 했습니다. 이간질에 속아 화가 난 남자는 여자에게 욕을 하고 떠났습니다.

'기회는 이때다!' 하고 아들이 여자에게 달려가자 여자는 곧바로 "이봐! 나하고 몸을 섞으면 사귈 수도 있지." 하고 유혹을 하였습니다. 아들은 좋아하며 음란한 짓을 하려는 순간 주님이 아들에게 음란죄를 짓고 있다는 것을 깨닫게 해주었습니다. 그 즉시 다가오는 여자를 용감하게 밀쳐내고 눈물로 회개하며 있던 자리에서 도망쳤습니다. 마귀는 아빠와 아들이 죄를 안 지을 때까지 수차례나 골고루 일곱 가지의 연단을 통과하게 한 후에 천사에게 넘겨주었습니다. 천사는 그들을 안고 위로 올라갔습니다. 교육받는 낙원으로 들어가기 직전에 죄를 뽑는 어느 문 안으로 들어서자 그곳에 있던 큰 천사가 "너희도 죄 성을 뽑으러 왔느냐?" 하고 물었습니다. 그리고 아들을 누우라고 한 뒤 아들의 가슴 쪽을 칼로 자르고 벌려 속에 있는 죄 덩어리 밑 부분을 불로 지진 다음에 손으로 뽑았습니다. 아들은 일어나서 "아빠! 너무 홀가분해요. 가슴도 뻥 뚫린 것 같고 너무 기뻐요."라고 말하며 아빠 품에 안겨 함께 기뻐하였습니다. 죄성이 뽑아진 아들의 모습은 아주 밝고 아름답게 변해있었습니다.

천사는 아빠에게 "너도 여기에 누워라. 죄 성을 뽑아야 한다."라고 말한 뒤 아들에게 한 것과 똑같은 방법으로 죄 덩어리를 뽑아주었습니다. 아빠도 일어나서 아들을 끌어안고 "정말 가슴이 뻥 뚫린 것 같구나." 하며 기뻐하였습니다. 그들의 얼굴은 연단을 받는 과정에서 조금씩 바뀌어 지더니 죄 성을 뽑는 즉시 잡티와 주름살도 없어지고 아주 젊고 아름답게 변했습니다. 천사는 그들에게 "너희는 교육받는 낙원으로 가서 교육을 받고 천국으로 올라갈 것이다."라고 했습니다. 그리고 교육받는 곳으로 데려다 주며 그들에게 머물 곳을 찾아보고 학교 가서 공부하고 있으면 때가 되면 데리러 오겠다고 하고 돌아갔습니다. 누군가 그들 앞에 다가와서 "혹시 집이 필요하세요?"라고 물었습니다. 그렇다고 하자 그들을 아주 좋은 집으로 안내하고 그곳에서 잠시 머물라고 했습니다.

그들은 그곳에서 먹을 것을 챙겨먹고 축복학교라는 곳을 찾아가 천사 선생님에게 천국에서 생활하는 내용들을 배웠습니다. 공부하고 아들과 만나 집으로 돌아와서 음식을 챙겨 먹고 조금 쉬었다가 다시 예배드리는 장소로 찾아갔습니다. 그들은 함께 드리는 예배에 감격과 기쁨이 넘쳤고, 다른 영혼들과의 교제도 말할 수 없이 즐거워하였습니다. 공부를 마친 어느 날 그들은 "천사가 언제 오나?" 하고 생각하고 있을 때, 그곳으로 데려다준 천사가 와서 그들을 천국으로 데리고 올라갔습니다. 그들은 천국 입구에서 반겨주시는 예수님께 달려가서 품에 안기자 예수님은 "아들아, 수고했다."라고 말씀하시고 각자 살 집으로 데려다주셨습니다. 아버지와 아들의 집이 좀 떨어져 있었습니다.

그는 헤어진 아내와 큰 아들이 궁금해서 예수님께 물어보았습니다. "혹시 제 아내와 자식이 어떻게 살고 있는지 알 수 있을까요?" 주님은 그의 아내와 큰 아들이 불속에서 처절하게 고통당하는 것을 보여주셨습니다. 그는 "저 여자와 아들도 나와 함께 예수님을 믿었으면 좋았을 텐데… 주님, 이제 됐습니다." 하고 예수님을 찬양하고 집안으로 들어갔습니다. 아빠는 천국을 구경하다가 큰 산을 발견하고 "저 산에 아들과 함께 올라가 봐야겠구나."라고 생각하고 아들집으로 갔습니다. 그들은 함께 산으로 올라가서 주위를 살펴보다 천국의 아름다운 풍경에 감탄하였습니다. 영혼들의 아름다운 모습과 호수 그리고 반짝거리는 천국의 집들은 말로 표현할 수 없을 정도로 아름다운 풍경이었기에 아빠와 아들은 넋을 잃었습니다.

지진으로 죽은 자들이 영계에서 분리

주님이 어느 마을에서 일어난 사건을 보여 주셨습니다. 그 마을에는 예수님을 믿는 사람들과 다른 잡신을 섬기는 사람들, 또 무신론자들이 함께 살고 있었습니다. 어느 날 산으로 둘러싸인 마을에 많은 비가 쏟아져 산사태가 일어났고 물이 차올라서 사람들은 높고 안전한 곳으로 피신했습니다. 다행히 비는 그쳤으나 많은 산사태로 인해 마을에 큰 피해를 입었습니다. 마을 사람들은 무너진 것을 다시 세우고 복구 작업을 하여 예전의 모습을 되찾아가고 있는 중에 설상가상으로 마을에 갑작스런 지진이 일어났습니다. 지진으로 많은 사람들이 죽고 살아남은 사람들은 더 이상 그곳에서 살지 못하겠다며 정든 마을을 떠났습니다. 지진으로 죽은 사람들은 육체에서 영혼이 빠져 나와 어리둥절하고 있을 때, 마귀들이 불신자들을 잡아 지옥 갈 준비를 하는 임시 거주지로 데려다 놓았습니다.

 그 다음 예수님을 믿는 영혼들은 따로 천사들이 천국가기 위해 정결케 되는 연단 받는 장소로 데리고 갔습니다. 그리고 무신론자들에게 천사가 다가가서 예수님을 전했습니다. 천사는 아름다운 자신의 모습을 감추고 영혼들과 비슷한 모습으로 변신하여 자연스럽게 예수님을 전하였습니다. 영혼들은 복음을 전하는 분이 천사인 줄은 전혀 모르는 것 같았습니다. 천사가 전하는 복음을 믿고 받아들이는 영혼들이 있고 또 끝까지 거부하고 그들이 믿고 의지했던 신을 찾는 영혼들로 나뉘었습니다. 마귀들은 예수님을 부인하는 영혼들을 지옥들어가기 전 임시 거주지로 끌고 갔고, 천사들은 예수님을 믿고 받아들인 영혼들을 죄를 정결케 하기 위한 연단 받는 장소로 데리고 갔습니다.

 그렇게 혼자 죽은 영혼들이 분리가 되고 나자 가족들만 남았습니다. 천사는 가족들을 임시거주지로 데려다 놓았습니다. 그들은 그곳에서 가족끼리 함께 생활을 하였습니다. 그런데 날이 갈수록 신자와 불신 가족이 물과 기름처럼 서로의 영이 맞지 않아 점점 멀어지기 시작했습니다. 도저히 함께 살 수 없을 지경이 되자 천사가 믿는 성도를 천국 갈 준비를 하는 연단 받는 장소로 데리고 갔습니다. 그리고 가족 중에서 불신자들만 그곳에 남아 온갖 죄를 지으며 선이 다 제거되고 악으로 충만하게 찰 때까지 그곳에서 지옥 갈 준비를 하였습니다.

제 4 장

불신자와 타락한 영혼의 지옥행

한 번 빛을 받고 하늘의 은사를 맛보고 성령에 참여한 바 되고
하나님의 선한 말씀과 내세의 능력을 맛보고도
타락한 자들은 다시 새롭게 하여 회개하게 할 수 없나니
이는 그들이 하나님의 아들을 다시 십자가에 못 박아 드러내 놓고 욕되게 함이라
히 6:4-6

불신자와 타락한 영혼의 지옥행
SECRETS OF THE SPIRIT

주님께서 알려주셨습니다. 불신자들은 예수님을 믿지 않은 것 자체만으로도 이미 심판을 받은 것이기에 따로 하나님의 심판대 앞에 서지 않는다고 합니다(요3:18). 예수님은 저에게 불신자들이 지옥 들어갈 준비를 갖추는 장소를 네 군데나 보여주셨습니다. 첫째는 세상에서 육체를 입고 살면서 죄로 완전히 무르익어 양심의 화인 맞은 영혼들이 죽는 동시에 곧장 3층 지옥으로 떨어졌습니다. 둘째는 가족과 함께 죽은 영혼들이 죽는 즉시 갈라지지 않고 이 세상과 비슷한 영적인 세계에서 함께 생활을 하였습니다. 그들은 얼마 후에 신자와 불신자가 서로 맞지 않아 도저히 함께 살 수 없을 때 갈라서게 됩니다. 천사가 믿는 영혼은 심판대로 데리고 가고, 그곳에 남은 불신 가족은 온갖 죄를 지으며 지옥 갈 준비를 하였습니다.

또한 혼자 죽은 불신자들 중에는 두 부류로 나누어졌습니다. 셋째는 마귀가 죽은 영혼들을 지옥 들어갈 준비를 하는 임시 거주지에 데려다 놓았습니다. 넷째는 세상에서 사는 사람들의 배후에서 죄를 짓도록 유혹하며 괴롭히고 악으로 무르익어 지옥 갈 준비를 하였습니다. 위에서 말한 네 가지의 방법에 의해 불신자들이 지옥에 들어가는데, 각자가 원하는 방법대로 하는 것이 아니라 주님의 명에 따라 이루어진다고 하였습니다. 지옥은 선이 조금이라도 남아 있으면 들어갈 수 없는 곳이라고 합니다. 그래서 곧장 죽으면 지옥으로 가는 것이 아니라 남은 선이 다 제거되기까지 임시 거주지에서 지옥 갈 준비를 하는 것입니다.

많은 분들이 마귀가 곧장 불신자를 지옥으로 데리고 가는 환상을 많이 보고 간증하지만, 실제는 그렇지 않다고 합니다. 천사가 죽음 이후 과정은 생략하고 지옥으로 떨어지는 결과만을 그렇게 환상으로 보여주기도 한다는 것입니다. 그 이유는 환상을 보는 사람들이 불신자는 죽는 동시에 지옥 간다고 믿는 것과 심판대의 지식이 없기 때문이라고 합니다. 그리고 환상을 보는 사람의 생각 속에 불신자가 죽으면 곧장 지옥 간다고 생각하고 있는 것에 어둠이 틈타고 그렇게 보여 지기도 한다고 합니다. 예수님께서 "천국도 내가 다스리고 지옥도 내가 다스리는 곳이다."라고 말씀해 주셨습니다. 만약 천국과 지옥 그리고 우주만물을 주님이 직접 다스리고 통치하지 않으시면 살아남을 영혼들은 아무도 없다는 것입니다.

이 세상에서도 불안해서 단 하루도 살 수가 없습니다. 하나님의 허락하신 범위 안에서 마귀들이 역사하기 때문에 주님을 믿는 성도들은 그분을 의지하고 평안한 삶을 살 수 있는 것입니다(마10:29). 주님께서 마귀들에게 형벌주시는 것을 보았습니다. 예수님이 마귀들에게 "너희들이 지은 죄는 당연히 고통으로 받아야 한다."라고 말씀하셨습니다. 그러자 사방이 막혀있는 용암 속으로 수많은 마귀들이 우수수 떨어졌습니다. 마귀들은 돌아가며 한꺼번에 불속에서 고통을 당하고 나와서 지옥에 있는 영혼들을 괴롭히며 형벌을 주었습니다.

저에게 예수님이 직접 마귀들에게 벌하시는 것을 보여주셨지만, 그런 일들은 예수님이 직접 나서서 하시기보다는 천사들을 통해 일하셨습니다. 천사들은 예수님이 정해준 시간에 반복적으로 마귀들에게 형벌을 주었습니다. 이 세상 시간으로 계산하면 마귀들이 불속에서 형벌 받는 시간과 불신자들을 다스리는 시간이 비슷하다고 합니다. 불속에서 어느 정도 고통을 받고 나온 마귀들은 곧바로 불신자들에게 가서 고통을 주며 그들을 다스렸습니다. 마귀들이 불신자들에게 자기들 마음대로 하는 것이 아니라 주님이 정하신 법안에서 형벌을 주었습니다.

천사들이 마귀들에게 다른 종류의 형벌을 주는 것을 보았습니다. 많은 마귀들을 한 곳에 묶어놓고 주위에서 많은 천사들이 긴 채찍으로 때렸습니다. 마귀들은 "으~아악…." 하며 고통스런 비명을 지르며 울부짖었습니다. 또한 수많은 마귀들을 큰 얼음이 둥둥 떠다니는 깊은 물속에 집어넣고 천사들이 위에서 큰 얼음덩어리를 던졌습니다. 마귀들은 얼음덩어리를 맞고 고통스러워하며 소리쳤습니다. 천사들은 형벌을 다 주고 나서 "너희들은 벌을 받았으니 가서 불신 영혼들에게 가서 벌을 주어라."라고 마귀들을 놓아주었습니다. 마귀들은 실컷 고통을 당한 뒤에 불신자들에게 벌을 주기 위해 달려갔습니다.

불신자들이 거주하는 곳으로 가서 죄를 짓고 있는 그들을 데려다가 자기들이 당한 그 이상으로 실컷 고통을 주며 분풀이를 하였습니다. 그리고 고통을 준 영혼들을 돌려보내고 또 다른 영혼들을 데려다가 온갖 고통을 주었습니다. 마귀들이 형벌을 주는 정도의 차이는 1층 2층 3층 지옥에 사는 영혼들이 똑같지 않고 전부 각 자가 행한 것에 따라 다르게 받았습니다. 1층보다 2층이 더 힘들고 2층보다 3층이 형벌 받는 강도가 더 혹독하고, 그 가운데서도 개개인이 받는 고통의 양이 다 달랐습니다. 마귀들은 그들 맘대로 영혼들을 치리하는 것이 아니라, 하나님이 정해놓은 지옥 법칙 안에서 불신자들에게 형벌을 주었습니다. 마귀들 역시 정해놓은 시간에 맞추어 천사에게 형벌을 받았습니다.

마귀들은 주님의 명을 받고 형벌을 주는 천사들에게는 꼼짝할 수 없이 순종해야만 합니다. 천사들은 어느 구덩이 속에 마귀들을 집어넣고 펄펄 끓는 물을 붓고 그 안에 무거운 돌이나 통나무 같은 것들을 잔뜩 집어넣었습니다. 그러자 괴물형상을 한 마귀들은 밑에 깔려 아프다고 이를 갈며 울부짖었습니다. 천사들은 주님의 명을 받아 천국과 지옥을 왕래하며 교대로 지옥에 있는 마귀들을 치리하였습니다. 주님은 영계에서 실제 일어나고 있는 일들에 대해서 아무것도 모르는 무지한 저에게 같은 내용을 수차례나 보여주시며 이해시켜 주셨습니다.

질병으로 죽은 아이의 지옥행

어느 분이 남자아이를 낳았습니다. 그 아이 이름은 차양소라고 합니다. 그의 부모는 아이가 원하는 대로 해주었습니다. 아이가 자라 초등학교를 입학하였습니다. 1학년 때만 해도 괜찮았던 양소가 2학년 때부터 나쁜 형들과 어울리더니 그 형들이 하는 나쁜 행동을 그대로 따라하며 거칠어지기 시작했습니다. 하교 후에는 곧바로 컴퓨터 게임을 하고, 텔레비전에서 나오는 귀신영화나 폭력적이고 나쁜 내용만 골라서 보았습니다.

어느 주일날 친구들이 찾아와서 교회를 함께 가자고 하며 전도를 했지만, 양소는 "그런 곳에는 가기 싫어!" 하며 완강히 거부한 채 계속 앉아 저속하고 나쁜 내용의 텔레비전만 보았습니다. 아무리 친구들이 교회가자고 졸라도 들은 척도 하지 않았습니다. 양소는 계속 포악한 내용의 미디어들을 접하면서 점점 그곳에 기생하는 어둠이 따라붙어 생각과 언행에 지배를 받았습니다. 마귀가 양소의 몸에 깊이 자리를 잡고 조종하자 어린 양소는 점점 폭력적으로 변해갔습니다. 날이 갈수록 불건전한 내용의 만화와 오락에 빠져 살며 부모에게 신경질을 부리고 반항하는 정도가 심해졌습니다. 부모는 그런 아이를 책망하지 않고 계속 아들의 비위를 맞추며 원하는 대로 들어주었습니다.

집에서 텔레비전과 오락에 빠져 살다가 나중에는 저녁마다 친구 집으로 가서 함께 음란한 동영상을 보고 즐겼습니다. 그리고 밤 8시가 넘어서 집으로 돌아왔습니다. 부모님은 혼내듯이 "걱정했잖아." 하고 야단치자 "내가 돌아다니는 것이 무슨 상관인데… 신경 좀 꺼!" 하고 자기 방으로 휙 들어간 후 부모님이 못 들어오도록 문을 잠그고 텔레비전을 통해 저속하고 폭력적이고 음란한 프로들을 연속해서 보았습니다. 그 다음날 머리가 어지러운 상태로 등교를 했습니다. 등교 후 화장실 다녀오는 길에 현기증을 일으켜 그 자리에서 쓰러져 선생님이 엄마에게 연락해서 양소를 병원으로 데리고 갔습니다. 그때가 4학년 때였습니다.

병원 의사가 아들이 위중한 상태라고 말해주었습니다. 운동도 안하고 안 좋은 음식만 골라 먹고 잠도 잘 안자고 매일 텔레비전과 컴퓨터에 빠져 살며 어둠의 영향을 받아 생긴 바이러스 병이었습니다. 병실에서도 엄마가 텔레비전을 그만 보라고 해도 무시하고 계속 텔레비전만 보았습니다. 양소는 병실에서 잠을 자는 중에 영혼이 빠져나왔습니다. "내가 여기 있는데, 내 몸은 왜 저기 있지!" 하고 자신의 몸을 만져보았지만, 그의 몸이 만져지지 않고 그냥 통과했습니다. 깜짝 놀라며 '어! 이상하다!'라고 생각할 때 엄마가 들어왔습니다. 양소는 "엄마!" 하고 큰 소리로 부르는데도 엄마가 아무 대답을 하지 않고, 누워있는 자신의 몸을 만지더니 깜짝 놀라며 의사를 불렀습니다. 그것을 본 양소는 "뭐! 내가 죽은 거야!" 하고 당황하였습니다.

의사는 그의 몸을 만져보고는 엄마에게 죽었다고 하였습니다. "내가 죽었다고! 죽으면 끝이라고 들었는데… 왜 난 그대로 있는 거지! 이제 난 어떻게 해!" 하며 두려워 떨고 있었습니다. 엄마는 "양소야, 가지 마!" 하며 그의 몸을 붙잡고 울었습니다. 양소는 그의 머리를 감싸고 "죽기 싫어! 죽기 싫어!" 하고 외쳤습니다. 양소의 영혼은 곧바로 지옥으로 가지 않고 엄마 주변을 떠돌며 괴롭혔습니다. 양소의 엄마는 아들이 자신을 원망하며 슬퍼하고 있다는 것을 영으로 느끼고 점점 자책에 빠지며 우울증에 시달렸습니다.

양소에게 흉측하고 무서운 마귀가 다가와서 "혹시 내 도움이 필요하냐?"고 엄한 목소리로 물었습니다. "저~ 우리 엄마한테 매일 밤마다 내가 고통당하는 모습을 보여줄 수 있어?", "왜?", "엄마가 맨 날 텔레비전을 보거나 컴퓨터를 하면 못하게 해서 짜증이 났거든. 그래서 엄마한테 복수하고 싶어." 마귀는 기분 나쁘게 웃으며 "그런 것은 얼마든지 도와줄 수 있지."라고 했습니다. 그리고 마귀는 밤마다 엄마가 잘 때 양소가 죽어서 고통당하는 모습을 환상으로 보여주며 괴롭혔습니다. 엄마는 밤잠을 설치며 "양소야, 엄마 두고 혼자가면 어떡하니! 양소 없는 세상은 살기 싫다. 엄마도 양소 따라가야겠다…"고 울었습니다.

그러던 어느 날 엄마는 정말 세상 살기 싫다고 하며 순간 부엌칼로 자기 심장을 찔렀습니다. 엄마의 죽는 모습을 보고 양소는 재미있어 하며 악한 모습으로 변하였습니다. 양소는 엄마에게 했던 것과 똑같은 방법으로 아빠를 괴롭히려고 했지만, 예수님을 믿고 의지하는 아빠에게는 잘 통하지 않았습니다. 그래서 아빠를 포기하고 예수님을 믿지 않는 이웃집 아주머니를 괴롭혔습니다. 그 아주머니 아들도 양소가 죽기 얼마 전에 죽었습니다. 양소는 마귀와 함께 아주머니가 죄를 짓도록 부추기며 괴롭혔습니다. 아주머니는 죽은 아들을 너무 그리워했습니다. 어느 날 아들이 자기 때문에 죽었다고 자책하며 괴로워하더니 그만 방에서 목을 매고 죽었습니다.

그렇게 죽는 모습을 보면서 양소는 너무 재미있어하며 통쾌하게 웃었습니다. 그의 얼굴 표정이 마치 마귀의 얼굴 같았습니다. 그는 또 다른 사람들을 괴롭혀 죽이려고 할 때, 세 명의 마귀가 다가와서 그의 양쪽 팔과 다리를 들고 땅 깊은 곳으로 내려갔습니다. 그렇게 지옥으로 떨어질 때 그의 나이가 14세였습니다. 그는 끌려가면서 "어디로 가는 거지!" 하고 두려워 떨었습니다. 고개를 돌려 아래를 보자 용암이 있었습니다. 백 미터 떨어진 거리에서 마귀는 "자, 저기에 빠져서 실컷 수영이나 하여라." 하고 용암에 던졌습니다. 그는 죽을 것 같은 몸부림을 치며 "으~아 아 뜨거워!" 하고 비명을 질렀습니다.

옆에는 그와 비슷한 또래와 나이가 좀 더 많은 영혼들이 고통을 당하고 있었습니다. "날 좀 구해줘!" 하고 빠져나가려고 발버둥을 쳤지만, 온통 용암이라 빠져나갈 수가 없었습니다. 그는 "나 좀 살려줘!" 하고 고래고래 소리를 질렀습니다. 옆에 있는 영혼의 어깨를 잡아당기며 빠져 나오려고 하다가 도리어 마귀에게 맞고 뒤로 넘어졌습니다. 한참동안 고통을 당하고 있을 때, 위에서 두 마귀가 그의 양팔을 잡아 올리더니 다른 곳으로 데리고 갔습니다. 그곳은 그가 살 거주지였습니다.

거기에는 험상 굳게 생긴 무서운 어른들이 있었습니다. 마귀는 그에게 "넌 여기서 살아야 한다. 알았어?" 하고 말하였습니다. 주위에는 오물들이 널려있고 온통 더러운 것들이 발에 밟혔습니다. 그는 인상을 찌푸리며 마귀에게 "여기는 내가 살 동네가 아니니 다른 깨끗한 곳으로 보내줘." 하고 말했습니다. "네 놈이 원한다면 다른 곳으로 보내 주지.", "거기로 보내줘. 여긴 싫다." 마귀는 그를 다른 곳으로 데려다 주었습니다. 거기는 먼저보다 더러운 오물이 두 배나 많았고 여자들도 있었습니다. "네 집은 오른 쪽 구석에 있으니 들어가 봐라." 마귀가 시키는 대로 코를 막고 집안으로 들어갔습니다. 문을 열자 벌거벗은 여자가 누워있었습니다. 여자는 그를 보더니 "오! 당신은 나와 같이 살 남자인가 본데. 이리 와! 내 옆에 앉아봐." 하며 반겨주었습니다.

마귀는 양소에게 "여기는 너만 사는 것이 아니고, 저 여자와 함께 사는 것이다. 네 나이보다 조금 더 많으니 알아서 잘 해봐." 하고 돌아갔습니다. 그는 못마땅한 표정을 지으며 밖으로 나와서 발에 밟히는 더러운 오물을 쳐다보지 않으려고 정면만 보고 걸어 다녔습니다. 주위를 구경하고 집으로 돌아오자 그때까지도 여자가 있었습니다. 그 여자가 보기 싫어서 다른 곳으로 보낼 방법을 생각하다가 어쩔 수 없다는 듯이 험한 인상을 쓰고 그녀와 떨어진 곳에 누워 잠깐 눈을 감았습니다. 조금 후에 눈을 떠보니 어느 새 여자가 품에 안겨 있었습니다. 그는 "싫어!" 하고 소리치며 여자를 밀어내자 그녀는 그의 뺨을 때리고 욕을 하며 나갔습니다. 그는 잘 되었다고 생각하며 밖으로 나가 여기저기 돌아다녔습니다. 주위에는 소름 끼칠 정도로 온통 더러운 오물이 깔려있었습니다. 끔찍한 주위 환경과 지독한 냄새로 인해 인상을 찌푸리며 걸어가고 있었습니다.

한참 돌아다니다 어느 한 곳을 도착하자 영혼들이 모여 삽 비슷한 도구로 열심히 땅을 파며 누가 더 많이 파는지 시합을 하고 있었습니다. 그는 다가가서 본인도 해보겠다고 하자 그의 말은 무시하고 자기들끼리만 열심히 땅을 팠습니다. 그는 몹시 기분 나쁜 내색을 하며 끼워주지 않는 그들 옆에 끼어서 아주 빠른 속도로 그들보다 더 많이 땅을 팠습니다. 그리고 아주 거만한 태도로 영혼들을 향해 "그게 잘 하는 거냐?" 하며 무시하고 비꼬는 말을 했습니다. 그들은 아무 말도 못하고 우쭐해하는 그를 바라보았습니다. 그들 앞에서 으스대며 맘껏 교만을 부리고 있자 마귀가 나타나서 "이 놈들이 또 무슨 짓들을 하고 있어?" 하며 전부 형벌 받는 장소로 끌고 갔습니다.

마귀는 그의 머리채를 잡아 벽에 던지고 엉덩이를 발로 밟고 긴 막대기로 허리와 성기부분을 사정없이 찌르고 때렸습니다. 그리고 때린 막대기를 버리고 주먹만 한 크기의 망치 두 개를 들고 그의 눈을 치자 "아 ~ 살려줘! 너무 아파! 그만." 하고 소리쳤습니다. 마귀는 한참 고통을 준 후에 그의 머리채를 잡아서 불 속에 던지자 "살려줘!" 하고 외치며 죽을듯한 비명을 질러댔습니다. 한참 후에 마귀는 그에게 긴 줄을 던지며 그것을 잡고나오라고 했습니다. 힘들게 줄을 잡고 불 속에서 빠져나온 그를 다시 거주지로 돌려보냈습니다.

중독 질병으로 지옥 가는 한 중학생

어느 남학생이 죽을병에 걸려 병실 침대에서 쓸쓸하게 누워있었습니다. 그의 엄마에게 죽음에 대한 이야기를 듣고는 두려움에 떨며 지내던 어느 날이었습니다. 천장에서 사람 비슷하면서도 괴물 같은 모습을 한 두 명의 마귀가 노려보고 있는 것을 보았습니다. 그 모습에 놀라 아무 말도 못하고 공포에 질려 누워있는 남학생에게 마귀는 "이리와!" 하고 손짓하며 그를 잡으려고 하자 그만 눈을 꼭 감고 벌벌 떨고 있었습니다. 그때 "이리와!" 하는 소리가 그의 귀에 계속 들리자 "으아~악!" 하고 소리를 질렀습니다. 그때 그의 부모가 달려왔습니다. "무슨 일이야?", "천장에 괴물이 있어요. 엄마! 무서워요.", "무슨 괴물이 있어? 괜찮아! 엄마가 같이 있을 테니 걱정하지 마라." 그는 곁에서 지켜주는 엄마를 의지하고 마음 놓고 한숨자고 일어났습니다.

엄마가 잠시 자리를 비우고 없을 때였습니다. 천장에 있는 괴물이 또 그의 눈앞에 보였습니다. 괴물은 그에게 "이리와!" 하더니 확 덮쳤습니다. "저리가! 저리가!" 하며 몸부림을 치다가 그대로 숨이 끊어졌습니다. 두 명의 마귀는 그의 양쪽 팔을 잡고 어디론가 데리고 가고 있었습니다. 그는 무서워서 눈을 감은 채로 "엄마! 엄마!" 하고 울며 소리쳤습니다. 아무리 소리쳐 불러도 엄마의 목소리가 들리지 않자 살짝 눈을 떴습니다. 자신이 두 명의 마귀에게 끌려가고 있다는 것을 알고는 있는 힘껏 잡고 있는 마귀의 손을 뿌리치며 "놔!" 하고 저항을 하였으나 소용이 없었습니다. 그는 불가항력으로 "엄마! 엄마!" 하고 울며 질질 끌려갔습니다. 어느 곳에 도착한 마귀들은 "너는 여기서 살아야 한다. 알았어?", "난 엄마한테 갈 거야!" 하고 반항하자 마귀가 머리를 때리며 굴복시켰습니다.

그는 "여기는 뭐하는 곳인가요?"라고 물었습니다. "여기는 지옥가기 전에 들어가는 곳이지…" 마귀는 그를 안으로 들어가라고 세게 밀어 넣고 돌아갔습니다. 그곳의 환경은 우리가 사는 세상과 비슷한 영의 세계였습니다. 그는 아무 곳이나 막 돌아다니다가 또래 다섯 명을 만났습니다. 그들은 "야! 이리와!" 하고 불러서 "왜?" 하고 두려운 표정으로 다가갔습니다. 또래 중에 대장 같은 애가 다른 애들에게 손짓을 하자 옆에 있던 애들이 달려들어 그가 입은 옷을 벗겨서 똥물 같은 곳에 던졌습니다. 그는 "내 옷 내놔!" 하며 울기 시작했습니다. 그들 중에 한 영혼이 "아이고 귀여운 것!" 하며 엉덩이를 토닥거렸습니다. 그는 "하지 마!" 하고 뿌리치며 소리쳤습니다.

그들은 강제로 그를 눕히고 그의 성기를 만지며 음란한 짓을 했습니다. "하지 마!" 하고 소리치며 뿌리쳤지만, 그들의 힘을 당할 수가 없었습니다. 그는 "나도 당할 수야 없지." 하고 또래 대장의 바지를 확 잡아 내렸습니다. "이놈이 감히 내 바지를 끌어내리다니!" 하고 옆에 있는 더러운 물을 그의 얼굴에 확 뿌렸습니다. 옆에 있는 영혼들까지 합세하여 그를 발로 밟고 때렸습니다. 그들은 짓밟다가 더 이상 재미없다는 듯이 다른 곳으로 갔습니다. 그는 간신히 일어나서 힘든 걸음으로 가고 있는데, 옆에 누워 있거나 기둥에 기대어 있는 영혼들이 그를 향해 알몸이라고 비웃으며 놀렸습니다. 그는 화가 났지만 대항할 힘이 없어 그냥 꾹 참고 그들 앞을 지나쳐 계속 걸어갔습니다.

가다보니 양옆으로 허물어진 집이 몇 채가 있고, 주변에서는 시궁창 냄새 같은 악취가 지독하게 풍겨났습니다. 여기저기 싸우는 영혼들과 음행하는 영혼들 중 한 여자를 놓고 남자 둘이 질투하며 싸우기도 하고, 또 다른 영혼들이 서로를 향해 교만을 부리며 온갖 죄를 짓는 풍경을 보았습니다. 그는 알몸이라고 놀림당하는 것이 싫어서 어느 또래에게 다가가서 거짓말을 하였습니다. "네가 입고 있는 옷을 잠깐 빌려줄 수 있어? 옷을 빌려주면 네가 원하는 대로 다 해주지." 하고 사정을 했습니다. 또래는 그의 거짓에 속아 "괜찮지!" 하고 입고 있던 옷을 벗어주었습니다. 밝은 표정을 지으며 "고마워!" 하고는 빌려준 옷을 입고 돌아다니자, 알몸이라는 놀림을 받지 않는 것이 무척 좋은가 봅니다.

그의 눈앞에 짜~안하고 한 여자가 나타났습니다. 그녀를 보는 순간 넋이 나간 듯이 입을 딱 벌리고 쳐다보는 것이 한 눈에 반한 표정이었습니다. 그런데 여자 옆에는 다른 남자가 있었습니다. 그는 옆에 있는 남자를 무시하고 여자에게 적극적으로 다가갔습니다. 여자는 자기 옆에 있는 남자와 육체적으로 즐기는 사이라고 소개했습니다. 그는 질투가 나서 "저 남자와 싸워 이기면 나하고 동침합시다."라고 했습니다. 그녀는 쾌히 좋다고 하여 두 남자들이 한 여자를 놓고 결투를 하였습니다. 그는 먼저 여자와 사귀는 남자를 주먹으로 쳤습니다. 쓰러진 남자도 벌떡 일어나서 그를 사정없이 때렸습니다. 그는 여자와 사귀고 싶은 마음에 있는 힘을 다해 싸웠지만, 죽도록 얻어맞고 패배를 하였습니다.

싸움에서 이긴 남자는 여자를 데리고 다른 곳으로 걸어가고 있었습니다. 그는 뒤에서 걸어가는 둘의 모습을 보고 있자니 질투심과 분노가 끓어올라 도저히 참기가 어려웠습니다. 그래서 옆에 있는 굵고 단단한 철사 같은 것을 들고 몰래 뒤따라가서 방심하고 있는 그를 사정없이 때렸습니다. 죽도록 맞은 남자는 너무 아파하며 도망을 쳤습니다. 그는 통쾌한 표정을 지으며 여자에게 다가갔습니다. "이제부터 당신은 내 애인이 되어 줄 거지?", "그러지 뭐!" 그는 맘에 드는 여자와 함께 돌아다니는 것이 너무 기분이 좋아 우쭐대었습니다. 그런데 조금 후에 맞고 도망친 남자가 양손에 몽둥이를 들고 나타났습니다. 그 모습을 보고 놀란 여자는 순식간에 도망을 쳤습니다. 그는 도망도 못가고 바싹 얼어 꼼짝 못한 채로 사정없이 얻어맞았습니다. 신나게 얻어맞고 질 수 없다는 듯이 옆에 있는 쇠파이프 같은 것으로 맞서 싸웠습니다.

어느새 그의 모습은 마귀처럼 흉측하게 변했습니다. 또래와 열심히 싸우고 있을 때 마귀가 나타났습니다. "너, 따라와!", "싫어! 내가 왜 따라가." 마귀는 난폭하게 그의 머리채를 잡고 들어 올렸습니다. 그는 아파서 소리를 지르자 "가만있어." 하고 철사로 그의 손을 묶고 질질 끌고 어디론가 데리고 갔습니다. 철사로 묶인 그를 어둠침침한 창고 같은 곳에 집어던졌습니다. 갑자기 주위에서 '쉬~쉬' 하는 소리가 들리고, 위에서는 '슝~슝' 하는 소리가 아주 기분 나쁘게 들렸습니다. 그는 귀를 쫑긋하며 '이게 무슨 소리지!' 하고 두려워 떨 때 갑자기 주위가 환해졌습니다. 땅에는 가짜로 만들어진 나무와 풀이 있고, 사방에는 뱀들이 돌아다녔습니다. 천장에는 무섭게 생긴 기계로 만들어진 새가 '슝~슝'거리고 날아다녔습니다. 부리가 뾰족한 새가 달려들어 그의 몸을 콕콕 찍고, 뱀은 발쪽으로 올라오면서 물었습니다. 그는 "으~아아…" 하며 비명을 지르다가 너무 아파서 벌떡 일어났습니다.

갑자기 불이 꺼지더니 물던 뱀과 새가 사라져 버렸고, 주위를 둘러보았으나 깜깜해서 아무것도 볼 수가 없었습니다. 마귀는 그를 괴롭힐 도구를 가지고 다가왔습니다. 그가 피하려고 하자 재빠르게 그의 팔에 묶여있던 철사를 끊고 다른 줄로 묶었습니다. 그 줄을 잡은 마귀 손에는 전기 스위치가 들려 있었습니다. 전기 스위치를 누르자 "으~아악….." 하며 비명을 지르고 고통스러워할 때 그의 입을 쇠망치로 치자 앞니가 빠졌습니다. 그는 참지 못할 고통으로 아파하며 도망치자 마귀가 또 전기 스위치를 눌렀습니다. "으~아아악….." 하더니 그 자리에서 푹 쓰러졌습니다. 조금 후에 위에서 조그만 구멍이 뚫리면서 단단하고 큰 구슬 같은 것이 그에게로 마구 쏟아졌습니다. 너무 아파서 도망치려고 하자 마귀가 전기 스위치를 눌러서 쓰러진 채로 쏟아지는 구슬을 다 맞고 죽은 듯이 있었습니다.

갑자기 구슬이 멈추자 마귀는 그를 다시 철사로 묶어 빙빙 돌려가며 사방으로 던졌습니다. 벽에 부딪힐 때마다 비명을 지르다가 마지막으로 바닥에다 내리칠 때는 아무 소리도 못 내었습니다. 마귀는 누워있는 그의 배에 얇고 날카로운 철사 같은 것으로 찔러댔습니다. 그리고 도끼로 옆구리와 다른 부위를 찍었습니다. 그는 "으~으으….." 하고 신음을 하고 있는데, 마귀가 성기부분을 도끼로 찍자 "으~아악!" 하며 괴성을 질렀습니다. 마귀는 그를 일으켜 세워 묶은 줄을 풀어주고 그의 거주지로 데려다 주었습니다. 그는 다른 영혼들이 살지 않는 집을 찾아 들어갔습니다. 그곳에는 오물이나 더러운 것들이 아주 많아 '어떡하지?' 하고 생각하다가 다른 곳을 둘러보았습니다. 싸우는 영혼들과 오물이나 똥이 가득 찬 방에서 누워 뒹구는 영혼들을 보고 놀라며 다시 집으로 돌아왔습니다. 그는 체념한 듯이 "에라, 모르겠다." 하고 더러운 오물 위에 그냥 누워버렸습니다.

그때 어느 남자가 느닷없이 들어와서 "여기는 내 집인데, 누가 들어와서 누워있어. 빨리 안 나가!" 하고 소리쳤습니다. 그는 깜짝 놀라서 "뭐야! 재수 없게. 나가면 되잖아…" 하고 투덜거리며 일어났습니다. 남자는 몽둥이를 들고 와서 그의 엉덩이를 사정없이 때려서 "나…나갈게요…" 하고 죽을힘을 다해 그곳을 빠져나왔습니다. 그는 얻어맞고 너무 아파 잠시 앉아 쉬고 있었습니다. 자신의 허기진 배를 만지며 "아이고 배고파 죽겠네." 하고 물과 먹을 것을 생각하다가 벌떡 일어나 마을에 사는 어느 영혼에게 물었습니다. "혹시 먹을 것과 물주는 곳을 알아?", "있긴 있지. 거기서 받아먹으려면 힘들걸. 가르쳐 주지." 하고 어디로 가라고 자세히 알려주었습니다.

그가 가르쳐 준 길을 따라 그곳으로 가보았습니다. 그곳에는 많은 영혼들이 농사를 짓고 있고, 마귀는 빨리하라고 재촉하였습니다. 그는 마귀에게 "혹시 여기서 먹을 것과 물을 얻을 수 있을까요?"라고 물었습니다. "그럼, 얻을 수 있지. 저기 보이는 저 녀석들처럼 일을 하면 빵과 물을 주지.", "저거야 뭐 쉽지.", "음, 그럴까! 내가 씨앗을 주지. 저기 저쪽에 뿌리고 가꾸어봐라. 옆에 있는 똥을 손으로 가져다 뿌려.", "손으로?", "암, 손으로 해야지. 그리고 저기 있는 부채로 씨앗이 자라면 열심히 부채질하면 곡식이 자랄 것이다. 다 자란 열매를 따서 저쪽 옆에 있는 절구통에 넣고 직접 빻아서 나에게 가져와라. 그러면 그 값으로 먹을 것을 주겠다."

그는 마귀가 하라는 대로 열심히 하였습니다. 씨앗을 뿌리고 그 위에 똥을 뿌리고 기다리니 싹이 올라와 자랐습니다. 그때부터는 바람으로 자라도록 부채질을 했습니다. 쉴 새 없이 부채질을 하니 팔이 빠질 듯이 아프고 똥 냄새도 여간 지독한 것이 아니었습니다. 자란 열매를 따서 절구에 넣고 껍질을 벗기는 작업도 쉽지 않았습니다. 다 된 곡물을 마귀에게 가지고 가자 기껏 빵 한조각과 물 한 컵밖에 주지 않았습니다. 그는 "조금만 더 줘!" 하고 사정하였습니다. 마귀는 "빨리 꺼져버려!" 하고 때리려는 기색을 보이자 더 이상 그 자리에서 아무 말도 못하고 돌아섰습니다.

그는 돌아오는 길에 계속 투덜거리며 받은 빵을 다 먹어치웠습니다. 그리고 자기가 사는 방에 앉아 얻어온 물을 마시려고 하자 어느 영혼이 그것을 보고 "나도 물 줘?" 하고 달려들었습니다. 힘들게 일해서 얻은 귀한 물을 그 영혼에게 빼앗기지 않으려고 벌컥 단숨에 마셨습니다. 그는 배가 너무 고파서 도저히 견딜 수 없을 지경이 되면 그곳을 찾아가서 그런 식으로 일을 하고 빵과 물 한 컵을 얻어먹었습니다.

지옥 가는 방탕한 20대 여자

그녀는 혼자 살면서 친구들과 어울려 방탕한 생활에 빠져 살았습니다. 그녀에게는 예수님을 잘 믿는 여러 명의 친구들이 있었습니다. 친구들은 그녀에게 수차례 복음을 전하여도 "예수가 어디 있어?" 하고 완강하게 거부하며 받아들이지 않았습니다. 어느 날 차를 몰고 가다가 사거리에서 신호위반을 한 차와 정면으로 충돌하였습니다. 그녀는 크게 다치고 머리에 엄청난 유리파편에 찔려 그 자리에서 숨졌습니다. 몸에서 빠져나온 영혼은 "여기가 어디지?" 하고 주변을 두리번거리는데 사람들이 다가왔습니다. 그중에서 아는 사람에게 "안녕하세요?" 하고 인사를 하는데도 아무런 반응을 하지 않고 그냥 지나쳤습니다.

그녀는 이상하여 사람들이 모여 웅성거리는 곳을 바라보았습니다. 그곳에는 자신의 시신이 유리파편에 찔려 피투성이가 되어 누워있었습니다. 깜짝 놀란 그녀는 "이거 어떡하지? 내가 죽은 거야? 친구들이 죽으면 지옥 간다고 할 때, 나는 죽으면 끝이라고 했는데… 이게 어떻게 된 거지?" 하며 당황하였습니다. 그때 마귀가 다가와서 말을 걸었습니다. 마귀는 그녀에게 먼저 어떻게 죄를 짓게 하는지 친절하게 가르쳐주고 시범을 보였습니다. 마귀는 어떤 사람에게 다가가서 싸움을 하도록 부추기고, 부모에게 반항하게 하고, 여러 가지 스트레스를 주며 괴롭혔습니다. 갖은 방법을 써서 교회도 못나가게 방해하고 세상쾌락을 추구하도록 유혹하자 점점 교회를 멀리하며 방탕한 삶에 빠졌습니다.

마귀는 그녀에게 "너도 이렇게 하는 거다.", "꼭 그렇게 해야 되나요?" 하고 묻자 마귀가 무서운 얼굴로 위협하듯이 "그럼 안 할 거냐?"고 했습니다. 그녀는 무서워서 "할게요." 하고 마귀가 시키는 대로 믿음이 좋은 친구가 교회를 갈 때마다 교회가기 싫은 마음과 부정적인 생각을 넣어주었습니다. 마귀가 시키는 대로 해도 친구는 기도로 물리치고 교회를 잘 다니자 안 되겠다는 듯이 포기하고, 친구 중에서 믿음이 연약한 친구에게 다가가서 괴롭혔습니다. 마귀가 시키는 대로 행하자 친구는 우울증에 걸리고 하나님과도 멀어지는 효과가 나타났습니다. 그녀는 처음에 친구를 괴롭힐 때는 양심의 가책으로 괴로워하였으나 점점 양심이 마비되어 가며 죄의 맛을 느꼈습니다.

그녀는 "와! 재밌다."며 길거리를 돌아다녔습니다. 골목길에서 30대 후반의 미친 남자가 알몸으로 칼을 들고 서성거리고 있었습니다. 그녀는 미친 남자에게 20대 초반의 여자가 다가오는 것을 보고 "저 사람을 죽여라! 죽여라!"고 부추겼습니다. 미친 남자는 몰래 숨어 있다가 가까이 다가오는 여자를 죽여야 한다는 강한 충동에 사로잡혀 여자의 가슴을 찔렀습니다. 미친 남자는 알몸으로 경찰에 붙잡혀 갔습니다. 그 모습을 보고 나서 그녀는 또 다른 장소로 이동하여 아내에게 혈기를 부리고 있는 남편의 배후에서 화를 내도록 충동질을 했습니다. 그러자 평소보다 상상할 수 없이 거칠게 화를 내며 강한 포학에 사로잡혀 아내에게 막무가내 욕을 하고 폭력을 휘둘렀습니다. 그녀는 박수를 치고 날뛰며 "와! 재미있다."라고 낄낄거렸습니다. 그녀의 모습은 마귀처럼 변하여 눈은 사납고 입은 뾰족하고 산발한 머리는 흉측했습니다.

계속해서 이사람 저 사람을 유혹하고 괴롭히면서 죄의 밥을 먹고 완전히 악으로 물든 순간 지옥문이 열리더니 그녀는 거꾸로 빠져 지옥 문 입구에 떨어져 나동댕이 쳤습니다. 그때 마귀가 다가와서 "으~하하… 이제 너는 내 백성이 되었구나." 하고 그녀의 목을 줄로 묶어 잡아끌고 지옥문 안으로 들어갔습니다. 마귀는 그녀에게 "지금부터 고통은 시작이다."라고 하며 줄을 잡고 빙빙 돌리더니 지옥 불속에 던졌습니다. 많은 영혼들이 살려달라고 울부짖는 불속으로 떨어지자마자 그녀는 몸부림을 치며 악을 쓰고 "살려줘! 살려줘! 너무 뜨거워!" 하고 외쳤습니다. 한참 후에 마귀는 불속에 들어가서 그녀의 머리카락을 잡아끌고 나왔습니다. 이상하게 지옥불 속에 들어갔다 나왔는데도 옷이나 머리카락이 타서 없어지지 않고 그대로 있었습니다.

마귀는 동그랗게 생긴 큰 얼음 위에 그녀를 벌거벗긴 상태로 올려놓고 위에서 그녀의 키보다 훨씬 높게 눈을 쏟아 부었습니다. 눈 속에 파묻혀 "살려줘! 너무 차가워!"라며 소리치는 입으로 눈이 들어가서 말을 할 수 없을 지경이었습니다. 이번에는 쌓인 눈 위에다 많은 물을 쏟아 붓자 눈이 녹으면서 얼어붙은 그녀를 불구덩이에 던지자 살갗이 떨어져 나가는 고통을 겪었습니다. 다시 불속에서 끌어내어 "이제 네가 살 집을 알려주겠다."라고 말하고는 거주지로 데리고 간 곳이 1층 지옥 중간의 위쪽에 있는 음란 마을이었습니다.

그 안에는 벌거벗은 남녀의 영혼들이 함께 살고 있었습니다. 그녀는 마귀에게 "내 집은 어디야?" 하고 묻자 마귀는 "네 집을 가르쳐 주겠다. 따라와라." 하며 안내해 준 곳이 개집처럼 생긴 작고 허름한 집이었습니다. 한옆에는 똥이 잔뜩 쌓여있고, 고약한 냄새가 코를 찌르듯이 풍겨났습니다. 그녀가 사는 곳으로 남자들이 음란을 즐기자고 찾아왔습니다. 처음에는 적극적으로 받아들이지 못했으나 점점 그들과 음행하는 것이 좋아졌습니다. 지옥에서의 음행도 그들 맘대로 할 수 있는 것이 아니라 어느 만큼의 정해놓은 기준이 있어 음란을 즐긴 만큼 마귀가 그들을 끌고 가서 무서운 형벌을 주었습니다. 그녀는 동네를 돌아다니다 보니 자신의 집보다 냄새가 더 심하게 나는 곳에 사는 영혼들과 지천으로 오물이 잔뜩 쌓여있는 곳에 누워있는 영혼들도 있었습니다. 한 곳에서는 모여 서로 싸우고 교만과 질투를 부리며 음행을 하였습니다.

그녀는 더러운 오물 속에서 누워있는 남자에게 다가가 "왜 더럽고 지독한 냄새가 나는 곳에 누워 있어?" 하고 묻자 "뭐야! 야야~ 볼일 없으니 가! 좋기만 좋은데 뭐가 나빠?" 하고 대꾸하자 그 영혼에게 욕을 해대며 나왔습니다. 그녀는 계속 그 남자를 욕하며 다른 곳을 구경하다가 오물 속에 누워있는 여자에게 다가갔습니다. "왜 여기에 누워 있어? 일어나!", "좋기만 하지. 이게 뭐가 나쁘냐? 어이! 새로 온 것 같은데, 나하고 친구하자?" 그녀는 친구가 없어 외롭던 차에 쾌히 좋다고 했습니다.

누워있던 영혼은 일어나서 옷에 묻은 오물을 털고 밖으로 나왔는데, 몸에서는 지독한 냄새가 풍겼습니다. "네 몸에서 왜 이상한 냄새가 나?", "저기 누워 있었으니 그렇지." 더러워서 꺼렸지만 어찌되었건 친구가 생긴 것이 좋았습니다. 그녀는 그의 친구들과 어울려 돌아다니며 패싸움도 하고 놀다가 집으로 돌아왔는데, 방안에 없던 대변이 쌓여 있는 것을 보고 깜짝 놀랐습니다. 어느 남자가 방에 대변을 쏟아놓고 도망을 친 것이었습니다. 그녀는 계속 욕을 해대며 망태기 같은 것에 대변을 담아 다른 영혼이 사는 방에 몰래 던지고 얼른 자신의 방으로 쏙 들어왔습니다. 그곳에 사는 여자영혼이 곧바로 뒤 따라와서 "네가 던졌냐?"고 물었지만, 그녀는 시침을 뚝 떼고 "내가? 언제 던졌어? 몰라 난 던진 적 없어. 아까 어떤 놈이 놓고 가는 것 같던데… 난 절대 그렇게 한 적이 없거든." 하고 거짓말을 했습니다.

따지러 온 영혼은 알았다며 밖으로 나가다가 어느 남자가 다른 집에 오물을 놓고 도망가는 것을 보고 그를 뒤쫓아 갔고, 그것을 본 그녀는 "휴!" 하더니 거짓말에 감쪽같이 속아 넘어가는 것을 보고 흐뭇한 표정을 지었습니다. 조금 후에 그녀는 다른 패거리들과 싸우자고 찾아온 친구 영혼을 따라가서 온갖 욕을 하며 패싸움을 했습니다. 그들은 싸움에서 이기고 나서 어느 판자 같은 곳에 앉아 이런 저런 이야기를 나누다 서로가 음행하기 시작했습니다. 그때 이상한 남자들이 다가와서 방해를 하자 화가 난 친구는 한 남자를 때렸습니다. 여자 패거리들도 전부 달려들어 때려서 몰아냈습니다. 남자들은 마지못해 욕을 하며 밀려났습니다.

마귀가 와서 싸움을 한 그들을 전부 형벌장소로 끌고 갔습니다. 마귀가 "이년들이 또 싸우고 욕했냐?"라고 하자 그녀는 "그래 했다… 이 더러운 마귀야!"라고 대들었습니다. 마귀가 그녀를 한 대 치자 "때렸냐?", "그래 때렸다." 하고 채찍으로 더 때리자 그제야 맞지 않으려고 고분고분 말을 들었습니다. 마귀는 그녀의 가슴과 배에 큰 돌을 쌓아올렸습니다. 그러자 말도 잘 못하고 "아~ 빼줘. 숨 막혀!" 하고 고통스러워하였습니다. 마귀가 그녀의 배를 몽둥이로 한 대 때리자 팔로 돌을 무너뜨리려고 했습니다. 마귀는 그녀의 양팔을 잡고 돌이 없는 배 한쪽을 몽둥이로 찍자 너무 아파하며 몸부림을 치다가 돌이 떨어지며 팔을 찍었습니다.

"아 ~ " 마귀가 "엄살 그만 부려!" 하고 몽둥이로 온 몸을 사정없이 때렸습니다. 그리고 "다시 누워!" 하며 명령하자 싫다고 저항하는 그녀에게 마귀는 온갖 욕설을 퍼부으며 손가락과 팔을 잘게 토막 내어 그녀의 입에 넣었습니다. 그것을 뱉으려고 하자 마귀가 입을 막아서 숨도 못 쉬게 했습니다. 그리고 마귀는 불에 달궈진 돌을 얼굴이 파묻힐 정도로 쏟아 부었습니다. "앗! 뜨거워!" 하며 팔로 밀어내며 몸부림을 쳤습니다. 그녀는 팔로 내저으며 빌었지만 마귀는 계속 부어댔습니다. 얼굴이 상상할 수 없을 정도로 비참하고 흉측했습니다. 마귀는 "이제 돌아가!" 하고 그녀를 거주지로 데려다 주었습니다. 참으로 지옥은 이 세상에 사는 사람들이 상상도 할 수 없을 정도로 끔찍했습니다. 예수님을 믿음으로 죄 용서함 받고, 천국으로 갈 수 있다는 것이 얼마나 큰 축복이고 감사한 일인지 말로 표현할 수 없습니다.

지옥 가는 실족한 신자

주님이 어느 성도님의 가정을 보여주셨습니다. 4인 가족이 다복하고 부유한 생활을 하면서 열심히 신앙생활을 하였습니다. 공 예배와 세미나도 빠짐없이 참석하였고, 출석하는 본 교회를 잘 섬겼습니다. 그들에게는 두 명의 아들이 있었습니다. 큰 아들은 갑작스럽게 암으로 죽고, 작은 아들은 유괴를 당하였다가 죽은 시체로 발견되어 돌아왔습니다. 그런 일을 겪은 그녀는 "예수님을 잘 믿는데 왜 이런 고통을 당해야 하나!" 하고 절망에 빠졌습니다. 그런 와중에도 교회는 빠지지 않고 열심히 다녔습니다.

어느 날 출석하는 교회에서 이단에 속한 몇 명이 교인으로 위장하여 다니면서 그녀에게 친절하게 접근하였습니다. "혹시 무슨 문제라도 있나요?", "왜 예수님을 잘 믿는데, 두 아들을 빼앗아 갔는지… 고통 속에서 살고 있습니다.", "저를 따라오십시오. 제가 아는 곳에 가면 성도님의 고민을 해결 받고 고통과 절망을 기쁨과 희망으로 바꾸어 줄 것입니다." 그녀는 그들의 말에 솔깃하여 따라갔습니다. 그곳에서는 교회에서 한 번도 들어보지 못한 생소한 말씀들을 가르쳐 주었습니다. 그녀는 더 많은 호기심과 궁금증이 생기고, 교리에도 마음이 끌렸습니다.

얼마 후 그곳 사람들의 친절과 교리에 빠져서 다니던 교회를 그만두고 그곳으로 다니기 시작했습니다. 자칭 하나님이라는 교주는 큰 마귀에게 능력을 받아서 다른 작은 마귀들에게 괴롭힘 당하는 성도들을 도와주었습니다. 절망에 빠진 영혼들의 과거를 알아맞히고, 여러 가지의 문제를 해결해 주기도 했습니다. 마귀들이 서로 짜고 교주가 하나님의 능력을 받아 행하는 것처럼 속이며 도와주었습니다. 마귀가 사람들 속에 들어가 생명을 바쳐 교주를 하나님처럼 섬기도록 역사했습니다. 사람들은 배후에서 역사하는 마귀의 속임에 빠져 겉으로 나타나는 그의 능력과 거짓을 믿으며 점점 어둠의 영에게 묶였습니다.

어느 날 그녀가 다니는 이단교회 교주의 안수를 받고 그녀는 임신을 하였습니다. 교주가 안수를 해주어 아이를 가졌다고 자랑하며 '여기가 정말 절망스런 문제를 해결해 주는 곳이구나.'라고 생각하며 좋아했습니다. 그녀는 교주를 신뢰하고 그의 달콤한 소리와 헛된 교리에 빠져 가진 물질을 아낌없이 드리며 충성을 다하였습니다. 그녀는 아이를 낳아 키우면서 남편까지 그곳으로 데리고 나갔습니다. 그녀는 아들이 말을 안 듣는다고 때리고 상처를 주며 예전에 안하던 거친 행동을 하기 시작했습니다. 어린 아들도 엄마에게 대들고 반항을 하였습니다. 그날도 아이를 혼내주려고 하다가 다니는 곳에 모임이 있어 꾹 참고 아들을 데리고 급히 가는 중이었습니다.

늦지 않으려는 조급한 마음에 횡단보도의 신호등이 빨간 불로 바뀌려고 하는 점멸등 신호를 무시하고 뛰었습니다. 아들 걸음이 조금 늦자 빨리 뛰라고 재촉하며 가는 중에 빨간 불로 바뀌었습니다. 그 순간 한 차가 코너를 돌면서 그녀를 보고 멈추려고 하였으나 멈출 수 없는 가속상황에서 돌발적인 사고가 일어났습니다. 그녀는 순간적으로 옆에 있는 아들을 감싸고 나가 떨어졌습니다. 덕분에 아들은 생명을 건졌으나 그녀는 즉사하고 말았습니다. 죽는 동시에 그녀의 영혼은 몸에서 빠져 나와 울고 있는 아들과 쓰러져 있는 그녀의 시신을 만져보았습니다. 그런데 자신의 몸이 만져지지 않고 그냥 통과하여 깜짝 놀라며 두려워했습니다. "내가 죽은 건가? 교주님이 죽으면 바로 천국 간다고 했는데, 내가 왜 여기 있지…" 하며 당황하였습니다. 그때 흉측하게 생긴 마귀가 그에게 다가왔습니다.

그녀는 잔뜩 겁을 먹고 마귀에게 "혹시 내가 왜 천국에 못 갔는지 알아요?" 하고 물었습니다. "네년이 무슨 천국으로 가? 너는 실컷 고통을 받는 지옥으로 갈 것이다.", "아니, 난 예수님을 잘 믿었는데…", "너는 속았어. 네가 믿고 다니던 그 교주는 우리의 종이거든. 우리가 그 교주 속에 들어가 조종해서 너희들을 지옥으로 오게 꼬이는 도구란 말이다. 너는 우리의 종에게 속아서 지옥에 갈 것이다. 실컷 고통을 당하는 불속으로 들어갈 것이다. 으하하하!"

그녀는 마귀의 소름끼치는 말을 듣더니 머리를 감싸며 "안 돼!" 하고 소리치며 주저앉았습니다. 마귀는 저항하는 그녀의 팔을 잡고 어디론가 끌고 갔습니다. 그곳은 지옥들어가기 전에 가는 임시거주지였습니다. "여기는 어디야?", "여기서 맘대로 죄를 짓고 살아라.", "고통은 언제 받아?", "네가 죄를 짓고 나서 받는다.", "그럼, 죄 안 지으면 되겠네?" 마귀는 그녀에게 거짓말을 했습니다. "죄를 안 지으면 지옥에서 더 큰 고통을 당할 걸.", "고통을 덜 받으려면 죄를 지어야지.", "크크크…." 마귀는 속는 그녀를 놀리며 흉측하게 웃고 돌아갔습니다.

그녀는 아무 곳이나 내키는 대로 돌아다녔습니다. 나이가 어린 여자 패거리들이 그녀에게 말을 걸었습니다. "너 어디에서 왔어?", "지금 나한테 반말을 했니?", "그래, 반말했다." 그러자 그녀는 반말한 여자를 때렸습니다. 맞은 영혼은 패거리에게 그녀를 때리라고 하자 한꺼번에 달려들어 그녀를 때리고 옷을 찢었습니다. 가슴이 드러나는 것을 보고 놀려

대며 남은 옷마저 벗기고 온 몸을 찌르며 때리고 나서 재미없다는 듯이 가고 있었습니다. 그녀는 패거리들에게 짓밟히며 놀림당한 것이 분하여 몽둥이를 들고 몰래 뒤쫓아 가서 여러 명의 패거리들을 때리고 도망쳤습니다. 그리고 벗은 몸으로 어느 마을을 지나가고 있을 때였습니다. 조금 전에 때려준 패거리들이 큰 소리로 "야! 기다려!" 하며 달려왔습니다. 그녀가 힘이 센 것을 알고 찾아와 그들의 대장이 되어달라고 부탁했습니다. 그녀는 대장이 되어 함께 어울려 다니며 힘자랑을 하고 다른 영혼들의 옷을 뺏고 온갖 나쁜 짓을 하였습니다.

그녀는 너무 많은 죄를 지으면서 점점 악한 모습으로 변해갔습니다. 마귀가 죄를 많이 지으면 고통을 덜 받을 것이라는 말만 기억하며 열심히 죄를 지었습니다. 어느 날 마귀가 찾아와 그를 어디론가 끌고 갔습니다. "어디로 가는 거야?", "지옥으로 간다.", "그럼, 고통을 조금 줄 거지?", "이 XX야 내가 거짓말 한 것을 모르냐. 넌 지옥에서 끔찍한 고통을 당할 것이다.", "XX야, 그런 게 어디 있어. 싫어! 싫어!" 마귀는 소리치며 반항하는 그녀의 입을 한 대 치고 지옥 불구덩이에 던졌습니다. 그녀는 불속에서 "으~아아아…." 하며 괴성을 지르며 고통스러워했습니다. 조금 후에 위에서 두 개의 그물망이 떨어져 그녀를 덮었습니다. 그물망에 갇혀 한참을 몸부림치고 있을 때, 마귀가 불속에서 꺼내주었습니다. 그리고 몽둥이로 온몸을 때리고 그물 속에서 꺼내 그녀의 손과 발에 끈끈한 액체를 묻혀 바닥에 붙여놓았습니다.

꼬챙이로 등을 찌르고 살갗을 벗겼습니다. "으~아아아…." 하며 비명을 지르는 그녀의 양 다리를 번쩍 들어 거꾸로 묶어놓았습니다. 마귀는 양손에 든 철사 갈퀴로 매달려 있는 그녀의 온몸을 긁고 정신없이 흔든 뒤에 끈을 뚝 끊어 나가떨어지게 했습니다. 그런 뒤에 그녀를 1층 지옥 거주지로 보냈습니다. 그녀는 돌아다니다가 아무도 살지 않는 허물어진 집으로 들어갔습니다. 집안에는 온통 굼벵이와 여기저기 오물과 대변이 쌓여있었습니다. 그녀는 너무 힘든 고통을 받아서인지 더러운 것은 아랑곳 하지 않고, 그 자리에 푹 쓰러졌습니다.

그녀의 집 앞에는 깊은 우물이 있습니다. 우물에는 물이 별로 없고 바닥에 1㎝ 정도의 아주 적은 물이 깔려있었습니다. 그녀는 너무 목이 말라 그 물을 떠 마시고 싶었으나, 어떻게 물을 마실 방법을 몰라 망설이고 있었습니다. 그때 우물 옆에 파이프와 연결된 스위치가 있는 것을 발견하고 그것을 눌렀습니다. 순식간에 파이프로 물이 쫙 빨려 올라와 밖으로 흘러버리고 조금 밖에 받아 마시지 못했습니다. 그것을 본 다른 영혼들이 우르르 몰려와서 그녀를 짓밟고 서로 물을 먹으려고 싸웠으나 물이 없는 것을 알고는 욕하고 투덜거리며 돌아갔습니다.

그녀의 집 앞으로 팔짱을 낀 남녀가 지나가는 것을 보고 질투가 치밀어 오르는 즉시 뛰어가서 그 여자의 엉덩이를 발로 찼습니다. 그리고 남자에게 "나하고 즐기자?"고 매달리자 어이없다는 듯이 화를 내며 두 여자에게 욕을 하고 가버렸습니다. 여자 영혼은 그녀에게 "왜 나를 발로 차고 내가 좋아하는 남자를 빼앗아?" 하고 따졌습니다. 그녀는 "내가 언제 그랬어?" 하고 시침을 뚝 떼며 서로 싸우다가 금방 시들해지고, 다시 굼벵이가 우글 거리는 방으로 들어와 누웠습니다. 마귀가 마을 중앙에 큰 테이블을 놓고 그 위에 똥이 묻어있는 주먹만 한 빵 같은 것을 쌓아 놓고 간식을 먹으라고 소리쳤습니다. 영혼들이 우르르 달려가서 서로 먹으려고 밀치고 싸웠습니다. 그녀도 달려가서 그들과 몸싸움을 하여 아주 적은 양의 빵을 얻어먹었습니다.

그녀는 혹시 다른 곳에서 빵과 물을 얻을 수 있는지 알아보려고 돌아다녔습니다. 마귀가 그녀에게 "빵과 물을 얻고 싶냐?"고 물었습니다. "얻고 싶다."라고 하자 그녀를 거주지와 떨어진 어느 특정한 장소로 데리고 갔습니다. 거기에는 많은 영혼들이 모여 일을 하고 있었습니다. 마귀가 영혼들에게 조금씩 씨앗을 나눠주고 그것을 정해 준 장소에 뿌리고 가꾸라고 하였습니다. 영혼들은 마귀가 시키는 대로 씨앗을 뿌리고, 손으로 똥을 가져다가 그 위에 뿌렸습니다. 얼마 후에 빛과 물이 없어도 씨앗은 조금씩 자랐습니다. 어느 정도 자라면 그때부터 계속 부채질을 해서 바람으로 자라게 해야 했습니다. 그리고 다 자란 열매를 잘라서 옆에 있는 절구통에 찧어 껍질을 벗긴 것을 마귀에게 갖다 주면 빵 한 개와 물 한 컵을 주었습니다.

지옥은 먹지 않아도 죽지는 않지만, 엄청난 고통을 느낀다고 하였습니다. 먹지 못해 견딜 수 없이 힘든 영혼들은 약간의 빵과 물을 얻기 위해서 그렇게 마귀가 시키는 일을 하고 얻어먹었습니다. 더러는 배고픈 고통이 커도 일을 안 하고 견디는 영혼들도 있었습니다. 1층과 2층 지옥 중간 위 부분까지는 일을 하면 아주 조금의 먹을 것과 물을 맛볼 수 있지만, 2층 밑바닥에서 3층 지옥은 마귀가 고통을 줄 목적으로 제공하는 먹을 것과 물외에는 전혀 먹을 수가 없다고 합니다. 입으로 죄를 짓지 않은 영혼들은 그래도 약간의 물은 맛볼 수 있지만, 3층 지옥에 사는 영혼들은 이미 세상에서 죄로 꽉 차서 들어왔기에 입으로 죄를 안 지을 수가 없다고 합니다. 지옥에서도 똑같이 고통을 받는 것이 아니라 각자의 영혼들이 행한 것에 따라 많은 차이가 있다는 것을 알 수 있었습니다. 지옥은 정말 우리가 단 하루도 살 수 없고, 말로 표현할 수 없이 더럽고 끔찍하고 무서운 곳이었습니다.

지옥 가는 40대 불신자

주님께서 암이 온 몸에 퍼져 더 이상 치유하지 못하고 죽음만 기다리고 있는 불신 남자를 보여주셨습니다. 어느 날 병실에서 혼자 누워있는데, 끔찍하게 생긴 마귀 세 명이 눈앞에 보였습니다. 마귀들은 그에게 "빨리 죽어라. 빨리 죽어라."라고 재촉하였습니다. 그는 공포에 떨며 무서워서 "으~아악…." 하며 머리를 쥐어짜고 고통스러워하더니 그만 숨이 끊어졌습니다. 그의 영혼은 죽는 동시에 육체에서 빠져나와 죽은 시신을 보고 당황하였습니다. 그의 곁에 있던 마귀들은 사람들에게 죄를 짓는 방법들을 가르쳐 주었습니다. 그는 마귀가 시키는 대로 병실 간호사에게 스트레스와 쇼크를 주며 지속적으로 괴롭혀 우울증에 걸리게 했습니다. 처음에는 심하게 괴롭히는 것을 꺼려하다가 점점 강도가 세지기 시작했습니다. 간호사가 우울증으로 힘들어 하는 것을 보고 오히려 즐거워하며 쾌감을 느꼈습니다. 그는 '다른 사람에게도 똑같이 해봐야지.' 하고 다른 간호사에게도 우울증을 유발케 하며 괴롭혔습니다.

그런데 이 간호사는 지난번 간호사와 같지 않고 예수님을 잘 믿는 사람이었습니다. 아무리 괴롭히고 우울하게 유도해도 기도로 물리치고 별 영향을 받지 않았습니다. 그가 원하는 대로 되지 않자 재미없다는 듯이 그녀를 포기하였습니다. 그는 이곳저곳을 돌아다니다가 우울증으로 심하게 고생하는 사람을 만났습니다. 그는 '저 사람을 자살하도록 해야 겠구나.'라고 혼잣말을 하고는 그의 배후에서 집중적으로 죽음에 대한 생각을 집어넣어주며 계속 죽으라고 충동질을 하였습니다. 결국 우울증 환자는 고통 속에 신음하다가 그만 자살을 하고 말았습니다. 그런 식으로 여러 차례 다른 사람들에게도 고통을 주며 쾌락을 즐겼습니다. 어느 새 그의 눈은 악으로 차서 날카롭고 무서운 얼굴로 변했습니다. 악한 모습으로 어느 여자에게 우울증을 주며 괴롭힐 때였습니다.

그가 서 있는 곳의 땅이 갈라지더니 뒤로 넘어져 반 바퀴를 돌며 머리를 거꾸로 향한 채 지옥으로 떨어졌습니다. 그는 더러운 오물 바닥에 머리를 쳐 박았습니다. 그는 일어나며 "이게 뭐야! 퉤퉤…" 하고 얼굴에 묻은 오물을 손으로 닦았습니다. 그리고 주변을 살펴보면서 '여기, 어디 사람 사는 데가 있나?' 하고 어느 한쪽을 향해서 걸어갔습니다. 그의 앞에 두 명의 마귀가 서 있는 것을 보고 말을 걸었습니다. "사람 사는 곳이 어디야?", "뭐! 사람 사는 곳? 지랄하고 있네…", "여기가 어디냐?", "여기는 너 같은 놈이 영원히 고통을 받는 지옥이다. 너는 이곳에서 영원히 고통을 받을 것이다."

"안 돼! 이곳이 지옥이라니… 말로만 들었던 것이 사실이란 말인가. 그럴 줄 알았으면 예수님을 믿는 것인데… 싫어! 나 지옥 안 가." 하고 정반대 방향으로 도망쳤습니다. 그런데 이상하게 그의 몸이 저절로 뒤돌아서 마귀 쪽으로 가고 있었습니다. 다시 도망치려고 하자 마귀가 그의 팔을 꽉 잡았습니다. 마귀는 그의 양쪽 팔을 잡고 어느 문 안으로 들어갔습니다. 그곳에는 수많은 영혼들이 불속에서 아우성치고 있었습니다. 또 한곳에는 수많은 징그러운 벌레들 속에 영혼들이 빠져 고통을 당하고 있었습니다. 그는 소름이 끼치고 끔찍하다는 표정을 지으며 무서워 벌벌 떨었습니다. 두 마귀는 그를 다른 마귀에게 넘겨주고 돌아갔습니다. 마귀는 그의 목을 잡아끌고 가서 불속에 던지자 뜨거워서 미친 듯이 날뛰며 "살려줘! 잘못했어…" 하고 애원하였습니다. 그는 안간힘을 쓰며 그곳에서 빠져나오려고 몸부림치자 마귀가 그의 얼굴을 발로 차서 뒤로 넘어지게 했습니다.

엄청난 고통을 당하고 난 후에 마귀가 그에게 나오라고 했습니다. 간신히 불속에서 빠져나오자 마귀는 그에게 "어때 좋냐?" 하고 빈정거리듯 물었습니다. 그는 울면서 "싫어! 싫어! 여기서 빼내줘… 제발!" 하고 사정하였지만, 마귀는 어림없다는 듯이 발로 찼습니다. 마귀는 "이제 너는 더 고통스러운 곳으로 갈 것이다."라고 했습니다. 그리고 그를 진흙 같은 오물 구덩이에 엎어놓고 등에 거머리를 쏟아 부었습니다. 거머리는 그의 몸속으로 깊이 파고 들어가며 큰 고통을 주었습니다. 너무 아파서 얼굴을 들고 "으~아악! 너무 아파!" 하고 몸부림을 치며 일어나려고 했습니다. 그러나 진흙이 본드처럼 땅에 붙어서 몸이 맘대로 움직여지지 않고 숨도 제대로 쉴 수가 없었습니다.

"제발! 살려줘. 제발! 고통을 안 당하게 해줘. 아~아 너무 아파! 아~아 이 거머리를 떼어줘." 그는 신음하며 고함을 지르고 몸부림을 쳤지만, 마귀는 들은 척도 안하고 그를 발로 더 밟았습니다. 그리고 그의 얼굴을 다섯 대나 때린 후 일어나라고 했습니다. 마귀는 그를 거주지로 데려다 놓고 가버렸습니다. 거주지는 온 사방이 지저분하고 똥냄새가 진동하였고, 옷을 벗고 다니는 영혼들이 대다수였습니다. 허물어진 집에서 똥 오물에 누워있는 영혼들을 보고 소름끼치는 표정을 지으며 '어느 쪽으로 갈까!' 생각하고 있을 때, 어디선가 지독한 냄새가 풍겨왔습니다.

그는 인상을 찌푸리며 냄새가 덜 나는 곳으로 피해서 가고 있는데 갈수록 냄새가 더 심하게 풍겼습니다. 그는 '이상하다!'는 듯이 앞을 보니 눈앞에서 많은 영혼들이 모여 무엇을 하고 있었습니다. 판자위에는 다섯 명의 영혼들이 손에 삽 같은 것을 들고 서 있고, 옆에는 산더미 같은 똥이 쌓여있었습니다. 서로가 누가 먼저 똥을 퍼서 자기 구덩이에 채우는지 시합을 하려고 준비 중이었습니다. 그들은 시작하자마자 빠른 속도로 똥을 삽으로 퍼서 자기 구덩이를 채웠습니다. 어느 영이 제일 먼저 채우고 나서 이겼다고 자신만만하였고 구경하는 영혼들은 응원을 해 주었습니다. 이긴 영혼이 맘껏 교만을 부리는 것을 구경하던 그는 영혼들 앞으로 걸어 나갔습니다.

"나하고 시합하자!", "뭐~야?", "나하고 시합하자고?", "XX 놈이 날 이길 수 있을 것 같으냐. 어쨌든 도전했으니 받아줘야지." 그 중에 한 영혼이 "시작!" 하고 심판을 보았습니다. 둘은 열심히 본인들 칸에 똥을 채웠습니다. 처음에는 비슷하게 나가다가 나중에는 도전장을 낸 그가 이겼습니다. 그는 두 손을 들고 "우~와!" 하고 소리치자 주위에 있는 영혼들이 "와 멋지다! 잘한다!"고 박수를 쳤습니다. 그는 크게 웃으며 온갖 교만을 떨고 있을 때, 건장한 마귀가 다가와서 "누가 교만을 부렸냐?" 하고 묻자 영혼들이 손가락으로 그를 가리켰습니다. 마귀는 그에게 "따라와!" 하고 형벌 받는 곳으로 질질 끌고 갔습니다.

마귀는 그를 눕혀 놓고 잔인하게 입을 손으로 찢고 혀를 빠질 듯이 잡아당기자 고통스런 표정으로 악을 썼습니다. 마귀는 그의 허리를 망치로 치고, 똥 덩어리가 둥둥 떠 있는 오물을 쏟아 부었습니다. "으~앗!

이게 무슨 냄새야!" 마귀는 화를 내는 그의 다리를 양옆으로 찢고, 그의 양 손에 줄을 묶어서 양옆에서 마귀 두 명에게 잡아당기게 했습니다. 그의 팔이 쏙 빠지면서 뒤로 넘어졌습니다. 마귀는 그의 빠진 팔을 다시 붙여주고 거주지로 돌려보냈습니다. 그는 여기저기 돌아다니다가 맘에 쏙 드는 여자를 만났습니다. 그는 욕정이 드는 동시에 바로 그녀를 유혹했습니다. 그녀는 자신과 즐기려면 그들 앞에 있는 체격 좋고 무섭게 생긴 남자를 때려눕히고 오라고 했습니다.

그는 여자를 얻기 위해서 용기를 내어 남자에게 다가가서 결투를 신청했습니다. "내가 왜 너 같은 놈하고 결투 하냐? 너는 한손으로 해도 이긴다.", "어디! 한번 해보자." 하고 건장한 남자의 얼굴을 한 대 힘차게 때리고 발로 찼습니다. 남자는 "아 ~이놈이!" 하더니 그의 가슴을 주먹으로 쳤습니다. 싸움을 구경하고 있던 여자는 맞고 나뒹구는 그의 모습을 보고 "깔·깔·깔"거리고 웃었습니다. 화가 난 그는 "너 오늘 나한테 죽었다." 하고 발로 그 남자의 성기를 있는 힘껏 차고 주먹을 날려 얼굴을 치고 다리를 걸어 넘어뜨렸습니다. 그리고 미친 듯이 달려들어 때리자 그만 남자는 항복하고 말았습니다.

그녀는 그에게 "이리와!" 하고 명령식으로 말했습니다. 그리고 좋아하며 다가오는 그에게 "음, 당신 잘 싸우더라. 진짜 나하고 즐기고 싶으냐?"고 물었습니다. 그는 고개를 끄덕끄덕 거렸습니다. "당신은 살 집이나 있어?", "아니 없는데…", "그럼 우리 집에서 같이 살자." 그는 너무 좋아하며 따라 들어갔습니다. 그녀의 집안 역시 똥과 오물로 잔뜩 쌓여있습니다. 그런 곳에서 벌렁 눕더니 "당신도 이리 와서 누워!" 하고 말했습니다. 그는 소름 끼쳐하는 표정으로 마지못해 더러운 오물 바닥에 누웠습니다.

그는 여자와 누워서 이야기를 하였습니다. "지옥에 언제 왔어?", "나 아주 오래 전에 왔지. 매일 죄 지었다고 하며 마귀가 끌고 가서 고통을 주지. 더러운 저주받은 것들…" 하며 온갖 욕설을 퍼부었습니다. 그는 "으음…" 하고는 고개를 끄덕이며 여자가 하는 이야기를 들었습니다. 그리고 둘은 이야기를 끝내고 음행하기 시작했습니다. 조금 후에 마귀가 찾아와서 음행하는 그들을 형벌장소로 끌고 갔습니다. 마귀는 쇠몽둥이로 때리고 크고 무거운 돌을 다리 위에 올려놓고 고통스러워하는 모습을 보며 낄낄거렸습니다. 그렇게 고통을 준 다음에 그들을 거주지로 돌려보냈습니다.

지옥 가는 타락한 영혼

아주 가난하게 사는 30대 남자가 결혼도 못하고 고된 일을 하며 연로하신 부모를 모시고 살고 있었습니다. 주일날에는 빠지지 않고 교회에 가서 예배를 드리고 열심히 봉사하고 어려운 중에도 헌금생활을 잘 하였습니다. 어느 날 어려운 형편을 위로받고자 복권을 샀습니다. 그는 설마 당첨되리라고는 상상도 못했던 복권이 당첨되어 하루아침에 부자가 되었습니다. 부모님을 모시고 놀러 다니고 그동안 누려보지 못한 것을 맘껏 누리다 보니 잘 믿었던 예수님도 잃어버리고 완전히 세상으로 빠져 살았습니다.

어느 날 도로에서 신호등을 건너다가 달리는 자전거와 부딪혀서 다리를 다쳐 붕대를 감고 집으로 가는 길 골목 코너에서 또다시 나오는 차에 부딪혀 뒤로 넘어졌습니다. 순식간에 뇌진탕으로 죽어 육체에서 영혼이 빠져나왔습니다. 그때 사람들이 달려와서 땅을 바라보고 웅성거렸습니다. 그 영혼도 사람들이 모여 쳐다보고 있는 그곳을 바라보았습니다. 그는 자신의 시신을 보고 깜짝 놀라며 "잠깐, 내가 죽은 건가. 안 돼!" 하고 소리쳤습니다. 마귀가 그에게 다가와서 "따라와!" 하고 억세게 잡아끌고 지옥가기 전에 들어가서 생활하는 임시거주지로 데려다 놓았습니다. 그는 여기저기 살 집을 찾아다니다가 허물어진 집과 더럽고 지저분한 환경을 보며 "여기서 어떻게 살라는 거야!" 하고 짜증을 부렸습니다.

계속 돌아다녀 보아도 마땅한 집을 찾을 수 없어 할 수 없이 허름한 빈집으로 들어갔습니다. 한 옆에 잔뜩 쌓인 오물 속에서 어느 영혼이 "너 누군데 남의 집에 들어와." 하고 소리쳤습니다. 그는 깜짝 놀라며 "미안합니다." 하고 밖으로 뛰쳐나와 다른 집으로 찾아 들어갔습니다. 아무도 살지 않는 곳인 줄 알고 들어간 집에는 네 명의 남자가 앉아서 놀고 있었습니다. 거기는 다른 곳보다 오물이 별로 없었습니다. 그는 영혼들에게 "여기서 조금만 살면 안 될까요?"라고 묻자 놀면서 들은 체도 안 했습니다. "그럼, 여기서 조금만 살겠습니다." 하고 한 옆으로 조용히 가서 앉아있었습니다.

조금 후에 한 남자가 그에게 "너, 이리와!" 하고 여러 가지를 물어보았습니다. 그리고 "여기서 살려면 우리가 하라는 대로 해야 한다.", "무엇을 하는데요?", "그런 것이 있다. 할거야? 안 할 거야?" 하고 거칠게 묻자, "시키는 대로 하겠다."라고 대답했습니다. 남자 네 명은 옆에 잔뜩 쌓인 대변을 다른 데로 치우라고 명령했습니다. "무슨 도구가 없습니까? 이것을 어떻게 치워요.", "그냥 손으로 하면 되잖아 XX야!" 그는 아무 대꾸도 못하고 지독한 냄새를 맡으며 대변을 손으로 다 치웠습니다. 그곳에는 씻을 물도 없고 온 몸은 너무 더러웠습니다. 그들은 그에게 하기 힘든 일만 시켜서 도저히 함께 살 수 없다고 생각하고 몰래 그곳을 도망쳐 나왔습니다.

그는 여기저기 돌아다니다가 어린 남자 두 명이 사는 집으로 들어가서 함께 살게 해달라고 사정했습니다. 그들이 쾌히 허락을 해주자 그는 본인보다 어린 영들을 종으로 부려먹어야겠다고 생각을 했습니다. 그리고 한 영혼에게 "너, 내가 하라는 대로 할 수 있냐?", "뭐! 남의 집에 얹혀살면서 무슨 헛소리야." 하고 욕을 해댔습니다. 그는 나중에 좋은 것을 주겠다고 온갖 거짓말을 하고 그들을 속여 부려먹기 시작했습니다. 그들에게 "옆에 있는 똥을 옮겨라."라고 시키고 제대로 못하면 화를 내고 욕을 했습니다. 얼마정도 부려먹다가 안 되겠다는 생각에 몰래 그곳을 빠져나왔습니다. 그는 길을 걸어가다가 전에 얹혀살았던 네 명의 남자들을 만나 죽도록 얻어맞았습니다. 만신창이가 되어 길을 걸어가고 있는데, 두 번째 얹혀살면서 거짓말을 하고 부려먹던 두 남자도 만났습니다. 그들은 "좋은 것을 준다고 실컷 부려먹고 왜 안주고 도망을 쳤느냐?"며 신나게 때렸습니다.

그는 대항할 힘이 없어 때리는 것을 다 얻어맞고 간신히 살집을 구하다가 어느 여자가 사는 집으로 들어갔습니다. 더러운 오물 속에 있던 여자는 그를 보자마자 음행을 하자고 달려들었습니다. 처음에는 어색해하다가 그의 유혹에 휘말려 함께 좋아하며 음행을 즐겼습니다. 그때 어느 남자가 들어와서 "야, 너 나하고 즐기다가 언제 또 다른 남자와 놀아나는 거냐?" 하고 여자를 끌고 나갔습니다. 그는 밖에서 싸우며 큰 소리를 지르는 여자의 목소리가 들리자 분노와 질투심이 끓어올랐습니다. 그래서 곧장 밖으로 뛰어나가 그 남자를 때려눕히고 다시 여자를 데리고 안으로 들어왔습니다. 여자는 고맙다고 하고 그를 끌어안고 계속 즐기고 놀자고 하였습니다. 그렇게 악한 생활을 하며 악이 영혼에 꽉 차고 물들었을 때, 마귀가 찾아와 그를 지옥으로 끌고 갔습니다.

저는 그 모습을 보고 궁금해서 주님께 여쭈어보았습니다. "주님! 저분이 처음에는 성령을 받고 열심히 신앙생활을 했잖아요. 그런데 죽어서라도 회개할 기회를 안 주시고 왜 지옥으로 가게 하시나요?", "나를 믿다가 잠시 떠나서 다시 내 품으로 돌아오지 않고 죽은 영혼들 중에서 다시 회개할 기회를 주는 영들도 있다. 그러나 나를 잘 믿다가 배반하고 완전히 나를 잊어버린 영혼에게는 구원의 기회를 줄 수가 없단다."

지옥 가는 이단 교주

외국에 사는 어느 큰 교회 담임 목사님이 결혼도 하지 않고 아주 열심히 목회하는 것을 보았습니다. 병 고치는 은사와 능력을 받아 성도들의 병을 고쳐주자 사방에서 많은 사람들이 몰려와 교회가 급성장을 하였습니다. 그런데 성도들이 목사님을 높이 받들고 설교도 잘하고 능력이 많다고 칭찬해 주자 점점 마음이 교만해지기 시작했습니다. 목사님은 성도들에게 칭찬받는 것이 좋아서 더 거룩한 척하며 위선을 행하였습니다. 그럴 때마다 목사님의 배후에서 역사하는 마귀가 그의 속으로 들락거리며 "사람들이 다 너를 높여주고 있어. 네가 자랑하면 사람들이 더 기뻐 할 거야. 빨리 자랑해…" 하고 부추겼습니다.

그는 마귀의 유혹에 빠져 사람들에게 조금씩 자신을 드러내며 은근히 자랑하기 시작했습니다. "내 손으로 많은 사람들의 병을 고쳤다. 내가 능력이 많아서 우리 교회로 많은 사람들이 몰려오고 있어…"라고 노골적으로 자랑을 늘어놓았습니다. 그는 사람들로부터 인정받고 많은 물질을 소유하면서부터 정직하지 못하고 위선의 삶을 살기 시작했습니다. 혼자 있을 때는 술과 담배를 하고, 여러 명의 여자들을 만나 좋은 곳을 찾아다니며 외식하고 음행을 즐겼습니다. 뒤에서는 온갖 나쁜 짓을 하고 성도들 앞에서는 거룩한 척 위선을 행함으로 인해 양심의 가책조차 느끼지 못했습니다.

뒤에서 무슨 짓을 하는지 아무것도 모르는 성도들은 그를 더 높여주고 칭찬을 하자 그의 양심은 점점 마비되어 갔습니다. 처음에는 성령의 능력으로 병을 고치다가 점점 성령의 역사는 소멸되고 마귀가 지배하였습니다. 마귀는 그를 통해 하나님이 하시는 것을 그대로 흉내 내고 기적을 일으켜 사람들을 유혹하였습니다(마24:24). 분별력이 없는 성도들은 그를 우상처럼 섬기고 받들었습니다. 그는 명예욕과 성욕과 물욕에 빠져 수없이 말씀하시는 성령님의 음성을 외면하고 육신의 정욕을 좇아갔습니다. 교회 여성도의 유혹에도 넘어가 은밀한 관계를 갖고 다른 여자들과도 지속적인 관계를 하며 성적으로 문란한 생활을 하였습니다.

그렇게 아무도 모르게 음란과 정욕에 푹 빠져 생활을 하던 어느 날 그는 헛된 교리에 빠졌습니다. 이단 교리에 빠지고 본인 교회 성도들까지 끌어들였습니다. 마귀는 점점 목사님을 속이고 조종하자 점점 예전과 다른 행동을 하였습니다. 목사님의 영안에서 괴로워하시던 성령님은 완전히 떠나시고 악령이 그를 강력히 사로잡았습니다(출32:32~33/마 7:21~23/히6:4~6). 그는 얼마 후에 헛된 교리에 빠진 곳에서 교주까지 되었습니다. 성경을 거짓으로 전하고 자신이 예수님인 것처럼 속였습니다. 선한 일을 하는 것처럼 겉으로 포장하고 온갖 거짓과 탐욕에 잡혀 꼼수를 부리며 성도들의 돈을 빼내었습니다.

그에게 빠진 성도들은 마귀에게 묶여 그 사람의 말이 진리인 줄 믿고 따라갔습니다. 그들 중에는 다행히 주변 성도들의 기도와 도움으로 그곳에서 빠져나오는 사람들도 있었습니다. 어느 날 그는 말씀을 전하기 위해 가까운 집회장소로 걸어갔습니다. 집회장소 앞에 있는 횡단보도에서 급한 마음에 신호등이 빨강 불인데도 무시하고 뛰어갔습니다. 빠른 걸음으로 반쯤 가고 있을 때, 빠르게 달려오는 차가 순식간에 그를 치고 지나갔습니다. 그는 그 자리에서 즉사하였고, 그의 영혼은 몸에서 바로 빠져나왔습니다.

그는 순식간의 벌어진 일을 의식하지 못한 채 "내가 왜 여기 있지?" 하고 빨리 집회장소로 가야한다는 생각만 하고 그곳으로 달려갔습니다. 출입문을 열려고 손잡이를 잡으려는 순간 문을 통과하여 깜짝 놀라며 "엉? 왜 이러지?" 하며 이상하게 생각하고 있을 때, 저쪽에서 두 사람이 걸어오며 이야기하는 소리가 들렸습니다. "그거 알아? 오늘 여기 오다가 우리 교주님이 차에 치어 죽었는데, 한 성도가 발견해서 이곳으로 모시고 왔대.", "무슨 소리야?…", "우리 교주님을 친 차를 안 잡나", "몰라…" 그런 말을 듣고서 자신이 죽은 것을 알고 "난 이제 어떻게 하지…" 하며 공포와 두려움에 떨었습니다.

그때 머리가 길고 끔찍하게 생긴 마귀가 그를 땅속으로 데리고 갔습니다. 무서워서 아무 말도 못하고 울며 끌려갔습니다. 마귀는 그를 지옥 3층으로 데리고 가서 다른 마귀에게 넘기고 돌아갔습니다. 그곳에는 많은 불량배와 음란한 영혼들이 있었습니다. 마귀는 그가 살 집으로 데리고 갔습니다. "야, 친구! 여기가 네 집이야", "여기가 무슨 집이야? 여긴 돼지우리, 쓰레기통이잖아." 그의 작은 방안에는 온갖 더러운 오물과 한 옆으로 대변이 쌓여있었습니다. "여기서 어떻게 살라 구?" 마귀는 "다른 곳을 가보던가."라고 말하고 그의 얼굴을 한 대 치고 돌아갔습니다.

교주는 주변을 돌아다녔습니다. 옷을 안 입고 노골적으로 음행하는 남녀를 보고 '헉!' 하고 뒤로 넘어졌습니다. 그때 그의 맘에 쏙 드는 여자가 다가오며 "너 새로 들어 왔구나. 나와 즐기자?"고 했습니다. 교주는 그녀를 보는 순간 첫눈에 반했습니다. 지옥에 있는 영혼들의 모습은 끔찍하고 흉측스럽지만, 그들끼리는 서로의 모습이 아무렇지 않게 보인다고 하였습니다. 그 여자는 그의 집 바로 옆에 살았습니다. 그녀는 집에서 부끄러운 것도 모르고 "당신도 옷 다 벗어!" 하고 적극적으로 음행하자고 달려들었습니다. 교주도 좋다고 하며 낡고 더러운 옷을 벗어던지고 서로 음행을 즐겼습니다.

그때 마귀가 달려왔습니다. "야! 잘 있었냐? 나와 같이 갈 곳이 있으니 따라와!", "싫어!" 그는 계속 여자와 음란을 즐기고 싶은 마음만 가득했습니다. 하지만 어쩔 수 없이 여자에게 "기다려!" 하고 마귀를 따라갔습니다. 마귀는 그를 어느 넓은 장소로 데리고 가서 인두로 그의 성기를 지졌습니다. 채찍으로 온몸을 때려 살이 찢겼습니다. "왜 때려? 왜 때리는 건데. 내가 뭘 잘못했다고…", "여긴 지옥이다. 이 XX야. 너는 저 세상에서 음란을 부리고 죄를 많이 지어 지옥으로 온 것이다. 넌 이곳에서 계속 고통을 당해야 된다는 것을 모르냐?"고 하며 채찍으로 사정없이 때렸습니다.

그는 "내가 왜 나쁜 길로 빠져 이 고통을 당해야 하나." 하고 엉엉 울었습니다. 마귀는 "왜 울어?" 하고 그의 얼굴을 또 때렸습니다. 그리고 칼로 그의 가슴과 배에 나쁜 그림을 그렸습니다. 그는 아파서 "으으… 너무 아파… 그만하라고…" 하며 손을 움직여서 마귀를 때리려고 하는데 손을 움직일 수가 없었습니다. 마귀는 그에게 형벌을 다 주고 나서 다시 거주지로 데려다 주었습니다. 그는 바로 옆집에 사는 여자에게로 갔는데, 사귀었던 여자가 없어졌습니다. 그녀를 찾기 위해 온 마을을 돌아다니다가 찾지 못하고 "혹시 나를 버리고 간 것은 아닌가?" 하며 한숨을 쉬었습니다.

그때 사귀는 여자가 산발한 머리를 하고 나타났습니다. "어떻게 된 거야?", "당신이 간 후에 다른 남자와 놀다가 이렇게 끌려가서 고통 받고 왔어.", "이런… 나를 버리고 가다니 나쁜 년이구먼. 너와의 관계는 끝이다.", "야! XX…이놈아.", "뭐라고?" 그는 화가 나서 주먹으로 여자를 한 대 때렸습니다. 그녀도 "야! 이 나쁜 놈아!" 하며 더 심한 욕설을 퍼붓고 대들었습니다. 그녀의 여자친구들까지 합세하여 욕을 퍼부었습니다. 그는 화가 나서 그들과 욕하며 맞싸움이 벌어졌습니다. 그때 마귀가 와서 "혈기를 부렸냐?" 하고 그를 또 잡아끌고 어느 텅 빈 조그만 마을로 갔습니다. 그곳에는 형무소 비슷한 집이 여러 채가 있는데, 그 중의 한 집으로 데리고 들어갔습니다.

마귀는 다른 마귀에게 그를 넘겨주며 말을 하였습니다. "이놈이 혈기를 부리다가 나한테 잡혀왔지. 이놈에게 고통을 줘라.", "알았어." 마귀는 그에게 "어쩌다 혈기를 부렸냐?"고 묻자 "여자들이 욕하고 대들어서 싸웠다."라고 대답했습니다. 그러자 마귀는 몽둥이로 때리며 "이제 너는 혈기 부린 죄에 대한 고통을 주지. 자! 뭐부터 시작 해볼까?" 하고 마귀는 칼로 그의 코와 양 팔을 자르고 붙였습니다. 그리고 철 같은 모자를 머리에 씌우고, 모자 가운데 있는 스위치를 켜자 윙윙 거리며 머리를 다 뽑았습니다. 마귀는 형벌을 주고 나서 그를 거주지로 데려다 주었습니다. 그는 마을에 새로 들어온 영혼과 사귀던 여자가 놀아나는 것을 보고 질투가 끓어올랐습니다. 그래서 둘 사이를 떼어 놓으려고 이간질을 시켰습니다.

그때 마귀가 교주에게 "너 질투했지? 따라와!", "또 고통 받는 거냐?" 하고 억지로 끌려갔습니다. 그는 마귀에게 "이렇게 조금 죄를 지었는데 바로 벌을 받으러 가냐?"라고 물었습니다. "네가 저 세상에서 죄를 많이 짓고 이단 교주가 되었기 때문에 고통이 큰 3층 지옥으로 온 것이다. 그러니 네 놈이 조금만 죄를 지어도 고통을 받는다는 것을 잊지 마라. 걸음이 늦다. 빨리빨리 따라와!" 하고 소리쳤습니다. 마귀는 다른 마귀들에게 창을 가지고 오라고 명령했습니다. 마귀들은 각자 창을 들고 그의 온 몸을 사정없이 찔렀습니다. 그는 너무 아파서 "잘못했어. 질투 안할게.", "말로만 그러는 거지? 이놈아." 하며 머리부터 발끝까지 창으로 찔렀습니다. 그리고 고춧가루 물을 먹이는 고문을 시키고 나서 그를 거주지로 데려다 주었습니다. 마귀는 한 손에 먹을 것과 물을 가지고 와서 그의 손을 기둥에 묶어 놓고 먹을 것을 코앞에 대고 냄새만 맡게 하였습니다. 그는 견딜 수 없이 먹고 싶어 했습니다.

마귀는 아랑곳 하지 않고 그의 입에 물을 넣어주려는 시늉만 하며 약을 올렸습니다. 그는 먹고 싶어 "그만! 그만!" 하고 미친 듯이 욕을 하고 발길질을 해댔으나 소용없었습니다. 한참 먹을 것으로 약을 올리며 고문을 하고 나서 그의 손을 풀어주고 먹을 것은 도로 가지고 돌아갔습니다. 그는 형벌 받고 돌아와서 또다시 똑같은 죄를 짓고 마귀에게 형벌 받는 장소로 끌려가기를 반복하였습니다. 1층과 2층은 죄를 짓는 것이 어느 정도 정해놓은 분량이 차야 형벌 받는 곳으로 끌려가지만, 3층은 죄를 짓는 즉시 끌려갔습니다. 그들은 조금만 죄를 지어도 형벌 받을 것을 알고 있지만, 이미 세상에서 악으로 꽉 차서 지옥으로 왔기에 죄를 안 짓고 살 수가 없다고 하였습니다. 그들은 세상에서 행한 만큼 지옥에서도 엄청난 고통을 겪으며 영원한 삶을 살아야 합니다.

○○ 자매님이 본 지옥이야기

깊은 땅속 골짜기 같은 곳에 영혼들의 손과 팔이 보였습니다. 땅위로는 어두운데 골짜기 사이로 붉은 빛이 계속 보였고, 그 빛 사이로 영혼들의 팔이 보였습니다. 처음에는 손을 그냥 흔드는 것처럼 보였지만, 자세히 보니 뜨거워서 팔을 높이 들고 조금이라도 덜 뜨겁기 위해 흔드는 모습이었습니다. 옆에서 본 모습은 마치 조명이 화려하게 비추고 세상 가수들이 콘서트하는 모습과 많이 닮았습니다. 지옥에서의 조명은 지옥불이었습니다. 정말 많은 영혼들이 빼곡히 불속에서 손을 흔들고 있고,

골짜기 맨 위에서 마귀가 창을 들고 지켜보고 있는 장면을 보았습니다.

깊은 어두운 땅속에 옆으로 영혼들의 팔과 손을 본 후에, 그 위에서 아래를 바라보게 되었습니다. 위에서 본 모습은 계곡 같은 모습이었지만, 제가 본 모습은 일부만 보여주신 것뿐이라고 했습니다. 더 크고 넓은 곳으로 이루어져 있기 때문에 딱 그 부분만 보게 하신 것이었습니다. 영혼들이 지옥 불에서 뜨거워하는데, 그 계곡 사이 높은 곳에선 마귀가 그 영혼들을 지키고 서 있었습니다. 또 다른 장면은 높은 곳에서 용암이 엿줄기처럼 걸쭉하고 굵게 떨어지는데, 그 빛이 붉다 못해서 노란 것 같으면서도 희기까지 하였습니다. 그 아래는 용광로처럼 큰 항아리 같으면서도 깊고 크게 되어 있었습니다.

장면이 바뀌었습니다. 중앙에 끝이 없는 길이 있고 양쪽으로 나눠져 있는 땅들 사이 한쪽에는 유난히 깊은 웅덩이가 많이 있었습니다. 그곳은 죽은 영혼들이 고통을 당하는 곳인데, 다 각각 틀린 고문을 당하는 곳이었습니다. 지옥은 끝도 없이 길고 넓고 깊은 곳이었습니다. 많은 영혼들이 있는데, 그중에 지옥 불 있는 곳이 따로 되어있습니다. 지옥 불에 많은 영혼들이 들어가서 고통을 당하는데, 어느 정도 많이 고통을 당하면(영혼이 검은콩처럼 까맣게 될 때까지) 그 다음 고통 받는 곳으로 가게 됩니다.

그 중에서 한 곳을 보게 되었습니다. 한 영혼이 끌려가는데, 마치 도살장에 끌려가는 느낌이었고, 그 사람을 꽁꽁 묶은 뒤 어떤 통로에 넣으며 그 통로 끝에 마치 감자 칼을 크게 해놓은 칼이 있었습니다. 영혼이 그 칼을 통과하고 나면 뼈와 가죽의 가루와 그 영혼의 피가 나눠졌습니다. 그 뼈 가루는 가루대로 피는 피대로 된 것을 어느 곳 아래로 흘려보냅니다. 그곳은 굉장히 춥고 얼음이 많은 곳인데, 그 피가 얼음에 닿으면 너무 아프다고 영혼이 고통스러워하고 괴로워하였습니다.

그 고통이 어느 정도 지나면 작은 긴 통로로 그 피를(영혼을) 꼬챙이 같은 곳에 꽂아 끌고 갔습니다. 길고 어두우면서 음침한 통로를 다 지날 때쯤이면 사람의 형상으로 다시 돌아와 있었습니다. 그 통로를 지나 다른 곳으로 가려고 중앙으로 나오게 되면, 황소처럼 뿔이 양쪽에 크게 달린 거인처럼 큰 마귀가 그곳에 있었습니다. 그곳을 지키는 마귀인 것 같았습니다.

교회를 다녀와서 저녁에 집에서 기도할 때였습니다. 어두운 곳에 예수님께서 십자가에 달려서 피를 흘리시는 모습이 보이고 십자가 뒤로 불이 타오르고 있었습니다. 그리고 갑자기 습하고 축축한 느낌이 들면서 무서웠습니다. 저는 어두운 나룻 터에 서있었습니다. 그곳의 나무와 나룻 터와 강 모두가 검었습니다. 무섭고 두려웠습니다. 보통 때 보던 환상과 완전히 다른 진짜 서있는 느낌이었습니다. 제 오른편에서 "괜찮다."라는 주님의 음성이 들렸습니다.

그리고 눈앞의 장면이 바뀌고 순식간에 제가 지옥 위인 것 같은 곳에 있었습니다. 연기가 보이고 그 안으로 시뻘건 용암인지, 불인지 모르게 타고 있었습니다. 그 위로 멀리 떨어져 있었는데 뜨거웠습니다. 제 귀에 희미하게 사람들의 비명소리가 들려오고 있었습니다.

이틀 후에 교회에서 입신하여 지옥을 보았습니다. 앞전에 보았던 그 지옥 불속이었습니다. 유황불 근처에서 보이는 안개가 보였고, 안개가 걷히면서 많은 사람들이 보였습니다. 제 발이 조금씩 뜨거워졌습니다. 근처만 있어도 그 열기로 인해 뜨거운 느낌을 받았습니다. 그리고 예수님과 저는 그 불지옥 가운데 있었는데, 예수님과 제가 서있는 곳은 뜨겁지도 불이 저희를 태우지도 않았습니다. 보호막 같은 것이 쳐져 있는 느낌이었습니다.

그곳을 나와 골짜기와 계단, 언덕 같은 곳이 보였습니다. 여러 마귀들이 사람들을 칼과 창 같은 것으로 여기저기 찔러대어 사람들은 맥없이 쓰러지고 있는 모습이었습니다. 무서웠습니다. 그리고는 저는 어느새 건너갔던 그 지옥 강을 다시 건너왔습니다.

초등 4학년 사랑이가 본 지옥이야기

지옥에 있는 사람들이 거의 다 비명을 지르며 살려달라고 소리쳤어요. 이상하게 생긴 괴물 같은 마귀가 사람들의 몸 전체에 바늘 같은 것을 꽂고, 머리에는 칼 같은 것으로 자르고 있었어요. 그리고 다른 곳에서는 사람들이 불속에서 살려달라고 소리쳤어요. 마귀들마다 생김새가 다르고 뿔이 엄청 많이 달려 있는 것도 있었어요. 또한 눈이 아주 많고 팔이 많은 마귀도 있었어요. 마귀의 생김새는 아주 흉측했어요. 마귀는 사람들을 가시밭길로 질질 끌고 가고 있었어요.

어느 문 안으로 들어가 보았는데, 그곳에는 전부 대변이었어요. 들어가는 문조차 안 열린 정도로 엄청 많은 대변과 더러운 오물이 쌓였고, 많은 벌레가 그런 것을 먹고 있었어요. 주님께서 이제 곧 대 환난이 다가올 것이라고 말씀하셨어요. 그리고 지옥으로 가는 사람들을 너무 불쌍하게 보신다고 하셨어요. "왜 처음부터 나를 믿지 않아서 저런 형벌을 받게 되는지…" 하시며 슬퍼하고 계셨어요.

초등 1학년 소망이가 본 지옥이야기

지옥은 깨끗한 곳이 없었어요. 주변 환경은 거의가 똥이었어요. 집 안에는 대변이 쌓여있고 지저분하여 보기도 싫었어요. 그런데 지옥에서 고문을 받는 사람들이 "살려 달라!"고 하며 너무 시끄럽게 소리를 질렀어요. 사람들의 목이 잘리면 다시 붙었어요. 지옥 사람들은 매일 고문을 받고 다시 집 같은 곳에 가서 조금 쉬다가 또 고문 받는 것을 반복하였어요. 세상에서는 한번 목을 자르면 그만인데, 지옥에서는 목을 자르면 또 붙고 자르면 또 붙는 식으로 반복되었어요. 마귀가 사람들을 칼로 자르고, 꼬치로 꽂으며 고통을 주었어요. 그것을 보면서 이게 꿈인가 할 정도로 엄청 끔찍했어요. 그런데 이게 꿈이 아니고 실제였어요. 사람들을 무슨 주스처럼 갈았고, 다시 그 조각조각이 합쳐지고 있었어요. 사람을 가시가 있는 의자에 앉히고 또 혀에 못을 박고 불로 지졌어요. 마귀가 사람을 동물 취급하듯이 함부로 다루는 것이 너무 잔인하고 끔찍하고 무서웠어요.

제 5 장

다가올
7년 대 환난의 모습

많은 사람이 연단을 받아 스스로 정결하게 하며 희게 할 것이나 악한 사람은 악을 행하리니
악한 자는 아무도 깨닫지 못하되 오직 지혜 있는 자는 깨달으리라
매일 드리는 제사를 폐하며 멸망하게 할 가증한 것을 세울 때부터 천이백구십 일을 지낼 것이요
기다려서 천삼백삼십오 일까지 이르는 그 사람은 복이 있으리라

단 12:10-12

chapter 05 다가올 7년 대 환난의 모습
SECRETS OF THE SPIRIT

주님께서 한국 성도들을 향해서 말씀하셨습니다. "북한을 통해 회개하게 할 것이고, 그것을 통해 대 환난에 들어갈 밑바닥 기초부터 다시 해나갈 것이다. 나는 너희가 빨리 회개하고 나에게로 돌아오길 바란다. 나를 멈추게 할 수 있는 방법은 오직 회개하고 돌이키는 것뿐이다. 그 외에 다른 방법은 없다.

한국전쟁과 대 환난은 하나님의 손안에 있습니다. 전쟁도 대환난도 우리의 영혼을 정결케 하고자 하는 목적이 있는데, 사람들은 그런 주님의 뜻을 알지 못하고 있습니다. 그저 자신들만 안전하게 보호받고 살아남기 위해 육의 것들만 준비하는 것들이 안타깝습니다. 먹고 입고 마시는 육의 것보다 더 중요한 것이 바로 영혼의 정화입니다. 어떤 환경가운데서도 주님만을 갈망하고 사랑할 때, 하나님께서는 육신의 필요한 양식을 때마다 공급해 주시고, 감당할 수 있는 은혜를 부어 주실 것입니다.

저는 주님과 대화를 나누었습니다. "주님! 성도들은 아무리 많은 죄를 지어도 예수님의 보혈로 덮여져 순식간에 깨끗이 변화되어 휴거된다고 믿고 있어요. 어느 분도《영의 비밀》을 보고 찾아왔어요. 책 내용은 좋은데, 심판대만큼은 이해가 되지 않는다고 하였어요. 그 사람은 휴거가 될 것을 믿고 있는데, 대 환난에서 순교자가 될 것이라는 주님의 메시지를 듣고 두렵다고 하시며 돌아가셨어요.", "그것이 사람들의 마음이다. 고통을 당하기 싫어서 7년 대환난이나 심판대를 받아들이지 못하는 그들이 참으로 불쌍하구나. 그런 사람들이 나를 버리고 짐승의 표를 받을 수 있는 가능성이 크단다."

"주님! 현재 생산되고 있는 사람 몸속에 심는 베리칩(현재 포지티브 아이디로 바뀜, 이름은 또 바뀔 수 있음)이 128개의 유전자 코드가 들어 있어 생각과 감정과 행동을 조종 받을 수 있다고 하는데 그게 사실인가요?", "그렇단다. 너희는 절대로 그 칩을 받아서는 안 된다. 사단은 지금부터 서서히 사람들 몸에 칩을 심게 하여 전 세계를 지배할 것이다.", "주님! 어느 큰 교회 목사님은 현재 손이나 몸에 넣는 칩은 적그리스도의 표가 아니고, 상징수라고 해요.", "현재 손(팔 포함)이나 이마(목까지)에 넣는 생체칩은 앞으로 적그리스도가 주는 표로 사용될 것이다. 그 칩이 적그리스도의 표가 아니고 상징수라고 하는 것은 마귀에게 속고 있는 것이다.

너희는 계시록에 나오는 모든 수를 상징이라고 생각하지 마라. 물론 상징도 있다. 그러나 실제수가 더 많다는 것을 알아야 한다. 적그리스도의 표인 그 칩을 받는 자는 절대 구원을 받을 수 없다. 너희는 표를 받지 않기 위해서 지금부터 깨어 있어야 한다. 깨어 준비한 성도들이 대 환난에서 연단을 받고 정결케 되어 순교하게 될 것이다. 너희는 알고 준비할 것이기에 복이 있다.", "주님! 왜 우리에게 7년 대 환난을 겪게 하시는 건가요?", "7년 대 환난은 이미 오래 전에 예언해 놓았다(단9:24~27,12:10~11/벧후2:5~10/슥14:1~2/마24:15~31/계7:14). 지금 시대는 성경에 기록해 놓은 것과 같이 대 환난이 가까이 왔다는 것을 기억해라. 너희는 미혹의 영에게 속지 말고 깨어 준비해야 한다(마24:42~44/막13:32~37).

　대 환난은 심판대와 동일한 장소다. 심판대에서 연단을 받으며 정결케 되는 것처럼, 대 환난도 힘든 연단을 받으며 마음과 행실을 정결케 하는 장소이다. 3층 천국으로 가는 성도들이 심판대를 통과하지 않고 곧장 천국으로 올라가는 것처럼, 휴거성도들도 대 환난을 통과하지 않고 그 전에 공중으로 들림 받아 3층 천국으로 올라간다(고전15:33~34/벧후3:10~11/계14:1~5). 휴거되지 못하고 남은 성도들은 대 환난에서 나를 믿음으로 연단을 받아 마음과 행실이 정결케 될 것이다. 그러나 나를 배반한 영혼들이나 불신자들은 심판을 받고 악으로 무르익어 지옥 들어갈 준비를 하는 기간이 될 것이다(단12:10/계22:11). 또한 대 환난에서 겪는 고통은 모든 성도들마다 많은 차이가 있을 것이다. 지은 죄를 회개하고 그 죄를 멀리하면 고통을 덜 받겠지만, 만약 죄를 짓고도 회개하지 않는다면 큰 고통을 겪게 될 것이다.

　너희는 구별된 삶을 살고, 거짓 그리스도가 주는 표를 받으면 안 된다. 나(예수님)를 믿지 않고는 어느 누구도 구원을 받을 수 없다. 나(예수님)를 통해서만 구원의 길을 열어놓았다는 것을 명심해라(요1:12,14:6/행4:12). 내가 교회들에게 앞으로 다가올 대 환난에서 일어날 일들을 보여주는 이유는 환난에서 승리하게 하기 위함이다. 너희들은 대 환난이 임박했다는 것을 깨닫고 지금부터 환난을 대비하여라. 너희가 대 환난에서 승리하려면 지금부터 지은 죄를 철저히 회개하고, 주어진 연단을 잘 받아야 한다. 매일 성경을 많이 읽고 기도와 찬양의 분량을 늘려가며 영력을 채워 열심히 말씀 지키는 훈련을 하여라. 내가 너희들을 축복하고 대 환난 때 도와 줄 것이다. 하지만 너희는 나를 의지하여 순종하고 연단을 잘 이겨내고 통과하여야 한다. 지금부터 정욕을 십자가에 못 박고 날마다 깨어있는 삶을 살아야 대 환난에서 승리할 수 있다. 너희가 나를 믿고 따른다면 내가 전하는 말을 받아들이기 원한다. 나는 너희들을 사랑한다. 너희는 내 사랑하는 아들딸들이다"(마24:36~44/막13:28~37/벧후3:9~13).

초등 4학년 사랑이가 본 대 환난

예수님께서 대 환난에서 일어나는 일들을 보여주셨어요. 세상은 온통 어수선하고 사람들이 어디로 가야 할 바를 모르는 모습이었어요. 차도로가 붕괴되고, 사람들은 총에 맞아 죽었어요. 하늘에서 번개가 치고 나무들이 쓰러지고 집들도 무너져 내리고 그대로 남은 것이 없었어요. 바다가 땅을 덮치자 사람들이 어찌 할 바를 모르고 있었어요.

그때 어떤 사람이 갑자기 예수님이 계신 곳으로 올라왔어요. 예수님께서 그 사람에게 "잘 참고 견디었다."라고 칭찬해 주셨어요. 그리고 그 사람을 "축복하기 위해서 휴거시켰다."라고 말씀하셨어요. 휴거되는 성도들은 아주 적은 인원이었어요. 땅에 남은 사람들 중에 대 환난을 통과하는 사람들도 있고, 또 대 환난에서 죽는 사람들도 있었어요. 예수님께서 말씀하셨어요. "이 땅에 있는 사람들은 욕심보다 나를 더 사랑하고 나를 더 찾기를 바란다. 지옥보다는 천국이 더 훨씬 아름답고 좋으니 나를 더 따르고 찾고 빨리 대 환난이 다가오기 전까지 나를 잘 믿으면 좋겠다."

대환난 중에 우리나라가 아닌 다른 나라에서 전쟁이 일어났어요. 진짜 이 세상이 지옥처럼 보였어요. 분노에 찬 사람들의 모습이 흉측했어요. 전투기를 조종하는 사람들은 서로가 전투기끼리 치고 박고 싸웠어요. 사람들이 전투기에서 나와 칼로 전투기를 자르고 사람들을 죽였어요. 서로 잔인하게 싸우는 장면을 보고 난 후에 또 다른 장면을 보았어요.

주님께서 "이 세상보다 나를 더 사랑하고 하나님을 경배하고 찬양하라. 다른 신들을 두지 말고 나를 더 찾고 사랑할 수 있도록 노력하고 이 세상보다 나를 더 사랑하라. 지금 나를 온전히 믿지 않는 자들아, 대환난이 다가왔으니 나를 더 찾고 어려운 시련이 있을지라도 인내하고 나를 더 사랑하길 바란다. 앞으로 사고도 더 많이 일어나고, 전 세계에 모든 문제들이 발생하겠지만, 이미 내가 계획해 놓은 것이니 걱정하지 말고 나를 더 사랑하길 바란다. 사랑하는 자들아! 내가 올 날이 얼마 안 남았다. 앞으로 인내하고 꾸준히 살아가면서 나를 존귀하게 여겨라."

대 환난이 오면 태풍도 많이 일어나고, 건물도 붕괴되고, 우리가 세상에서 보지 못했던 자연재해가 많이 일어난다고 했어요. 그리고 세계 대전이 일어나는데, 거기서 예수님이 지켜주시는 분은 살아남게 될 것이고, 많이 타락해져 있는 사람은 중간에 죽을 수도 있다고 했어요. 예수님을 믿다가 순교한 사람은 천국으로 올라가게 된다고 했어요. 대 환난을 통과하다 죽어 영계로 간 성도들은 연단 받는 장소에서 조금이라도 남아 있는 죄를 뽑고 올라간다고 했어요. 대 환난으로 인해서 죄에 푹 빠져드는 성도들도 있으니 주의하라고 말씀하셨어요.

예수님께서 대 환난을 허락하신 목적에 대해서 말씀해 주셨어요. 이 세상이 너무 타락해 있어서 심판하는 것이지, 세상 사람들을 죽이려고 심판하는 것이 아니라고 했어요. 또한 예수님을 믿게 하려는 뜻이 있다고 했어요. 그리고 대 환난에서 예수님을 더 잘 믿고 사랑할 수 있도록 만들기 위해서 허락하셨다고 말씀해 주셨어요. 대 환난은 주님께서 다 계획을 해놓고 심판하러 오는 것이라고 했어요. 그러니 우리들의 마음 속에 오직 예수님만 생각하고 매일 동행하라고 했어요. 우리 눈에는 보이지 않아도 동행하는 천사들과 같이 언제나 주님께서 안 떠나고 지켜주시니, 방심하지 말고 주님을 버리지 않으면 좋겠다고 말씀하셨어요.

"이제 곧 세계에는 대 환난이 시작될 것이니, 방심하지 말고 앞으로도 나를 더 찾고 사랑하길 바라고, 절대로 교만하거나 방심하면 안 된다. 모두를 사랑한다." 예수님께서는 타락한 인간들도 사랑하고, 온 세계 사람들을 모두 다 사랑하니, 제발 좀 돌아오라고 말씀하셨어요. 또 주님께서 대 환난의 상황을 보여주셨어요.

어떤 사람이 전자우편 같은 편지함에 조그만 물체를 넣어가지고 어디론가 가고 있었어요. 그 안에 있는 것이 칩이라고 알려주었어요. 자연재해도 많이 일어나고 벌레 같은 것도 많았어요. 악한 영들이 사람들을 많이 괴롭혔어요. 또한 전쟁 같은 것도 많이 일어나고 식량도 없어졌어요. 그런데 칩을 파는 사람들이 그 칩을 받으면 이 고통을 모두 겪지 않을 수 있고, 먹을 것도 많이 준다고 칩을 사라고 했어요. 사람들에게 칩을 사면 엄청 좋은 일이 일어난다고 빨리 좀 사라고 했어요. 사람들이 그 얘기를 듣고 그 칩을 사려고 달려들었어요.

칩을 받기 위해서 사람들이 한 줄로 섰어요. 첫 번째 앞줄에는 머리가 긴 한 여자가 섰어요. 줄을 서면 칩이 손 같은 곳에 바로 심어졌어요. 예수님을 믿는 한 성도가 그 칩을 샀어요. 그걸 보고 주님이 "왜 그 칩을 샀느냐?"고 말씀하셨어요. 그리고 저에게 말씀하셨어요. "그 성도가 너처럼 계시를 받았다. 그런데도 저 칩을 받았다. 저 칩이 계시를 통해서도 보여줬지만, 그 칩을 산 것이 너무 어리석다. 마귀의 꼬임에 넘어갔다. 왜 그러느냐? 대 환난 중에서 적그리스도의 표(칩)를 파는 사람들이 제일 위험하다. 너희는 칩을 사지 마라. 사면 즉시 지옥이다. 지금도 적그리스도는 어떻게 칩을 팔아야 하나를 생각하고 있다. 명심하라. 칩은 절대 사지 마라. 칩이 멸망의 길로 이어질 것이다."

어떤 사람은 그들이 유혹하는 달콤한 말에 속아서 칩을 샀어요. 그 칩을 사는 즉시 식량이 생기는 것도 아니고 아무 일도 없었어요. 칩을 사고 기뻐서 펄쩍 펄쩍 뛰다가 마귀한테 잡혀갔어요. 그 사람은 이미 이 세상에 살면서 죄가 무르 익어가지고 바로 지옥으로 떨어졌어요. 그 사람은 도둑질과 살인을 하는 등 죄를 많이 지어서 2층 지옥으로 떨어졌어요. 대 환난이 다 끝났고 칩을 받지 않은 사람들은 천년 왕국에서 살다가 천국으로 가는 것을 간단히 보았어요. 예수님께서 말씀하셨어요.

"이 칩은 한순간에 지옥으로 가게 하는 도구이다. 이 칩을 사지 말고 주의해야 천국에 갈 수 있다. 칩을 받는 어떤 사람이 나를 잘 믿더라도 그는 지옥에 갈 수밖에 없다. 지옥이 어딘지 아는 사람들이 많다. 그 칩을 받으면 지옥 간다는 것을 알면서도 지옥에 가려는 사람은 없을 것이다. 천국은 아름답고 지옥은 무서운 곳이다. 앞으로 표에 따라서 천국가고 지옥 가는 일이 달려 있다. 대 환난을 통과하여도 칩을 받으면 지옥이고 칩을 받지 않으면 바로 천국이다. 모든 것이 칩에 달려 있다.

칩이 정말 무서운 것인지도 모르고 사람들은 칩에 열중하고 있다. 칩은 정말 무서운 것이다. 나는 너희가 이 칩을 받으면 너무 슬프다. 아무리 칩을 받고 싶어도 참아라. 대환난 중에 힘들고 어려운 일이 있어

칩을 받고 싶은 마음이 있겠지만, 참으면 더 큰 복이 있을 거다. '환난'과 '칩'은 너희가 나를 순종하는지 안하는지 그 마음을 보려는 것이다.

　대환난 중에 전 세계 사람들이 한명도 빠짐없이 천국에 오면 좋겠지만, 그럴 수는 없는 것이니 칩은 절대로 받으면 안 된다. 이점에 유의해라. 세상에 나무가 자라듯이 칩도 점점 퍼져 가니, 세계 사람들이 칩을 받으면 절대 안 된다. 이미 천국 간다고 예정된 사람도 있지만, 그 사람이 생명책에서 지워질 수도 있다. 조심하고 또 조심해라. 절대로 방심하면 안 되고, 교만해선 안 된다. 칩을 받으려는 마음이 있으면 마귀가 주는 마음이니 쫓아내라.

　칩 받은 사람들은 잘 먹고 잘 사는 줄 알지만 그것이 아니다. 절대로 다른 사람들이 칩 받는다고, 아는 친구가 칩 받는다고, 이웃이 칩 받는다고 해서 칩을 받으면 안 된다. 사람들이 지옥에서 받는 고통이 얼마나 심한 줄 알면 지옥 안 가려고 애쓸 것이다. 나를 체험까지 했는데도 지옥 가려는 성도가 있지는 않겠지. 제발 돌아와라. 너희들이 죄를 지을 때마다 나는 슬프고 내 몸에 고통이 있다.

　너희가 마음이 아플 때는 언제나 나를 찾고 고통을 당하더라도 나의 고통보다는 덜하게 줄 것이다. 아무리 총에 맞아 죽고 돌멩이로 맞아 죽더라도 오직 나만 찾아라. 나를 생각하면 그 고통도 덜하게 해주겠다. 고난 중에도 나를 찬양하면 바울과 실라처럼 기적이 일어날 수도 있다. 나는 너희들을 사랑한다. 너희도 나를 사랑하느냐? 세상 사람들은 나를 믿는 사람들을 죽이고 나를 믿지 않겠지만, 나는 모든 사람들을 사랑한다. 사랑하는 아들, 딸들아! 제발 대 환난을 무사히 통과하길 바란다."

　대 환난이 닥치게 되면 자연재해부터 시작해서 악한 영의 공격이 많을 것이고 거기에서 순교자들이 많이 나올 것이다. 또 대 환난 통과 성도들도 있을 것이다. 한마디로 방심하면 지옥 가는 것이고(깨어있지 않으면), 나의 말에 계속 잘 순종하면 천국 가는 것이다.

　연단가운데 고통을 잘 극복하고 이겨내면 반드시 천국갈 수 있다. 오직 천국만 갈 수 있다면 뭐든지 할 수 있다는 목표를 세우고 연단을 받으면 고통이 덜할 것이다. 이 시대는 별로 남지 않았고, 이제 대 환난이 오게 될 것이다. 지금 시간이 얼마 남지 않았다. 세상에 푹 빠져 있지 말고 준비하여라. 세상일 속에서도 중심은 꼭 나로 세우고 있으라. 그러면 대 환난을 잘 준비할 수 있게 도와 줄 것이다. 조금 더 노력하고, 조금 더 찾고, 조금 더 부르짖고, 조금 더 나를 사랑하면 그것에 대한 상급이 있다. 그 점을 생각하면서 생활을 해라.

　이제 대 환난이 올 날이 별로 안 남았으니 너희는 항상 말씀 읽고 찬양하고 성경 읽는 생활을 반복해야 한다. 이제 성경을 더 많이 읽어가면서 영성생활을 많이 하라. 그러면 대 환난을 잘 견뎌 낼 수 있을 것이다. 대 환난이 온다면, 제일 하면 안 되는 것이 칩을 받으면 안 된다. 칩은 대 환난을 통과하려는 사람을 유혹해서 대 환난을 통과하지 못하고 지옥으로 가게 하려는 마귀의 꼼수다. 그 꼼수에 넘어가지 않도록 잘 견뎌내라.

　대 환난 때는 힘들고 지치기도 하겠지만, 나를 의지 하면 괜찮을 것이다. 그렇게 두려워하지 말고 방심하지 말라! 대 환난은 금방 찾아올 것이다. 사람들은 대 환난이 오는 것도 모르고 이세상이 끝난다는 것도 모르고 사는데, 어떻게 대 환난을 잘 견뎌 낼 수 있느냐?

　너희가 잘 해야지, 다른 사람들도 그 행동을 보고 잘 하지 않겠느냐. 이제는 너희가 살 때도 얼마 남지 않았다. 그런데도 너희가 세상에 많이 빠져 살고 있다. 너희가 잘해야 다른 사람들도 살 수 있는 것이다. 너희가 잘 못살고 있고 또 많은 사람들이 세상에 빠져 살고 있다. 그러니 회개하여라. 무슨 일에도 절망하지 말고 내 안에서 하는 일에 최선을 다하고 끝까지 참고 견뎌내라. 대 환난 속에서 죽는 사람도 있을 것이고, 살아남는 사람도 있을 테지만, 타락한 자들은 거의 다 지옥으로 갈 것이다.

지금이라도 너와 사람들은 타락을 할 수 있다. 너희들의 하는 행동이 옳은 행동인지 잘 판단하여 보고, 항상 자신의 행동에 책임을 져라. 대 환난은 정말로 얼마 남지 않았다. 나를 버리지 마라! 나를 다시 찾아라! 그게 내 평생소원이니 제발 나를 찾아라. 다시 돌아와라! 지금 지옥 가 있는 사람들을 보면 너무 불쌍한 생각이 든다. 내가 그렇게 기회를 줬는데도 끝까지 나를 믿지 않으니 어찌할 도리가 없다. 지금이라도 너희가 돌아와라! 그러면 천국 갈 수 있다. 심판대의 고통은 조금 크겠지만, 칩 받으면 바로 지옥이다. 너희가 살아가는 삶이 최고의 삶이 될 수도 있고 불행의 삶이 될 수도 있다. 너희가 하는 행동 하나하나가 영적인 도움이 될 수도 있고 도움이 안 될 수도 있다. 말하는 것조차도 도움이 될 수도 있고 안 될 수도 있다. 너희가 제발 천국에 들어가길 바란다."

초등 1학년 소망이가 본 대 환난

주님이 휴거사건과 대 환난이 일어나는 것을 보여 주셨어요. 하늘에서 뿌~! 하는 소리가 아주 길~게 들리면서 사람들이 올라갔어요. 위로 올라온 사람들은 하늘까지 올라와서 천국 문 안으로 들어가고 휴거가 안 되고 땅에 남아 있는 사람들은 기절하고 난리가 났어요. 휴거된 사람보다 땅에 남아 있는 사람들이 더 많았어요.

땅에 있는 사람들이 놀라서 어쩔 줄 몰라 하고 어떤 사람들은 쇼크를 받아서 죽고, 어떤 사람은 기절하고, 어떤 사람은 놀라서 난리가 났어요. 어떤 사람들은 건물 안에 있다가 뛰쳐나오고, 어떤 사람들은 건물 안에서 달려 나오다가 사람들과 부딪치고 다치는 장면을 보았어요. 사람들이 "이게 진짜 대 환난이구나."라고 했어요. 사람들은 무서워하고, 남은 사람들은 거의 다 기절했어요. 건물도 막 무너지고, 다리도 끊어지고 하늘에서 별들이 떨어지고 사람들이 다치고 기절하고 놀라는 모습이었습니다. 그리고 주님께서 말씀하셨어요. "이제 곧 땅에 있는 사람들은 결국 대 환난을 맞고 거기에서 이겨낸 사람들만 나에게 올라올 수 있다. 목숨이 끊어지기 전에 베리칩을 받는 사람들은 천국으로 들어오지 못한다."

천국은 죄가 없는 사람들이 오는 것이니, 휴거되기 전에 모든 죄를 다 씻고 마음이 완전히 깨끗해진 사람만 올라간다고 말씀하셨어요. 어떤 외딴 지역이 있었어요. 무슨 나라인지는 잘 모르겠는데, 이상한 말로 이야기하면서 문을 열라고 하며 문짝을 막 두드리고 문을 깨고 들어가서 집에 있는 사람들한테 강제로 칩을 심었어요. 한국의 어떤 곳에서도 집으로 들어가서 강제로 돈을 받고 베리칩을 받게 했어요. 예수님께 물어 보니 그 안에는 이상한 물질이 들어있어서 리모컨으로 사람을 조종한다고 하였어요. 리모컨으로 그 사람들이 싫으면 안에 있는 내부물질을 폭파시켜서 그 사람을 죽게 한다고 했어요.

예수님께서 저에게 말씀하셨어요. 지금 너희는 갈림길에 서 있는 것이다. 오직 넓은 길을 선택하지 말고 좁은 길을 선택하라. 넓은 길은 좋지만 마지막에는 끝장이고, 좁은 길은 맨 처음엔 험난하지만 나중에는 행복으로 변한다. 그러니 너는 제발 천국으로 가라. 좁은 길로 가라. 넓은 길은 잠시 잠깐 좋지만 결국은 영원하고 아주 뜨거운 지옥으로 가는 것이다. 하지만 좁은 길은 잠깐 세상에서 고난을 받지만, 천국에서는 영원히 행복하다. 그러니 제발 좁은 길로 가라! 사랑한다.

얼마 후에 주님께서 말씀해 주셨어요. "성도들이 연단의 과정을 겪으면서, 그 정한 연단이 끝나면 천국을 입성한다. 그런데 이 땅에 남은 사람들이 있을 것이다. 너희도 완벽하게 준비되지 못해서 남아 있는 그런 성도들과 같이 남게 될 것이다. 준비해라. 시간이 얼마 남지 않았다. 이 상태로 가다간 천국은커녕 영원한 지옥으로 떨어질 수 있다. 너희가 힘들겠지만 내가 너희를 구해줄 테니 할 수 있는데 까지 가라. 내 도움을 받으면서 할 수 있는 데까지 가 봐라. 어려운 시련이 있을 때는 내가 도와줄 테니 최대한 가 봐라. 어떤 때는 아주 고통스런 시련이 있을 것이지만, 그래도 가 봐라. 너희는 시련을 겪으면서 가는 것이다. 다른 사람들도 마찬가지다. 대 환난을 통해 나를 만나는 사람들도 있다. 대 환난을 통과하는 사람들도 있다.

그러나 대 환난을 통과 못해서 지옥으로 가는 사람들도 있다. 너희는 갈림길에 서 있는 것이다. 넓은 길인 지옥행과 좁은 길인 천국행밖에 없다. 너는 넓은 길로 갈 것이냐? 좁을 길로 갈 것이냐? 선택해라. 너는 좁은 길을 선택하면 좋겠다. 나는 이 세상에 있는 사람들이 전부 천국으로 오면 좋겠다. 하지만 그 사이에 바로처럼 순교자를 괴롭히는 사람들이 있다. 하지만 그 고통이 끝난 다음엔 영원한 천국이다. 많이 힘든 고난이 있어도 그때까지 버텨라. 내가 도와줄 테니 버텨라.

아주 큰 풍랑이 와도 내가 도와줄게. 그러니 나와 같이 가자. 태풍이 와도 시련이니, 나와 같이 잘 가보자. 어느 순간 좁을 길로 가면 천국이다. 그 동안 많은 시련이 있을 것이니, 잘 준비하고 힘내라. 사랑한다. 너희가 나의 힘이다. 모두들 사랑한다. 모두 나만 믿고 앞으로 좁은 길로 그냥 쭉 가라. 천국과 지옥의 길은 마치 반대로 된 것과 같다. 잠깐의 시련을 겪고 아름다운 곳에 가던지, 잠깐 즐기다가 아주 끔찍한 곳으로 가던지 둘 중에 하나를 선택해라. 제발 좁은 길을 선택하기 바란다. 제발 내가 도와줄 테니 힘내라.

나에게 자석처럼 붙어 있어라. 나는 자석이고, 너희가 철이라고 생각하면 된다. 자석은 철을 끌어당기고 철은 자석에 붙는 것처럼 너희가 철이어야 한다. 나에게만 붙어라. 일단 너희가 너희 생명을 위해 일하지 말고 일단 나에게 도움을 청해라. 너무 견딜 수가 없으면 나에게 도움을 청하고, 내가 너희에게 주는 시련일수도 있으니 계속 힘들면 그걸 시련이라고 생각하고 버텨라. 내가 도와 줄 테니 같이 가보자!"

주님이 휴거에 대해서 보여주시며 말씀하셨어요. "휴거되는 사람들도 있지만, 너희는 대 환난을 통과해야 한다. 너희가 꼭 베리칩을 받지 않고 대 환난을 통과해야 한다. 베리칩은 절대 받지 마라. 누군가 너희를 죽인다 해도 절대 받지 마라. 누군가 네 목에 칼을 대고 '베리칩을 받을 거냐?'라고 하면 안 받을 거라고 해라. 죽어도 절대 받지 마라. 대 환난에서 내가 힘을 줄 테니 잘 이겨내고, 마지막에 잘 순교해서 천국으로 오길 바란다. 사랑한다.

땅에 있는 많은 사람들이 나를 제대로 믿지 않고 있다. 대다수가 나를 믿지 않고, 믿는다고 해도 가짜로 믿고 있다. 교회를 다녀도 나를 진실로 믿지 않는다. 나를 진실로 믿는 사람은 아주 소수다.

아무리 너희가 심판대가 없다고 해도 심판대는 있는 것이고, 천국 지옥이 아무리 없다고 해도 있는 것이다. 그런데 너희가 대 환난에서 견뎌 내려면 강한 담대함을 가져야 하고 너희가 그 담대함을 가지지 않으면 너희가 아무리 베드로처럼 부인하지 않는다 해도 부인할 수 있다. 말이 중요한 게 아니고 행동이 중요한 것이다. 그런데 너희가 대 환난을 견디려면 내가 함께 있어야 한다. 너희는 못 보지만 나는 항상 너희 곁에 있다. 그것을 잊지 마라.

빨리 오렴! 빨리 오렴! 하면서 나는 기다리고 있단다. 그런데 너희가 나를 버리고 나를 부인하면 절대 안 된다. 너희가 나를 부인하는지 아니면 안 부인하는지는 너희 결정권이다. 고통이 두렵다고 나를 부인하고, 생명 때문에 나를 버리는 사람들이 많을 것이다. 그러나 너는 제발 그러지 마라! 나를 부인하는 건 너의 생명이 끊어지는 거나 똑같은 것이다. 아무리 생명을 아껴도 언젠가는 죽는다. 인간은 아담 때부터 죽는 것이다. 그러니 어차피 너희들도 죽게 된다. 그런데 왜 어차피 흙이 될 육체를 아끼고 사랑하느냐? 왜 너희가 가루가 될 그런 몸을 사랑하느냐? 오직 나를 사랑하라! 너희에게 희망은 나(예수)밖에 없다.

자기 자신은 안 되면서 전파하는 것은 헛일이다. 네가 모르면서 무슨 일을 하느냐? 네가 먼저 알아야 전할 수 있다. 네가 모르면서 말하는 건 가짜다. 넌 제발 나를 배신하지 마라! 다른 사람에게 네가 잘못 말하면 독이 될 수도 있고, 잘 말하면 약이 될 수도 있다. 그런데 거의 대부분이 독이다. 너희가 나를 부인하면 너희는 끝인 거다. 그러면 인생만 끝마친 게 아니고 영도 끝마치는 것이다. 너희는 제발 나를 부인하지 마라!

제발 한 명이라도 천국에 더 왔으면 좋겠다. 그런데 천국으로 가는 사람은 얼마 없다.

너희가 대 환난에서는 알곡과 가라지가 가려질 것이다. 너희를 땅에 남겨 놓은 것을 실망하지 말고, 고통과 연단을 모두 견뎌 내어라. 내가 힘을 줄 테니 너희가 잘해야 한다. 교만하거나 욕심을 부리지 마라. 너희가 몸 안에 나쁜 설탕 같은 것을 계속 먹어서 쌓이고 또 쌓이면 죽는 것처럼, 죄가 계속 쌓이면 결국 죽게 된다. 마귀에게 지면 결국 너희는 지옥으로 가는 것이다. 내가 너희를 휴거시키지 않고 땅에 남겨 놓았다고 해서 실망하지 마라! 너희는 반드시 천국으로 올 것이다. 그러니 힘내라.

그런데 너희가 자꾸만 죄를 짓고 살면 너희는 지옥에 갈 수밖에 없다. 그러니 죄를 모르게 지었다면 빨리 회개해야 한다. 너희가 자칫 큰 죄를 지으면, 너희 사업이나 가족도 망할 수 있다. 너희가 하는 것이 어느 순간 망할 수 있다. 오직 나를 믿어라. 내가 희망이라. 오직 제발! 단 한명이라도 천국으로 와라! 많은 자녀들이 지옥으로 가고 있다. 내가 사랑하는 많은 자녀들이 끊임없이 고통스러운 지옥에 가고, 수많은 사람들이 지옥에 가고 있다.

영의 세계는 없는 것이 아니다. 선한 영도 있지만, 악한 영도 있다. 너희는 선한 것만 사랑해야 한다. 그런데 너희가 악한 것만 알아서도 안 되고, 선한 것만 알아서도 안 되고 둘 다 알아야 한다.

○○ 자매님에게 보여주신 대 환난

하늘에 하얀 빛이 보이고 그 빛 가운데 주님이 서계시고 그 뒤로 많은 사람들이 서있었습니다. 흰옷 입은 사람들보다 주님이 더 눈이 부실 만큼 밝은 빛을 띠고 계셨습니다. 제가 이해를 못하고 주님께 "이 장면이 무엇이에요?"라고 여쭤보았습니다. 그때 집이 보이고 옥수수 밭을 보여주시면서, 주님께서 "추수할 것이다."라고 말씀하셨습니다.

잠시 후 세상이 온통 뒤죽박죽이 됐습니다. 전쟁도 일어났고, 자연재해도 일어나고, 많은 사람들의 죽는 모습이 보였습니다. 저를 삼켜버릴 것 같은 크고 높은 파도가 무섭도록 다가왔습니다. 정말 무서웠습니다. 아주 큰 파도였습니다. 집과 땅을 다 덮을 아주 큰 파도였습니다. 거의 땅위에 남은 것이 없었습니다. 파도가 휩쓸고 간 자리에는 땅만 보이고 살아있는 것이 없었습니다. 파도가 다 쓸어가고 그냥 맨 땅만 있었습니다.

우리나라만이 아니고 세계적으로 지형이 바뀌는 것 같았습니다. 물에 잠겨서 땅이 없어지는 곳도 있고, 땅이었는데 바다가 된 곳도 있었고, 집 몇 채만 물 사이에 떠올라 있는 것들도 있었습니다. 장면이 바뀌어서, 시간이 한 참 지나고 나서 우리나라를 포함하여 다른 나라 모든 도시들이 지금 보다 훨씬 많은 마귀들로 들끓었습니다.

겉모습은 사람이지만, 그 속은 개구리의 모습처럼 생긴 사람도 있고, 악마의 모습을 한 사람들도 있었습니다. 여러 가지의 모습으로 많은 사람 속에 마귀들이 다 들어가 있는 모습이었습니다. 주님께서 사람은 사람이지만, 사람이 아닌 사람이 더 많다고 하셨습니다. 주님께서 '혼돈의 시대'라고 하셨습니다. 대왕마귀도 보였습니다. 주님께서 "시간이 가면 갈수록 이 잿빛 도시들이 붉게 물들어가고 좀 더 지나면 붉고 검게 변할 것이다."라고 하셨습니다.

주님께서 "궁창이 열린 것은 이제 시작한 것이다."라고 하셨습니다. 서로 사람들끼리 막 죽이는 모습이 마치 악귀 같았습니다. 그런 사람들에게서 이성이라고는 찾아볼 수 없었고, 그 뒤에는 마귀가 있었습니다. 긴 꼬리와 머리 위 양쪽 뿔이 달린 모습으로 포크 같은 긴 창을 갖고 있는 마르고 긴 마귀들이 아주 사악하고 끔찍한 모습으로 웃으면서 긴 창 끝으로 사람들의 목을 내리찍고 있었습니다.

하나님께서 허락하신 것이라고 하셨습니다. 그렇게 이 세상이 물들어가고 있었습니다. 살아남는 사람들이 거의 없어 보였습니다. 잠깐 보여주시는 것만으로도 너무 끔찍하고 두려웠습니다. 사람들의 죽어가는 모습들이 너무 고통스러워 보이고… 뭐라 말로 표현할 수가 없습니다. 건물과 도시가 무너지는 모습 등 세계전쟁인 것 같았습니다. 이건 우리나라의 전쟁이 아니라 앞으로 있을 다른 나라들의 전쟁인 것 같았습니다. 꼭 바람으로 모래가루를 불면 날아가듯, 낙엽처럼 우수수… 너무 많아서 사람이 사람처럼 안 보일 정도로 많은 사람들이 죽어가고 있었습니다.

그리고 불바다가 보였습니다. 온통… 다… 뭐라고 말을 할 수가 없는 불들이 보이고… 불바다이지만, 불 폭포처럼 느껴질 만큼 큰 불로된 소용돌이가 몰아치고 있었습니다. 지난 번에 보았던 하늘에서 불로 된 용들이, 더 크고 완전 포악한 모습의 용이 소용돌이 안에 있는 모습이 보였습니다. 온 세상이 난리가 났습니다. 이건 불바다… 산지옥으로 느껴졌습니다. 말로 다 표현이 안될 만큼 그런 느낌이었습니다. 끔찍했습니다.

조금 후 모래로 된 넓은 곳이 보이는데… 사막인 것 같기도 하고, 그런 곳에 수없이 많은 묘가 보였고, 주님이 그 가운데 서계셨습니다. 주님께서 "대가를 치르는 거다."라고 말씀하셨습니다. 주님은 안타까워하시는 목소리로 "나는 너희에게 기회를 주었노라."라고 두 번 말씀하셨고, 또 단호히 "너희가 나를 믿고 따르지 않았다."라고 하셨습니다.

세상의 많은 사람들이 죽었습니다. 그 사람들이 어디로 가는데, 거기는 천국도 아니고 지옥도 아닌 그 사이였습니다. 거기서 일단 임시로 살다가 나눠지는 것이라고 말씀하셨습니다. 지옥 갈 사람과 천국 갈 사람으로 나눠지는데, 구원을 시키려고 해도 안 따라오는 사람도 있다고 하시며, 거기서도 지옥 갈 사람들이 많다고 하셨습니다. 그곳에서도 죄 짓는 사람은 죄를 짓고 어둡고 더럽게 살고 있었습니다.

마귀들을 몰아낸 미가엘 천사장과 공중 강림하시는 예수님

세상 사람들과 많은 교회는 예수님의 재림을 생각하지 않고 국민에게 칩(표)을 심어주어 평화롭게 살고 있습니다. 극소수의 성도들만이 깨어 기도하며 주님의 재림을 대망하고 대 환난을 준비하고 있습니다. 일부 성도들이 깨어서 대 환난을 준비하고 있을 때, 온 나라에 퍼져있는 사단의 종들은 각 나라 사람들에게 칩(표)을 몸에 심어도 아무 이상이 없을 뿐만 아니라 편리하고 유익한 것만 선전하여 사람들로 하여금 자연스럽게 칩(표)을 받게 하였습니다. 이것은 더 많은 사람들을 지옥으로 끌고 가려고 분주하게 활동하는 사단의 계획이지만, 이미 휴거사건이 일어나기 전에 세상의 많은 사람들이 속아 이 칩(표)을 받았습니다.

세상에서 그런 일들이 일어나고 있는 시각에 한편 천상에서 일어나는 일들을 보았습니다. 천사들은 주님의 명령을 받고 휴거사건을 대비하여 분주하게 각자 맡은 일들을 준비하고 있었습니다. 미가엘 천사장은 마귀와의 전쟁을 위해 일부 천사들을 따로 모아 훈련을 시키고 있었습니다. 예수님께서 강림하시기 전에 미가엘 천사장을 불러 공중청소를 하라고 명령하셨습니다. 미가엘 천사장은 주님의 명령에 순종하여 훈련된 많은 천사들을 이끌고 공중으로 내려갔습니다.

공중에는 많은 마귀들이 흩어져 있다가 천사들을 보고 깜짝 놀랐습니다. 마귀들과 함께 천군천사를 본 대장 마귀는 "속히 다른 마귀들을 불러 모아라."라고 급한 소리로 명령하자 순식간에 마귀들이 모여들었습니다. 반대로 미가엘 천사장은 준비된 천사들을 향하여 "하늘에 있는 마귀들을 모두 몰아내라."라고 큰 소리로 명령하자 천사들과 마귀들이 서로 무기로 맞싸우며 전쟁이 벌어졌습니다. 마귀들은 끝까지 발악을 하였지만, 천사들에게 밀려서 패배하고 지상으로 쫓겨났습니다. 숨어있던 마귀들까지 전부 쫓겨났습니다(계12:7~9). 미가엘 천사장은 천사들에게 마귀들이 올라오지 못하도록 공중의 사방을 지키라고 명령하였습니다. 지상으로 쫓겨난 마귀들은 화가 치밀어 하늘을 다시 빼앗기 위해 공중으로 올라왔지만, 천사들에게 또 다시 쫓겨나고 말았습니다.

주님이 정하신 시간이 되자 예수님은 아무도 모르는 시간에 천사들의 배웅을 받고 웅장한 모습으로 공중에 강림하셨습니다. 새벽 해가 떠오르는 그때쯤에 내려오셨습니다(살전4:16~5:3). 예수님이 천사들을 불러서 각자 맡은 임무를 주고 대기시켜 놓았습니다. 그리고 3층천 성도들에게 천사들이 나팔을 불기 전에 먼저 본인들의 시체가 있는 무덤으로 가 있으라고 명했습니다. 그러자 성도들은 그들의 무덤 앞으로 갔습니다. 그러나 시신이 없는 영혼들은 어느 한 곳에 따로 모여 있습니다. 주님이 신호를 보내자 천사가 일제히 나팔을 불었습니다. 예수님이 능력을 불어넣으시자 무덤 앞에 대기하고 있던 3층천 성도들은 순식간에 영과 뼈가 합쳐져 부활의 몸을 입었습니다. 그리고 예수님이 신호를 보내는 나팔소리를 듣고 공중에 계신 주님 앞으로 모두 올라왔습니다.

본인의 시신이나 뼈가 없는 영혼들은 주님이 직접 말씀으로 개개인의 크기에 맞는 뼈를 만들어 놓았습니다. 그리고 그곳에 능력을 불어넣자 그들의 뼈와 영혼이 합쳐 부활의 몸을 입었습니다(살전4:15~16). 그리고 살아서 주님의 말씀을 즉각 순종하고 끝까지 깨끗하게 산 거룩한 성도들은 순식간에 천사들의 손에 의해 공중으로 끌어올려졌습니다. 올라온 성도들은 천사들의 힘을 받아 예수님 앞으로 모여들었습니다. 살아 있는 사람들은 휴거되는 동시에 부활의 몸을 입는 것이 아니고, 주님 앞에 와서 한꺼번에 부활의 몸을 입었습니다(살전4:17).

주님께서 한 분의 성도님이 휴거되시는 것을 보여주셨습니다. 그분은 세상 정욕을 다 끊고 온전히 주님만을 위해 열심히 사는 아주 선한 분이었습니다. 천사 둘이 그 남자 성도 앞에 나타나서 그분의 옷을 벗기고 흰 가운으로 감싸서 올라갔습니다. 또 어느 믿음이 좋은 성도가 가족과 함께 살고 있는 분이 있었습니다. 그의 아내는 직장을 가고, 고등학생인 두 아들은 학교를 가고 없었습니다. 그는 서재의 책상에 앉아 혼자 성경을 열심히 읽고 있었습니다. 천사들의 나팔이 불어지자 순식간에 천사가 그를 안고 공중으로 올라갔습니다.

학교를 다녀온 두 아들은 매일 집에 계시던 아버지가 없어져 이상하게 생각했습니다. 직장에서 돌아온 아내도 남편이 보이지 않자 공부하고 있는 아들에게 "아빠, 어디 갔느냐?"고 물었습니다. 아들이 모른다고 대답하자 서재로 들어갔습니다. 책상 의자에 남편이 입고 있던 옷만 놓여있는 것을 보고 '아니, 이게 어떻게 된 거지?' 하고 고개를 갸우뚱거렸습니다. 갑자기 과거에 목사님에게 들은 휴거 내용의 설교가 떠올랐습니다. '혹시 남편이 휴거가 된 것은 아닐까?'라고 생각하며 그날 밤을 보냈습니다. 다음날 회사 출근을 하지 않고, 남편이 사라진 이유를 알아보기 위해 교회나 여러 곳을 찾아다녔습니다. 아내는 교회에서 이곳저곳에서 휴거된 사람들의 대한 이야기를 듣고, 신실한 남편이 휴거되었다는 것을 확신하였습니다. 그리고 앞으로 남겨진 아들 둘과 믿음생활을 열심히 하기로 결단하고, 말씀 읽고 기도에 더욱 힘썼습니다.

주님께서 어느 큰 교회담임으로 모든 소유를 버리고 철저히 말씀을 지켜 행하는 삶을 살다가 휴거되신 목사님을 보여주셨습니다. 목사님은 성도들의 눈치를 보지 않고 담대하게 마지막 때의 말씀을 전하며 영성생활을 하셨습니다. 성도들은 "목사님이 영성생활을 정말 잘하신다."는 칭찬과 존경을 아끼지 않았습니다. 날이 갈수록 성도들의 칭찬과 존경의 표가 잦아질수록 은근히 마음이 높아지면서 교만에 빠졌습니다. 어느 날 기도 중 성령님의 조명을 받은 목사님은 자신이 교만에 빠져있다는 것을 크게 깨닫고 온전히 새롭게 되고자 삶을 정리하였습니다. 자신에게 가장 큰 소유로 자리 잡고 있었던 큰 교회를 다른 목사님께 넘겨드렸습니다. 그리고 사모님에게도 교회를 떠나서 시골 외딴 곳에 가서 조용히 "다시 오실 예수님을 준비하며 살자."라고 권했습니다.

사모님은 "당신 미쳤어요? 보장된 평안한 생활을 다 버리고 어디를 떠나요? 난 그렇게 못살아요. 우리 헤어져요." 하고 완강하게 거부하며 이혼을 요구하였습니다. 목사님은 어쩔 수 없이 사모님과 이혼하고, 혼자 외딴 시골로 가서 작은 집을 짓고 살았습니다. 그곳에서 버려진 아이들과 연로한 할아버지, 할머니들을 돌보며, 다시 오실 예수님의 말씀을 전하며 경건한 삶을 살았습니다. 천사가 휴거나팔을 불자 두 명이 천사가 목사님 앞에 나타났습니다. 목사님은 즉시 깨닫고, "제가 휴거되는 겁니까?"라고 감격에 찬 목소리로 물었습니다. 그리고 목사님은 감사와 기쁨이 넘치는 맘으로 천사에게 몸을 기대는 순간 옷이 스르륵 벗겨졌습니다. 천사는 알몸인 성도를 자기의 넓은 세마포로 감싸서 올라갔습니다.

그 마을에 사시는 노부부가 목사님을 뵈러 찾아오셨습니다. 목사님은 집에 계시지 않고 목사님이 주무시는 침대에 옷만 놓여있는 것을 보고 "이상하다. 목사님이 어디를 가셨을까?"라고 하며 서로를 바라보고 있었습니다. 그러다가 서로가 그동안 목사님에게 예수님의 재림과 대환난에 대한 말씀을 많이 들어 왔던 터라 '혹시 목사님이 휴거된 것은 아닐까?'라고 생각하였습니다. 시간이 지난 후 그곳에서 목사님으로부터 말씀을 배우고 돌보심을 얻은 노인들은 목사님이 휴거되었다는 것을 확신하고 모두가 열심히 말씀대로 살고자 노력하며 기도에 힘썼습니다. 이처럼 예수님은 믿는 성도들을 전부 휴거시키지는 않았습니다. 주님을 신실하게 믿고 죄가 깨끗이 씻어진 거룩한 성도들만 순식간에 공중으로 끌어올리셨습니다(마5:8/살전5:23/히12:14).

드디어 휴거된 모든 거룩한 성도들이 공중에 계신 예수님 앞에 모였습니다. 예수님의 앞으로 모인 성도들을 감싸는 모양으로 천사들이 서 있었습니다. 주님은 말씀하셨습니다. "너희는 내 사랑하는 신부들이다. 지금까지 나의 말을 잘 듣고 순종하며 따라와 주어서 고맙다. 너희는 지금부터 부활의 몸을 입었다. 언제나 나에게 영광을 올리기 바란다"(계 14:1~5). 주님은 그들을 이끌고 3층 천국으로 올라가셨습니다.

휴거로 당황한 성도들

성도들은 자신이 알고 있던 몇 사람들이 없어진 것을 알고는 휴거사건이 일어났다는 것을 깨달았습니다. 미리 알고 준비하고 있던 극소수의 성도들은 "이제 대 환난이 시작되었구나!" 하고 분주하게 환난을 잘 통과할 준비를 하고 있었습니다. 어떤 사람들은 시골 같은 곳에 작은 집을 짓거나, 조립식 이동 집을 마련하여 그곳에 먹을 것을 저장해 놓았습니다. 휴거가 되지 않을 것을 미리 알고 깨어 준비한 사람들보다 휴거가 될 줄로만 믿고 있던 대부분의 성도들이 더 당황하였습니다. 그들 중에서 여러 명이 무조건 휴거될 것이라고 전한 목사님들을 찾아가서 따졌습니다.

목사님도 "이거 어떻게 된 거지?" 하고 본인들도 잘 몰랐다고 하며 사과하였습니다. 그리고 도대체 왜 휴거가 안 되었는지 의문을 갖고 인터넷을 통해 정보를 찾아보고 여기저기 알아보기 시작하느라고 분주했습니다. 여러 상황을 검토하고 많은 자료들을 찾아본 후에 모든 성도들이 전부 휴거되는 것이 아니라, 오직 거룩한 성도들만 휴거된다는 것을 깨달았습니다. 자신들의 잘못된 생각을 뒤늦게 깨달은 목사님들은 성도들을 이끌고 시골이나 산 쪽으로 교회를 옮기고, 성도들도 그 주변에다가 자신들의 돈으로 집을 짓고 음식과 물을 대량으로 준비하였습니다.

그리고 목사님들은 바른 진리를 전하며 마귀에게 속아 칩(표)을 받지 않고 끝까지 믿음을 지키도록 권면하지 못한 죄를 회개하며 지금부터라도 칩(표)을 받으면 안 된다고 가르쳤습니다. 성도들은 목사님의 말씀을 듣고 기도와 찬양, 성경읽기로 영적인 무장을 하며 모두다 끝까지 믿음을 지키려고 노력을 하였습니다. 그들 중에는 휴거에 대한 부정적인 생각을 하는 목사님들이 있었습니다. 그 사람들은 몇몇 성도들이 휴거된 것을 믿지 않고 오히려 휴거사건이 일어나지 않았다고 하였습니다. 그렇게 마귀는 일부 목사님들을 통해 성도들의 영을 깨우고 살리지 못하도록 방해를 했습니다. 그러자 성도들 중에 믿음 있고 깨어있는 사람들은 그 교회를 나와서 깨어 있고 주님의 임재가 머무는 교회를 찾아 옮겼습니다.

한편 예수님을 모르는 세상 사람들은 "이게 뭐지?" 하고 혼란스러워하며 공항장애에 빠졌습니다. 성도들은 불신자들에게 "예수님을 믿고 천국 가자."라고 열심히 전도를 하자, 칩(표)을 안 받은 사람 중에 구원받은 사람들도 있습니다. 주님이 예정한 사람들은 환난 중에서도 구원을 받았습니다. 불신자나 칩(표)을 받은 사람들 중에는 주님을 전하는 사람들을 핍박하고 어려운 속에 빠지게 했습니다. 그들은 "예수가 오긴 뭐가 왔어? 우리는 이 세상을 맘껏 즐기자."(벧후3:3~7) 하며 술을 마시고 놀며 점점 방탕하여 악의 구덩이에 빠져 들었습니다.

자연재해와 굶주림으로 고통당하는 사람들

공중권세를 잡은 마귀들은 땅으로 쫓겨나 분을 품고 사람들을 괴롭히기 시작했습니다(계12:10~12). 그때 예수님은 네 명의 천사들을 땅 사방에 배치시켜 놓았습니다. 그리고 손으로 신호를 보내자 네 명의 천사들이 순서대로 거의 동시에 나팔을 불었습니다. 휴거사건과 비슷한 시간에 많은 천사들이 지진과 자연재해를 일으켜 땅에 있는 식물이 마르고, 물에 사는 생물들이 죽어 나갔습니다(마24:6~7/계8:7~12). 물이 삼분의 일로 줄어들자 물이 부족한 나라는 남은 물마저 말라버리고, 물이 많은 나라도 반으로 줄어들었습니다. 해와 달과 별들이 정상적으로 기능을 나타내지 못해 모든 식물들과 각종 열매들이 자라지 못하였습니다. 바다에 사는 생물들 역시 오염으로 인해 죽고 거의 먹을 수가 없게 되었습니다. 전 세계 사람들은 자연재해로 인해 물과 먹을 것이 없어 큰 어려움을 겪으며 울부짖었습니다.

그런데 환난이 올 것을 미리 알고 대비하여 음식을 준비해 놓은 많은 성도들이 있었는데, 그들은 도시에서 살기가 어려워 시골이나 산 같은 곳에 조립식 이동집이나 조그만 집을 짓고 살며 입에 풀칠할 정도의 적은 음식을 먹으며 견디고 있었습니다. 물이 마르고 귀하여 조그만 샘에서 나오는 적은 양의 물과 미리 저장해 놓은 물로 간신히 생명을 유지하였습니다. 아내와 두 자녀를 둔 어느 목사님은 대 환난 전부터 미리 환난이 가깝다는 것을 깨닫고 대 환난에서 먹을 곡식을 시골에 저장해 놓았습니다. 목사님의 가족은 대 환난이 시작되자마자 산에 집을 짓고, 미리 저장해 놓은 음식을 조금씩 아껴먹는 절제의 훈련을 하면서 환난을 견뎌내었습니다.

    열심히 예배를 드리고 늘 깨어서 영성생활을 하던 어느 날 물이 동이 났습니다. 전 가족은 산으로 물을 찾아 헤매며 돌아다녔지만, 하루 종일 찾아다녀도 물을 구할 수가 없었습니다. 물을 찾다 힘없이 돌아오기를 여러 날 반복하던 어느 날 드디어 조그마한 샘물을 찾았습니다. 가족들은 뛸 듯이 기뻐하며 여러 개의 빈병에 물을 담아서 집으로 돌아왔습니다. 이후 주님의 은혜로 발견한 그 조그마한 샘물에서 생수를 공급받듯 조금씩 떠다 마셨습니다. 어느 날은 그곳에 지진이 일어나 집이 파괴되어 무너지고 흔들리는 등 어려움을 겪었습니다. 목사님의 집은 미리 지진을 대비하여 준비한 것도 있지만, 온전한 주님의 보호아래 있었기에 무너지지 않았습니다. 다음날 밖으로 나가보니 주변의 나무들이 넘어지고 마을에서도 약한 집들은 다 무너지고 사람들이 아우성치고 난리가 났습니다. 목사님은 주님께 감사로 찬양하며 끝까지 믿음 지키고 사명 감당하게 해달라고 기도하였습니다.

    주님께서 이스라엘 나라의 두 증인이 사역하는 것을 보여주셨습니다. 예수님을 잘 믿고 믿음이 성장한 두 사람에게 주님이 기름부음을 부어주셨습니다. 그 사람들은 각자 성령의 능력을 힘입어 주님의 음성을 귀 기울여 들으며 복음 증거사역을 위해 때를 기다렸습니다. 대 환난이 시작되자 준비된 두 사람은 주님의 명을 받고 유대인들에게 복음을 전하여 예수님을 믿게 하는 두 증인의 사역을 감당하였습니다. 복음을 전파하다 예수님을 거부하는 유대인들에게 죽을 고비도 수없이 넘기지만, 그때마다 주님이 기적 같은 손길로 도와주셨습니다.

    예로 두 증인이 예수님을 믿고 구원받으라고 전하는 것이 못마땅한 어떤 유대인이 두 증인들을 죽이려고 자기 집에 초대했습니다. 그는 독살하려고 음식에 독약을 넣어서 음식을 대접하는 간계를 부렸으나, 주님은 그들이 음식을 먹기 전에 말씀하셨습니다. "이 음식에는 독이 들어있다. 너희는 이 음식을 먹지 말고 저 사람을 구원시켜라."라고 말씀하셨습니다.

두 증인은 유대인에게 말했습니다. "이 음식에 독이 들어있습니다. 당신이 저희를 해하려고 음식에 독을 넣은 것을 알고 있습니다. 이 사실을 가르쳐주신 예수님을 믿고 구원받으십시오." 죽이려고 독을 넣었던 유대인은 깜짝 놀라 눈물을 흘리며 "잘못했습니다." 하고 용서를 빌었습니다. 두 증인은 유대인에게 성령 받는 기도를 통하여 구원시켰습니다. 두 증인은 많은 기적을 행하며 전도를 하여 이스라엘 백성들에게 예수님을 믿게 하였습니다.

지옥에서 온 마귀들에게 다섯 달 동안 공격을 받는 사람들

지옥에 있는 마귀들은 세상에 있는 사람들에게 엄청난 고통을 주기 위해 이를 갈며 무기를 챙기고 있었습니다. 지옥에 있는 마귀 전부가 나오는 것은 아니고, 주님이 허락한 악령들만 땅에 있는 사람들을 괴롭히고 연단시키기 위한 목적으로 나올 준비를 하고 있는 것이었습니다. 자연재해로 사람들이 고통을 받고 있을 때, 천사가 다섯째 나팔을 불자 땅이 열리더니 지옥에 있는 수많은 마귀들이 분노와 이를 갈며 우르르 올라왔습니다. 마귀는 사람들의 몸에 붙어 종기가 나게 하고, 전갈이 쏘는 것 같은 고통을 주었습니다(계9:1~12). 주님을 잘 믿는 성도들은 마귀가 주는 큰 고통 속에서도 죄를 회개하며 성령의 임재가운데 견뎌내었습니다. 마귀는 열심히 회개하고 성령의 임재가운데 거하는 성도들은 잘 공격하지 못했습니다. 천사들이 성도들 곁에서 도와주었습니다. 하지만 성도들이 죄를 지으면 마귀에게 괴롭힘을 당하여 회개하도록 그냥 놔두었습니다.

마귀는 죄를 짓고 회개를 하지 않은 어느 한 성도를 공격하였습니다. 마귀가 그에게 종기도 나게 하고, 온 몸을 창으로 찔렀습니다. 그의 눈에는 영물인 마귀가 보이지 않지만, 마귀의 공격을 영육으로 느끼며 회개기도를 하였습니다. "주님, 저의 죄를 용서해 주세요… 제가 너무 많은 죄를 지었어요." 하며 기억나는 대로 용서를 구하였습니다. 그러자 공격하던 마귀가 괴롭히던 것을 잠시 멈추었습니다. 그는 임재기도까지 배워 열심히 믿음으로 사용하자 더 이상 마귀는 공격을 못한 채 분하게 여기며 다른 사람에게로 갔습니다. 마귀가 어느 한 영혼에게 들어가려고 하다가 보혈의 보호막과 성령의 임재로 인해 감히 뚫고 들어갈 수 없다보니, 밖에서만 욕을 해대었습니다. 성령의 임재 안에 거하는 성도들은 주님의 보호를 받아 마귀가 잘 공격하지 못하였습니다.

주님께서 말씀해 주셨습니다. "너희가 대 환난에 들어가서 보혈의 보호막과 임재아래 거하지 않으면 환난을 견디기가 어렵다. 날마다 보혈로 덮고 임재 안에 거하고 죄를 회개해야만 환난을 이길 수 있다는 것을 명심해라"(영이비밀 참조, 도서출판소망, 박예영지음). 주님께서 임재의 효과는 모든 이들이 똑같이 경험하는 것이 아니라, 영적인 상태에 따라 다르다고 말씀해 주셨습니다. 연단을 많이 받고 마음과 행실이 정결케 된 성도일수록 임재의 효과는 좋다고 합니다. 그러나 영이 어리고 쉽게 죄를 짓는 성도들에게는 마귀를 통해서 죄 값이나 연단을 허락하시기 때문에 임재의 효과가 약할 수밖에 없다는 것입니다.

한 예로 어느 분이 죄를 많이 짓고 그 죄 값으로 마귀의 공격을 받고 있습니다. 그 고통에서 벗어나고자 회개는 전혀 하지 않고 열심히 임재 기도만 사용합니다. 또한 정욕적인 것들을 절제하지 못하고 계속 정욕적인 만족만을 추구하며 삽니다. 그리고 하나님의 복과 세상 복을 같이 취하려고 애를 쓰며 열심히 성령의 임재를 구합니다. 그런 경우에 임재 기도는 즉시 큰 효과를 보지 못한다는 것입니다. 그러나 믿음으로 임재 기도를 하고, 자신의 죄를 뉘우치고 정욕을 십자가에 못 박으면, 괴롭혔던 어둠의 영들이 소멸되고 곧 영육의 평안을 얻게 됩니다. 이렇듯 성령의 임재는 우리를 주님께로 더 가까이 나아갈 수 있게 해주는 하나님의 귀한 선물이고 축복입니다. 그것을 믿음으로 적용하는 사람만이 누릴 수 있는 축복입니다. 주님이 예비하신 많은 축복들은 알아서 거저 주어지는 것이 아니라, 내가 그것을 믿음으로 취할 때 얻어지는 것입니다.

성령의 기름부음은 오직 주님께 자신을 드리고 주님만을 신뢰하는 영혼들에게 많이 부어졌습니다. 영이 어린 성도라도 믿음을 가지고 열심히 보혈로 덮고, 임재의 삶을 산다면 마귀의 공격을 덜 받고 그만큼 평안을 누릴 것입니다. 주님을 믿으면서도 힘들다고 불평하고 죄를 짓는 성도나 연단을 많이 받지 못한 사람들은 마귀의 공격으로 큰 어려움을 당하였습니다. 불신자들은 마귀의 공격으로 인해 더 이상 견딜 수 없게 되자 하나님을 저주하고 온갖 잡신을 섬기고 더 많은 죄를 지었습니다. 그들은 회개할 줄 모르고 도둑질과 살인까지 하며 점점 더 악해졌습니다(계22:11/

단12:10). 나라마다 법과 질서가 무너지고 살인이나 도둑질이나 온갖 죄를 해결할 방법이 없어 당황하고 있습니다. 지옥에서 올라온 악령들이 사람들을 여러 달 괴롭히다가 잠시 중단되고 잠잠해졌습니다(계9:13~21).

러시아와 아랍연합에게 침공당하는 이스라엘

나라마다 식량 문제와 질병 등 온갖 어려움에 휩싸여 고통 속에 있을 때, 이스라엘은 예수님을 영접하고 그래도 다른 나라에 비해 잘 살고 있었습니다. 반면에 큰 어려움을 겪고 있던 아랍과 동유럽국가와 러시아가 힘을 합쳐 자원이 풍부한 이스라엘을 침공하려고 준비하고 있었습니다. 이스라엘 백성들에게 복음을 전하던 두 증인은 큰 전쟁이 일어날 것을 예상하고, 사람들에게 기도로 준비시켰습니다. 이때 이스라엘은 EU와 조약을 맺었습니다. 적들은 전쟁을 일으키는 선전 포고를 하고 총공격을 하였습니다. EU는 이스라엘을 위해 많은 군사들을 이끌고 전쟁터로 모였습니다.

전 세계의 많은 나라들이 이스라엘과 EU의 우방이 되어 돕기도 하고, 러시아와 아랍과 동유럽군대 편에 서는 나라도 있었습니다. 급기야는 3차 세계 대전이 일어나서 세계가 난리가 났습니다. 기독교 국가들은 이스라엘의 승리를 위해 열심히 기도하였습니다. 그런데 엄청난 전쟁에서 EU와 이스라엘이 점점 밀리기 시작했습니다. 통치자도 다치고, 수많은 군사들이 부상을 입거나 죽었습니다. 이스라엘이 거의 패하기 직전에 적들은 승리의 확신에 가득 차 있을 때였습니다. 주님의 명을 받은 미가엘 천사장이 이스라엘이 이기도록 자연재해로 은밀하게 도와주었습니다. 러시아와 아랍과 동유럽군대인 적의 진영에 지진과 홍수와 큰 우박이 쏟아져 많은 무기들이 부수어졌고, 먹을 식량도 없어졌습니다. 또한 전염병을 일으켜 수많은 군사들이 쓰러져 고통을 당하며 죽어 나갔습니다.

자연재해로 큰 고통을 받고 있는 적들을 향해 이스라엘과 EU가 총공격을 하여 전멸시켰고, 남은 군사들은 패해서 자기 나라로 되돌아갔습니다. 패배 직전에 기적적으로 이스라엘과 EU가 승리를 했으나, 사람들은 주님의 명으로 미가엘 천사장이 도와주어 이긴 것을 알지 못했습니다(계10:1~4/겔38:1~23). 3차 세계대전을 통해 많은 나라들이 피해를 입고 한국도 피해를 입었지만 불행 중 감사한 것은 한국의 경우는 참여한 군사들만 피해를 입은 것입니다. 이외 가까이 있는 주변국은 이스라엘처럼 많은 피해를 입었고, 피해를 입은 이스라엘과 주변국은 집과 관공서 등, 각종 건물들을 복구하거나 새롭게 짓고, 전쟁쓰레기와 시체들은 불로 태우고 무너지고 훼파된 땅을 다시 메우는 작업을 하였습니다. 전쟁으로 인해 각 나라들은 더 많은 어려움에 빠졌고, 세계 인구가 반으로 줄었습니다. 각 나라 사람들이 많이 죽었고, 전쟁에 참가하여 부상을 입은 사람들의 수는 헤아릴 수 없이 많았습니다.

적그리스도가 출현하여 온 세상 사람들을 미혹

이길 수 없는 전쟁에서 기적적으로 승리하자 온 세상 사람들이 EU 통치자를 영웅으로 떠받들었습니다. 그러자 그의 마음이 교만으로 충만해졌습니다. 그때를 틈타 적그리스도의 영안에 타락한 천사 루시퍼가 들어가서 그에게 말했습니다. "나는 너를 통해서 네 백성들을 구원하고 전쟁에서 이기게 했다. 나는 너의 하나님이니 나를 섬기고 내 말을 따르라.", " 하나님이 제 안에 들어오신 건가요?", "그렇다. 나는 네 안에서 너를 통해 네 백성들을 다스릴 것이다. 이제 내가 너에게 큰 능력을 주고 너를 통해 내 뜻을 이룰 것이니 너는 내 능력으로 기적을 행하여라.", "알겠습니다."

루시퍼 영이 적그리스도의 몸과 합일되자 그는 사람들에게 기적을 행하기 시작하여 불치병을 고쳐주고, 순식간에 많은 양의 먹을 것을 만들어 내는 기적을 나타내고, 사람들이 좋아하는 위락시설들을 건설해주며 빠르게 인정을 받았습니다. 그는 표상이 되는 큰 건물을 지어놓고 따르는 사람들에게 자신이 메시아라고 선포하자 전 세계 사람들이 텔레비전 방송을 통해 보고 들으면서 교육되어 그를 메시아라고 믿고 따랐습니다. 그는 루시퍼로부터 큰 능력을 받아서 본인이 메시아라고 선포한 후부터 실제 기적을 일으키기도 하며 온 세상 사람들을 미혹하기 시작했습니다. 적그리스도와 두 뿔 짐승은 이미 가까운 사이였습니다. 그의 몸에 내주된 루시퍼로부터 큰 능력을 받아 행하는 적그리스도는 두 뿔 짐승에게도 자신을 메시아로 섬기면 세상의 모든 권세를 주겠다고 했습니다.

그리고 실제로 여러 나라 통치자들을 불러서 기적을 행하는 것을 나타내보여 주었습니다. 그리고 적그리스도는 자기를 섬기도록 두 뿔 짐승에게도 루시퍼에게 받은 능력을 주었습니다. 그때 두 증인은 이스라엘 백성들에게 날마다 예언을 하며 많은 영혼들을 구원시켰습니다. 3차 세계대전이 끝나자 힘들어 지친 사람들을 위로하고 마저 구원을 못 받은 사람들에게 복음을 전하였습니다. 적그리스도는 두 증인이 예언한 대로 발생하는 모든 사건이 곧 이들 때문에 일어나는 재앙이라고 모함하며 온갖 고문을 하였습니다. 그리고 두 증인에 의해 사람들이 고통을 받았다는 이유로 공개로 비참하게 죽였습니다. 또한 적그리스도의 위상과 권위를 세우려고 온 세상 사람들이 보게끔 삼일 반 동안 사람들이 많이 다니는 도시 한 복판에 기둥을 박아 그곳에 두 증인을 걸쳐놓았습니다. 그 거리를 오고가는 사람들이 두 증인의 시체를 향하여 비방하였고, 전 세계에 방송으로 연일 보도되고 있었습니다.

　주님께서는 온 세계 사람들이 다 알게 한 후에 그분의 영광을 나타내시려고 일하셨습니다. 주님이 하늘에서 두 증인에게 생기를 부어주는 동시에 천국에 있는 그의 영혼이 몸으로 들어가게 하여 부활의 몸으로 살려주셨습니다. 그리고 예수님이 두 증인에게 위로 올라오라고 말씀하시자, 방송과 현장을 통해 뭇 사람들이 보는 앞에서 천국으로 올라갔습니다(계11:3~12). 바로 그때 큰 지진이 나서 건물이 무너지고 많은 사람들이 죽는 것을 보고, 살아남은 사람들이 하나님께 영광을 돌렸습니다. 한편 큰 거짓선지자요 큰 음녀인 두 뿔은 적그리스도의 시대를 열기 위해 그를 믿지 못하는 사람들에게 적그리스도로부터 받은 능력으로 기적을 행하여 믿게 만들었습니다(계13:11~15).

　적그리스도는 두 뿔 짐승에게 각 나라 대표들을 모아 집결시키라고 명령했습니다. 연락을 받은 각 나라의 대표들은 지정된 장소로 앞 다투어 모였습니다. 적그리스도는 그의 표상이 된 건물에 모인 각 나라의 대표들 앞에서 전 세계를 빨리 통합해야 한다는 연설을 했습니다. 그러자 그곳에 모인 대다수의 참가자들은 그의 말에 의견을 같이해 맞장구를 치고 통합에 동의하였습니다. 일부 몇몇 나라의 대표들이 동의를 꺼렸지만, 대다수의 나라가 찬성을 하는 분위기에서 뚜렷한 반대의사도 표명하지 못한 채 통합은 결정되었고, 각본대로 전 세계를 다스릴 대통령에 적그리스도를 뽑았습니다. 이때부터 전 세계가 하나의 단일국가로 통합되었습니다. 종교도 하나로 통합시켜 적그리스도는 자신을 메시아로 선포하여 충성하며 섬기도록 명했습니다(계13:1~8/단12:11).

그를 지지하는 사람들이 점점 많아지자 하수인이 된 두 뿔 짐승은 세계의 유명한 주의 종들을 멋지고 화려한 장소로 초청하였습니다. 그들의 초청을 받고 전 세계에서 아주 많은 주의 종들이 그곳으로 몰려왔습니다. 두 뿔 짐승의 과잉충성으로 마련된 초청집회에 자칭 메시아라고 하는 적그리스도가 그들 앞에서 기적을 행하며 그들의 귀에 듣기 좋은 달콤한 대표연설을 하자 초청받은 많은 사람들 중 666명에게 큰 마귀가 들어갔습니다. 많은 사람들이 돌아간 후에도 666명은 그곳에 남았습니다(계13:17~18). 적그리스도가 직접 그들 한 사람 한 사람에게 무엇인가를 지시했고, 그들은 그 지시명령을 받고 의기충천하여 각 나라로 돌아갔습니다. 이 후로 거짓선지자 666명은 큰 거짓선지자 두 뿔(큰 음녀)의 세부지시를 받아 각 나라와 지역의 대표가 되어 본격적인 활동을 하였습니다.

전 세계에 흩어진 666명의 거짓선지자들은 적그리스도가 온 세계인을 행복하게 해 줄 메시아라고 선전하며 사람들에게 강제로 짐승의 표(칩)를 받게 하였습니다. 한국을 비롯한 미국, 중국 등 많은 나라 곳곳에 그의 우상을 세워 절하게 하고 그를 숭배하도록 만들었습니다. 영적으로 무지하고 아무런 정보가 없는 불신자들은 그가 진짜 메시아라고 믿고 떠들며 다녔습니다. 하지만 참 성도들은 그가 적그리스도라는 것을 알고 그를 따르지 않고 오직 예수님만 믿고 의지하며 섬겼습니다(계 13:10). 주님을 믿는 성도들은 그가 가짜 메시아인 적그리스도라고 알리면서 예수님만 믿어야 한다고 전도를 하였지만 거부당하였습니다.

두 뿔 짐승(큰 음녀)과 666명의 하수인에게 순교당하는 성도들

예수님을 믿는 사람들은 단단한 각오로 순교를 대비하였습니다. 적그리스도의 하수인인 두 뿔과 666명은 각 나라의 사람들에게 칩(표)을 받으라고 강요하였습니다. 칩으로 모든 것을 다 할 수 있는 삶을 누리게 하겠다고 선전하면서 칩(표)을 받지 않으면 매매는 물론 일상 삶 가운데 아무것도 할 수 없다고 하였습니다(계13:16~18). 불신자들은 전부 병원에 가서 손과 팔, 목 등에 칩을 넣었습니다. 칩(표)을 받은 사람들은 물건을 살 수 있음은 물론 모든 생활이 편리해져 좋아했습니다. 믿음 없는 일부성도들도 마귀에게 속아 그것은 적그리스도의 표가 아니라고 하며 칩(표)을 받았습니다.

반면 신실한 성도들은 칩(표)을 받으면 천국에 갈 수 없다는 것을 알기에, 불이익을 당하면서도 끝까지 그 칩을 거부하였습니다. 666명의 거짓선지자들은 적그리스도의 명령을 받고 지정된 지역으로 가서 집중적으로 다스리며 사람들을 유혹하여 칩(표)을 받게 하였습니다. 심지어는 군사들을 이끌고 가서 칩(표)을 받지 않는 사람들을 잡아오라고 명령하고 본인도 직접 이곳저곳을 샅샅이 살피며 돌아다녀 칩(표)을 받도록 위협했습니다. 끝까지 받지 않는 사람들은 강제로 잡아 고문하여서라도 받게 만들었습니다.

어느 지역의 한 땅굴에서 목사님과 성도들이 숨어서 예배를 드리고 있었습니다. 적그리스도가 칩(표)을 받지 않은 사람들을 고발하면 상을 주겠다는 말에 현혹되어 어떤 이가 그들이 숨어있는 곳을 고발하였습니다. 아무것도 모르고 있던 그곳으로 갑자기 들이닥친 경찰들에 의해 목사님과 성도들은 모두 병원으로 끌려갔습니다. 그곳에서는 칩(표)을 받으면 유익하고 생활의 좋은 혜택을 맘껏 누릴 수 있다고 설득하여 칩(표)을 받게 하였고, 끝까지 칩(표)을 거부하는 성도들은 감옥으로 끌고 갔습니다. 그들 중 더러는 고문에 견디지 못하고 칩(표)을 받는 성도들도 있고, 끝까지 믿음을 지키고 순교하는 성도들도 있었습니다.

칩(표)을 안 받는 성도들은 잡혀가서 온갖 고문을 당하다 끝내 죽었습니다(단12:7,11/요13:10). 그들이 칩(표)을 안 받으면 이렇게 죽는다고 본보기를 보여주려고 끈질기게 위협과 두려움을 심어주었습니다. 이러다 보니 믿음이 적고 죽음을 두려워하는 성도들이 그들에게 굴복당하여 칩(표)을 받았습니다. 주님이 예수님을 잘 믿는 부부와 대학생 아들을 보여주셨습니다. 아들은 대학교를 졸업하고 좋은 직장에 원서를 냈습니다. 합격을 했으나 칩(표)을 받지 않으면 안 된다고 하여 부모님과 의논하였습니다.

부모님은 아들에게 절대로 칩(표)을 받으면 안 된다고 권면하면서 다른 직장을 알아보라고 했습니다. 아들은 자신이 맘에 드는 그 직장에 꼭 가고 싶어 부모님 몰래 병원 가서 칩(표)을 받고 취직을 했습니다. 부모는 아들에게 어떻게 그 직장을 다니게 되었느냐고 물었습니다. 아들은 본인의 실력이 뛰어나서 칩(표)을 받지 않고도 다닐 수 있게 되었다고 거짓말을 하였습니다. 세상 정욕의 유혹 당했던 아들은 직장생활을 하면서부터 본격적으로 세상 쾌락에 빠져들어 주님과 멀어졌습니다. 그는 경찰들이 칩(표)을 받지 않고 거부한 사람들을 잡아 감옥에 가두려고 돌아다니는 것을 알게 되었습니다. 당시 그의 부모는 경찰의 손이 잘 미치지 않는 곳에 살고 있었습니다.

그는 경찰들에게 부모가 칩(표)을 안 받았다고 고발하고 부모가 사는 주소지를 알려주었습니다. 적그리스도의 부하들은 부모가 사는 집으로 찾아가서 휴대용 기계로 칩 검사를 하였습니다. 칩을 받지 않은 부모는 끌려가는데, 아들은 끌려가지 않고 바라보고만 있었습니다. 그때서야 부모는 아들이 칩을 받았다는 것을 알아차리고 "아들아! 어쩜 그럴 수가 있니?", "칩 받는다고 지옥 가겠어요? 엄마, 아빠도 칩 받고 집으로 돌아오세요." 부모는 아들을 바라보고 슬퍼하며 그들 손에 끌려 감옥으로 갔습니다(마10:21~23/막13:11~13).

적그리스도의 부하들이 혈안이 되어 칩을 안 받은 사람들을 샅샅이 찾아서 어느 창고 같은 곳으로 끌어 모았습니다. 어느 한 부부와 어린 두 아들이 그곳으로 끌려왔습니다. 적그리스도의 부하들은 부모와 함께 있는 두 명의 아이들을 빼앗으려고 했습니다. 부모는 아이들을 꼭 붙잡고 "우리 아이들은 안 돼!" 하고 놓아주지 않으려고 하자 강제로 빼앗기고 말았습니다. 그의 남편이 달려들자 발로 차서 넘어뜨렸습니다. 아내가 쓰러진 남편을 향해 "괜찮아요?" 하는 순간 이미 아이들은 끌려가고 있습니다. 그들이 보는 앞에서 두 아이들을 눕혀놓고 움직이지 못하도록 묶고 큰 가시를 아이들 몸에 잔뜩 뿌리고 천으로 둘둘 말아서 바닥에 굴렸습니다.

아이들은 비명을 지르고, 부모와 다른 부모들이 그것을 보고 저항하며 살려야 한다는 심정으로 아이들한테 달려가려고 하자 그들이 꼼짝 못하게 붙들었습니다. 그리고 "너희가 표를 받으면 저 아이들을 살려주지." 하고 유혹했습니다. 아이들의 부모는 "안 돼!" 하고 소리치며 울었습니다. 아이들이 더 크게 울자 엄마가 정신 나간 사람처럼 "아이들 살려줘요. 칩(표) 받을게요."라고 애원했습니다. 남편은 아내에게 "안 돼! 아이들 때문에 칩(표)을 받을 수는 없잖아."라고 말렸습니다. 그의 아내는 "아이들을 먼저 살리고 봐야죠!" 하며 남편에게 매달리자 어쩔 수 없이 부부는 아이들을 살리기 위해 그곳에서 칩(표)을 받았습니다.

그리고 아이들에게 달려가서 말아놓은 천을 풀어헤쳤습니다. 아이들은 이미 가시에 찔리고 숨이 막혀 죽어있었습니다. 그들은 "내 잘못이구나. 실수 했어." 하고 주저앉아 넋이 나간 듯이 통곡을 하였습니다. 평소에 혈육 간의 애정을 십자가에 못 박는 삶을 살지 못한 결과로 결국 결정적인 순간에 영혼을 팔게 되었습니다. 또 주님께서 예수님을 잘 믿는 어느 가족을 보여주셨습니다. 부모와 초등학교 5, 6학년, 중학교 3학년의 아들 세 명이 예수님을 잘 믿으며 살고 있었습니다. 그들은 무서워서 드러나게 교회를 다니지 못하고 집안에 숨어서 열심히 가정예배를 드리고 있었습니다. 어느 날 갑자기 그의 집에 경찰이 찾아왔습니다. "너희가 칩(표)을 안 받았지?" 하고 가족 모두를 감옥으로 끌고 갔습니다. 감옥으로 들어가기 직전에 심문하는 사람을 만났습니다. 그는 "너희는 왜 칩을 안 받았느냐?"고 물었습니다. 아빠 집사님이 "저희는 예수님을 믿기 때문에 받지 않습니다."라고 대답했습니다.

그는 칩을 받으라고 회유하다가 끝까지 안 받는다고 고집하자 감옥에 쳐 넣으라고 명했습니다. 그들은 감옥에 갇혀 먹을 것도 못 먹으며 큰 고통을 당하였습니다. 모진 고난을 겪은 가족들은 몇 사람들과 함께 사형장소로 끌려갔습니다. 아들들은 무서워 떨었고, 그의 부모는 아이들에게 용기를 주기 위해 두려움을 내색하지 않고 당당하게 걸어 나갔습니다. 그들 앞에서 사람들의 팔과 다리와 온 사지가 잘려나가며 죽어가는 모습을 보고 덜덜 떨었습니다. 그들도 죽임을 당하기 위해 앞으로 끌려 나갔습니다.

아이들은 부모에게 "우리 칩(표) 받아요. 죽기 싫어요…" 하고 매달렸습니다. 아빠 집사님은 완강한 태도로 "안 돼! 우리는 절대 칩(표)을 받으면 안 된다. 오직 예수님만 믿어야 해. 너희도 마음을 단단히 먹어라."라고 했습니다. 중학교 3학년 아들은 "싫어요!" 하고 형을 집행하는 사람에게 "저희 칩(표) 받을게요. 살려주세요. 여기 두 동생도 함께요."라고 하자 그들은 미소를 지으며 "그래, 잘 생각했다."라고 하며 풀어 주었습니다. 그의 부모는 "안 된다. 아들아!" 하고 소리쳤지만, 소용없는 일이었습니다. 아이들은 엄마에게 다가가서 칩을 받으라고 매달리고 사정했습니다. 아이들의 엄마도 자식들 앞에서 믿음이 흔들리더니 칩을 받겠다고 말하고, 아이들과 합세하여 남편에게 사정하기 시작했습니다.

"여보, 칩(표)을 받아요. 일단 살고 봐야죠.", "아빠 칩 받아요…" 하고 아내와 자식들이 울며 매달렸습니다. 그의 믿음도 조금씩 흔들리면서 "안 돼! 주님을 배신하면 안 된다." 하고 신음하였습니다. 아들들은 악착같이 "아빠도 죽음이 무섭잖아요…" 하고 설득하며 매달리자 결국 그를 지탱해

주던 믿음이 무너져 내리고 "주님, 죄송합니다. 칩을 받겠습니다." 하고 그 자리에서 온 가족이 칩을 받고 죽음을 면하였습니다(마16:21~25).

주님께서 말씀해 주셨습니다. "많은 성도들이 믿음을 잘 지키고 순교의 자리까지 와서 혈육의 정으로 인해 나를 배신하고 칩을 받는 사람들이 있을 것이다. 너희가 끝까지 나를 배신하지 않고 승리하려면 지금부터 혈육의 정과 그 외 모든 것을 십자가에 못 박고 오직 나만 사랑해야 한다"(눅14:26/ 갈5:24). 어느 큰 교회 목사님은 성도들에게 칩(표)은 상징수라고 하며 받아도 괜찮다고 하였습니다. 대부분의 성도들이 목사님의 말을 믿고 따랐지만, 칩(표)이 적그리스도의 표로 알고 있는 몇몇 성도들은 다른 성도들이 칩을 받지 못하도록 막았습니다.

목사님이 그런 문제로 그들을 핍박하자 결국 교회를 떠났습니다. 큰 병원에서 많은 칩을 가지고 교회로 찾아와서 목사님과 성도들에게 칩을 시술했습니다. 그들은 칩(표)을 받은 후의 생활이 너무 편리하고 좋게 느껴졌습니다. 그런데 그중에 영이 민감한 성도들은 '혹시 칩(표) 받은 것이 잘못된 것은 아닌지.' 하며 불안해하고 걱정하였습니다. 그들은 주위에서 많은 사람들이 칩(표)은 짐승의 표라고 외치는 소리를 듣고 깜짝 놀라며 '내가 주님을 부인한 것은 아닌지!' 하는 죄책감으로 시달렸습니다. 그런 성도들 가운데 더러는 자살도 하며 많은 고통을 받는 모습을 보았습니다(마24:4~5). 성도들 중에는 죽음을 무서워하지 않고 순교를 각오하고 목숨을 내놓고 담대히 전도하는 사람들도 있습니다.

끝까지 칩(표)을 받지 않은 성도들은 감옥에 갇히고 잔인하게 죽임을 당하였습니다(마24:9~13). 성도들 중에는 숨어서 철저히 신앙생활을 하며 사는 성도들도 있습니다(마24:15~21). 감옥에 갇혀있던 사람들은 거의 다 순교를 하였습니다. 적그리스도가 많은 성도들을 죽음으로 내몰아 줄어든 인구가 더 많이 줄었습니다. 어느 여 성도는 열심히 전도하다 감옥에 갇혀 온갖 고문을 당한 뒤 화형을 당하게 되었습니다. 그녀는 순교를 각오하고 믿음으로 두려워하지 않고 용감히 죽음을 받아들였습니다. 온몸에 불이 붙자 "으으~아악!" 하며 비명을 지르고 속으로 "주님! 도와주세요." 하고 견디는데, 불이 무릎까지 타오르자 천사들이 육적인 고통이 사라지도록 만져주었습니다. 그녀는 더 이상의 고통을 느끼지 못하고 주님의 강한 임재에 싸여 가슴까지 불길이 타들어갈 때 영혼이 빠져나와 천사의 손에 이끌려 천국으로 올라갔습니다.

　어느 남 전도사님은 죄를 짓지 않고 열심히 신앙생활을 하다가 감옥에 갇혔습니다. 적그리스도의 부하들은 그의 눈을 가리고 총으로 쏘려고 준비하였습니다. 전도사님은 찬송을 하면서 "주님 사랑합니다… 주님 사랑합니다." 하고 계속 외쳤습니다. 그들은 전도사님의 가슴 주위로 여러 군데에 총을 겨냥하고 쏘았습니다. 처음에 총을 맞을 때 "으~악!" 하고 고통스러워하다가 천사가 주님이 허락한 한정된 고통 외 더 이상의 고통을 느끼지 못하도록 만져주었습니다. 그러자 전도사님의 얼굴이 금방 환하게 밝아지면서 죽는 동시에 몸에서 영혼이 빠져나왔습니다. 천사는 그를 이끌고 천국으로 올라갔습니다. 그렇게 다양한 방법으로 많은 성도들이 순교의 피를 흘리는 것을 보았습니다. 적그리스도가 표(표)를 받지 않고 그에게 경배하지 않은 많은 성도들을 죽여 순교의 피를 충만히 채웠습니다(계6:9~11,13:10,14:12).

적그리스도와 무리들에게 심판하시는 예수님

주님은 천사들을 통하여 그때까지 칩(표)을 받지 않고 살아남은 성도들을 제외한 적그리스도와 그 외 모든 사람들에게 엄청난 일곱 가지 재앙을 내렸습니다(계16:1~21). 예수님이 천사들에게 지상으로 가서 종기를 퍼뜨리라고 명령하셨습니다. 천사들은 전 세계에 종기를 퍼뜨렸습니다. 적그리스도와 칩(표)을 받은 사람들에게 악성 피부병이 생겼습니다. 그들은 참지 못할 정도의 가려움으로 정신없이 긁고 아파 미친 듯이 날뛰었습니다. 칩을 받은 어느 목사님이 종기로 고통당하는 모습을 보았습니다. 그 사람은 적당히 신앙생활을 하던 중 칩(표)이 유익하다는 이야기를 듣고 받으려고 하다가 그만 휴거사건이 일어나고 대 환난으로 어려움을 당하자 곧바로 시골로 피신을 하였습니다.

그곳에서도 다른 목사님들에게 칩(표)을 받으면 안 된다는 권면을 듣고도 무시했습니다. 목사님은 성도들과 함께 예배를 드리고 있을 때, 경찰이 들이닥쳐 칩(표)을 받지 않았다고 하여 전부 끌고 갔습니다. 그때 믿음이 좋은 분들은 사형을 당하거나 감옥으로 끌려가고, 그 목사님과 연약한 믿음을 가진 사람들은 칩(표)을 받았습니다. 칩을 받고 얼마 후에 다른 사람들이 종기가 나고 모르는 병이 걸리고, 목사님의 아내도 종기로 가려워 긁고 있었습니다. 그런 모습을 보며 목사님은 "다들 왜 그러지?" 하는 순간 본인도 가렵기 시작하여 보니, 순식간에 온몸에 징그러울 정도로 종기가 생겼습니다.

견딜 수 없이 미치도록 가려워서 약을 사먹고 병원에 찾아가도 소용이 없었습니다. 목사님은 감옥에 갇혀 있는 성도들이 궁금하여 가보았습니다. 그런데 감옥에 갇혀 있는 믿는 성도들은 종기가 나지 않아서 "이 거 어떻게 된 거지?" 하며 의아해 할 때, 그곳에 있는 어느 목사님이 말했 습니다. "당신은 칩(표)을 받아서 그렇소. 주님이 재앙을 내리신 것이오.", "어떻게 해요?", "어쩔 수 없소. 칩(표)을 받으면 끝나는 거요. 구원이 없다 는 말이요!" 그 말을 듣고 목사님은 몸에 심은 칩을 빼기 위해 병원을 찾 아갔으나 병원에서 뺄 수 없다고 하였습니다. "이 손을 잘라버릴까? 아니 야…." 얼마 후 심적인 고통 중에 종기로 인해 다시 병원을 찾아가다가 그 앞에 어느 두 사람이 대형 박스를 들고 걸어가고 있었습니다.

신호등을 건너는 중에 두 사람 뒤에 목사님이 따라가고 있다가 박스 로 앞을 가려 그만 허둥지둥하다가 중요한 물건을 떨어뜨렸습니다. 그 것을 잡으려고 하다가 코너로 도는 차에 부딪혀 즉사하고 말았습니다. 감옥에는 적그리스도의 칩(표)을 받지 않은 성도들이 갇혀있었습니다. 그들의 몸에는 종기가 나지도 않고 고통도 받지 않았습니다. 그때 천사 들이 여러 군데의 감옥 문을 열어주었습니다. 성도들은 감옥에서 나와 가려워서 정신없이 긁고 있는 간수들에게서 열쇠를 빼앗아 다른 감옥 문을 열어주었습니다. 많은 성도들이 도망가는 것을 보고 간수가 좇아 가는데, 천사가 그의 다리를 쳐서 넘어뜨렸습니다. 그는 뒤로 넘어져 긁 어대며 아파 뒹굴었습니다. 성도들은 산 같은 깊숙한 은둔할 곳이나 피 할 곳을 찾아 도망을 갔습니다(마24:15~21).

사람들이 물이 다 마르고 먹을 것이 없어 굶주림에 시달릴 때 강렬 한 태양빛이 땅으로 내리쬐었습니다. 사람들은 "앗! 뜨거워!" 하며 극심 한 열기를 피할 집이나 지하 서늘한 곳을 찾아다니며 난리를 쳤습니다. 집도 뜨거워서 견딜 수 없어 정신없이 부채질을 해대며 하나님을 욕하는 사람들로 가득 찼습니다. 밤낮이 일정하지 않고 해가 길어지기도 하며 뜨거운 태양열로 고통을 받을 때, 칩(표)을 받지 않고 살아남은 성도들에게는 주님의 은혜로 그런 피해가 없었습니다.

사람들이 종기로 긁고 견딜 수 없는 통증으로 병원을 찾아가지만, 의사들도 똑같이 긁고 아파하며 고칠 수 없는 병이라고 하였습니다. 하늘에서는 큰 우박이 떨어져 엄청난 피해가 잇달았습니다. 우박에 맞아 죽거나 종기로 인해 자살하는 사람들의 수도 헤아릴 수 없이 많았습니다. 적그리스도와 두 뿔과 666명의 거짓선지자들이 사는 크고 작은 전 세계 도시에 흑암재앙과 큰 우박이 떨어졌습니다. 칩(표)을 받지 않고 끝까지 믿음을 지키며 한적한 시골이나 깊은 산 속에 숨어 지내는 성도들에게만 빛이 있었습니다.

칩(표)을 받지 않은 몇몇 성도들이 물을 찾아다니다 어느 웅덩이를 발견하였는데, 그곳 역시 물이 없었습니다. 그들은 그 주변에서 물을 공급해 달라는 간절한 기도를 하고 잠을 잤습니다. 다음날 천사가 주님의 명으로 웅덩이에서 먹을 물이 나오도록 은혜를 베풀었습니다. 그들은 물을 마시고 다른 성도들에게도 알려주어 함께 그 물을 떠다 마셨습니다. 음식도 천사들의 도움을 받아 기적 같은 방법으로 공급받으며 생명을 유지하였습니다. 어느 남자 성도는 외딴 깊은 산속에 오두막집을 짓고 살고 있었습니다. 그는 칩(표)을 받지 않아 매매활동이 불가능하여 친척의 도움을 받아 근근이 영성생활을 하였습니다.

많은 재앙으로 집이 무너지면 다시 복구하며 옹달샘을 마시며 어렵게 버티었습니다. 조금씩 고여 마실 수 있는 옹달샘마저 날라버려 물을 구하기 위해 온 산을 뒤지고 다녔지만 산속 어느 곳에서도 물을 찾을 수 없게 되자 주님께 무릎 꿇고 간절히 기도하였습니다. 다음날 온 산을 헤매며 물을 찾으러 다녔던 곳을 다시 둘러보던 중, 어느 한 곳에 이르러 전날까지만 해도 바닥까지 말라 있었던 웅덩이에 기적처럼 맑은 물이 고여 있었습니다. 그는 주님께서 은혜로 주신 물인 것임을 깨닫고 오직 감사와 기도에 힘쓰며 살았습니다.

그러던 중 경찰이 그곳까지 자신을 찾아오고 있다는 것을 발견하였습니다. 그는 두려움에 떨며 산 끝까지 도망을 갔습니다. 경찰이 온 산을 뒤지며 그를 찾다가 어느새 그가 숨어있는 나무 앞까지 오는 숨 막히는 절박한 상황에서 주님께 칩(표)을 받는 것만은 피하게 해달라고 간절히 기도를 했습니다. 그때에 지친 경찰은 그의 코앞에서 더 이상 찾기를 포기하고 돌아갔습니다. 그는 또다시 기적을 체험한 주님의 은혜에 감사하며 오두막집으로 돌아와 끝까지 믿음을 지키며 살았습니다. 주님이 천사들을 보내 "지진을 일으켜라."라고 명령하셨습니다. 천사들은 적그리스도와 두 뿔 짐승과 666명이 다스리는 나라와 도시로 가서 손으로 땅을 잡고 흔들었습니다.

그러자 적그리스도와 그의 무리들과 칩(표)을 받은 사람들이 사는 곳에 강진이 일어나 땅이 갈라지고, 대형 건물들이 우르르 무너져 내리고 그들이 세운 우상들이 쓰러져 파괴되어 많은 사람들이 깔려죽었습니다. 그때까지 살아남은 사람들은 적그리스도가 평화롭게 살게 해준다더니 왜 이런 재앙이 일어났느냐고 격분하며 적그리스도와 그의 무리들에게 거세게 항의했습니다. 그들은 서로를 탓하며 자중지란이 일어났습니다. 급기야 적그리스도의 무리와 두 뿔 짐승의 무리가 서로 갈라져 적이 되어 싸움이 벌어졌습니다(계16:12~14/계17:16). 한편이 되었던 그들은 서로 등을 돌린 적으로 갈라져 아마겟돈이란 곳에서 전쟁무기로 치열한 싸움이 벌어질 때였습니다. 갑자기 하늘이 깜깜해졌습니다. 사람들은 "이건 또 뭐야!" 하고 두려워 떨었습니다.

최후의 전쟁 아마겟돈과 예수님의 지상 재림

그 시간 천국에서는 3층천에 있던 휴거성도들이 내려올 준비를 하고 있었습니다. 주님이 미가엘 천사장과 천사들에게 준비를 시켰습니다. 그리고 예수님은 그들을 거느리고 땅으로 내려오셨습니다. 그때 예수님과 휴거성도들이 내려오는 곳에만 강한 빛이 비추어졌습니다. 천사들은 그들을 호위하면서 웅장한 모습으로 내려왔습니다. 예수님은 엄청난 빛을 발하는 새하얀 세마포를 입고 백마를 타고, 그 뒤에는 번쩍거리며 희고 빛나는 세마포를 입은 휴거성도들이 뒤따라 내려왔습니다(계19:11~14).

웅장한 모습으로 예수님이 재림하시는 모습을 보고 전쟁하던 사람들은 "어머나! 이게 어떻게 된 일이야?" 하고 넋을 잃고 바라보다가 깜짝 놀라며 당황하였습니다. 모든 세상 사람들 역시 그 광경을 보며 극심한 공포로 떨고 있었습니다. 그런데 주님의 재림을 보고 기뻐 뛰는 성도들이 있었습니다. 그 성도들은 그때까지 적그리스도가 주는 칩(표)을 받지 않고 온갖 죽을 고비를 넘기며 끝까지 믿음을 지킨 성도들이었습니다.

땅 굴이나 산 속에 숨어 살며 끝까지 칩(표)을 받지 않고, 적그리스도의 핍박을 이기고 믿음을 지킨 많은 성도들이 주님의 재림을 보고 환호하며 밖으로 뛰쳐나왔습니다. 그들은 감격스러워 하며 "와! 호산나! 할

렐루야!" 하고 환성을 지르며 기뻐 뛰었습니다. 서로가 끌어안고 감격하여 울며 다 같이 주님을 찬양하고 경배하고 또 경배했습니다. 예수님은 전쟁을 하고 있는 적그리스도의 무리들을 향해 우렁찬 목소리로 호령하셨습니다. "나의 백성들을 죽이고 핍박한 악한 사람들은 모두 지옥으로 떨어져라." 주님의 말씀이 떨어지는 순간에 그들은 한꺼번에 바람에 휩싸이듯이 지옥으로 휘몰아졌습니다.

   그들 배후에서 조종하던 마귀들도 전부 지옥으로 떨어졌습니다. 천사들은 세상에 있는 모든 불신자들을 모아 지옥으로 쳐 넣었습니다(계 19:15~21, 20:1~2). 그리고 주님은 손을 서서히 내리다 옆으로 쫙 펼치셨습니다. 그러자 그때까지 칩(표)을 받지 않고 믿음을 지키고 살아남은 사람들만 남겨지고, 세상에 있던 모든 것들이 순식간에 흔적도 없이 사라졌습니다. 다시 주님이 손을 들어 올리자 모든 것이 새롭고 아름답게 재창조 되는 모습을 보았습니다(계20:4~6). 깨끗한 바다와 땅과 나무들이 생기고, 동물들과 식물과 물고기들이 새롭게 만들어졌습니다.

   새로운 땅에는 아름다운 집들이 많이 지어졌습니다. 사람들이 알아서 찾아 들어가는 집마다 각자 살기 좋은 크기의 집이었습니다. 주님이 더러운 모든 것들은 다 제거하시고 필요한 것들만 다시 새롭고 아름답게 만들어 놓은 메시아 왕국이 건설되었습니다(사65:17~25/11:6~9). 살아남은 성도들이 휴거성도들과 함께 계신 예수님 앞으로 모여들었습니다. 그곳으로 부활의 몸을 입은 많은 순교자들도 다가왔습니다. 살아남은 자들은 아는 사람들과 서로 만나게 된 것을 기뻐하며 주님의 말씀을 듣기 위해 모두 예수님을 바라보고 섰습니다(계20:4).

   예수님은 "나는 너희들을 사랑한다. 너희는 천년동안 이 땅에서 살 수 있는 축복을 받았다. 나의 백성들은 여기서 깨끗한 삶을 살며 나를 찬양하고 경배하라."라고 말씀하셨습니다. 그곳에 모인 모든 주의 백성들은 예수님을 찬양하고 경배하며 기뻐하였습니다. 대 환난을 살아서 통과한 성도들은 천년왕국에서 결혼도 하고 아이도 낳았습니다. 주님이 공중강림하실 때 살아서 휴거된 성도들 중에 주님이 정해주신 분들만 땅에 남아서 왕권을 가지고 예배도 인도하고 백성들을 사랑으로 다스리고 섬겼습니다. 대 환난 때 순교한 분들 역시 주님이 정하여 지명하신 분들만 땅에 남아 살고, 그 이외 분들은 천국으로 올라가서 살았습니다. 순교자들의 집은 대 환난을 통과한 성도들의 집보다는 훨씬 좋은 곳에 살면서 백성들을 다스리는 휴거성도의 일을 도와주었습니다. 그리고 휴거성도와 순교자들은 부활체의 몸을 입어 어느 곳이든 원하는 대로 갈 수가 있고, 천국도 마음대로 왕래하였습니다.

영계의 신비와 대환난

초판 1쇄 발행	2012. 1. 30.
초판 2쇄 발행	2012. 8. 15.
2판(개정판) 1쇄 발행	2015. 2. 11.
지은이	박예영
펴낸이	방주석
펴낸곳	도서출판 소망
주소	(130-812) 서울시 동대문구 천호대로2길 23-3 진흥빌딩 501호
전화ㅣ팩스	02)392-4232 ㅣ 02)392-4231
이메일	somangsa77@hanmail.net
출판등록	1977년 5월 11일(제 11-17호)
ISBN	978-89-7510-414-5 03230
책값	뒤표지에 있습니다.

ⓒ 이 출판물은 저작권법에 의해 보호를 받는 저작물이므로
무단 전재와 복제를 할 수 없습니다.

도서출판 소망은 기독교문화 창달을 위해 좋은 책 만들기에 힘쓰고 있습니다.

오직 성령이 너희에게 임하시면 너희가 권능을 받고
예루살렘과 온 유대와 사마리아와 땅끝까지 이르러 내 증인이 되리라 (행 1:8)